行水云课数字教材

浙江省普通高校"十三五"新形态教材

高等职业教育财经类新形态一体化教材

互联网金融信息安全

主　编　景秀眉　金玮佳　许为华

副主编　卢雪峰　李桂香

范洪梅　李晨晖

中国水利水电出版社

www.waterpub.com.cn

·北京·

内 容 提 要

本教材采用问题带方法的方式进行编写，配套有丰富的信息化网络教学资源，旨在为学生提供更丰富的教学资料，且融理论教学与实践教学为一体。教材的主要内容包括互联网金融信息安全基础知识、网络实体安全分析、互联网金融安全技术、数字货币安全、互联网金融消费者行为安全、互联网金融业务风控、大数据与云计算服务平台安全、互联网金融监管等。

本教材既可作为高职高专院校金融类相关专业的教材，也可作为函授和自考的辅导用书，还可供互联网金融相关技术和管理人员参考使用。

图书在版编目（CIP）数据

互联网金融信息安全 / 景秀眉，金玮佳，许为华主编. -- 北京 : 中国水利水电出版社, 2020.11（2023.2重印）
高等职业教育财经类新形态一体化教材
ISBN 978-7-5170-8951-3

Ⅰ. ①互… Ⅱ. ①景… ②金… ③许… Ⅲ. ①互联网络－应用－金融－信息安全－高等职业教育－教材 Ⅳ. ①F830.49

中国版本图书馆CIP数据核字(2020)第195320号

书 名	高等职业教育财经类新形态一体化教材 **互联网金融信息安全** HULIANWANG JINRONG XINXI ANQUAN
作 者	主 编 景秀眉 金玮佳 许为华 副主编 卢雪峰 李桂香 范洪梅 李晨晖
出版发行	中国水利水电出版社 （北京市海淀区玉渊潭南路1号D座 100038） 网址：www.waterpub.com.cn E-mail：sales@mwr.gov.cn 电话：(010) 68545888（营销中心）
经 售	北京科水图书销售有限公司 电话：(010) 68545874、63202643 全国各地新华书店和相关出版物销售网点
排 版	中国水利水电出版社微机排版中心
印 刷	北京印匠彩色印刷有限公司
规 格	184mm×260mm 16开本 17印张 362千字
版 次	2020年11月第1版 2023年2月第2次印刷
印 数	3001—5500册
定 价	**59.00**元

前言

0.1 ▶ 课程导读

本教材按照高职高专人才培养目标以及专业教学改革的需要，依据最新政策法规、标准规范来进行编写。

金融业务是经营风险的产业，金融信息系统面临各种各样的信息风险。我们在享受信息技术所带来的业务扩张、盈利增加等成果的时候，也必须正视与之伴随而来的日益严重的安全风险。为了控制信息风险，我们经常需要用到跨学科的专业知识，不仅需要密码学、计算机安全、硬件抗干扰、形式化方法等方面的知识，也要用到应用心理学、组织功能、审计方法和法律方面的知识。因此，单纯依靠技术手段不能实现系统的安全目标，安全技术机制需要与操作和日常控制过程结合起来，采用管理的手段来控制系统的信息风险。基于以上内容，浙江同济科技职业学院组织老师编写了本教材。本教材具有以下几个方面的特色：

（1）本书的撰写方式是问题带方法。具体地说，就是先提出金融中的现实问题，然后利用统计方法和统计数据对其做实证研究。这种编写方式具有很大的难度：一是要求对金融理论和实务有深刻的理解，即所谓的定性分析能力；二是要求对各种实务方法及其各种方法的特点和适用场合有深刻的把握。作为互联网金融专业的教材，所选取的研究案例与最新互联网金融行业相关，并结合理论知识的学习，注重实务流程操作。

（2）本教材的资源以信息化网络教学资源为主，配合图片、PPT 课件、微课视频等多媒体教学资源，还将不断更新各种课后练习题，旨在为学生提供更丰富的教学资料，建设移动学习平台。

（3）本教材融理论教学和实践教学于一体，强调定性分析和定量分析相结合，理论分析和实证分析相结合，总量分析和结构分析相结合，是一本兼具理论意义和现实意义的尝试之作。

本教材在编写过程中，参考了大量国内外相关的教材、著作以及论文等文献，主要的参考文献列于书后，在此表示感谢！如有遗漏，万望谅解！由于我们的水平有限，书中难免有不尽如人意之处，恳切希望广大读者提出宝贵意见。

编者

2020 年 8 月

“行水云课”数字教材使用说明

“行水云课”水利职业教育服务平台是中国水利水电出版社立足水电、整合行业优质资源全力打造的“内容”+“平台”的一体化数字教学产品。平台包含高等教育、职业教育、职工教育、专题培训、行水讲堂五大板块，旨在提供一套与传统教学紧密衔接、可扩展、智能化的学习教育解决方案。

本套教材是整合传统纸质教材内容和富媒体数字资源的新型教材，它将大量图片、音频、视频、3D动画等教学素材与纸质教材内容相结合，用以辅助教学。读者可通过扫描纸质教材二维码查看与纸质内容相对应的知识点多媒体资源，完整数字教材及其配套数字资源可通过移动终端APP、“行水云课”微信公众号或中国水利水电出版社“行水云课”平台查看。

内页二维码具体标识如下：

- ▶ 为知识点视频
- Ⓣ 为试题答案
- ◙ 为课件
- Ⓟ 为拓展案例

多媒体知识点索引

码号	资 源 名 称	类型	页码
0.1	课程导读	▶	前言
1.1	互联网金融信息系统概述	▤	2
1.2	互联网金融信息系统概述	▶	2
1.3	互联网金融信息系统组成	▤	4
1.4	互联网金融信息系统的层次结构	▶	4
1.5	互联网金融信息安全认知	▤	11
1.6	互联网金融信息安全认知	▶	11
1.7	互联网金融信息安全面临的风险	▤	16
1.8	互联网金融信息安全面临的风险	▶	17
1.9	项目 1 知识拓展案例	Ⓟ	20
1.10	项目 1 习题答案	Ⓣ	21
2.1	网络系统设备安全概述	▤	23
2.2	网络系统设备安全概述	▶	23
2.3	网络系统设备的冗余	▤	24
2.4	网络系统设备的冗余	▶	24
2.5	网络机房的环境安全	▤	27
2.6	网络机房的环境安全	▶	28
2.7	网络设备的安全	▤	31
2.8	网络设备的安全	▶	32
2.9	数据库安全的概念	▤	39
2.10	数据库安全的概念	▶	39
2.11	数据库安全面临的威胁	▤	41
2.12	数据库安全面临的威胁	▶	41
2.13	数据库的安全特性	▤	43
2.14	数据库的安全特性	▶	44
2.15	网络设备安全预案	▤	46
2.16	网络设备安全预案	▶	46
2.17	某企业的网络和信息安全工作详细预案	▤	47
2.18	某企业的网络和信息安全工作详细预案	▶	47
2.19	项目 2 知识拓展案例	Ⓟ	51

续表

码号	资 源 名 称	类型	页码
2.20	项目 2 习题答案	Ⓣ	52
3.1	网络环境下的安全隐患	▤	53
3.2	网络环境下的安全隐患	▶	54
3.3	网络攻击技术	▤	59
3.4	网络攻击技术	▶	59
3.5	网络防御概述	▤	72
3.6	网络防御概述	▶	72
3.7	网络安全协议	▤	73
3.8	网络安全协议	▶	73
3.9	蜜罐主机与欺骗网络防御	▤	77
3.10	蜜罐主机与欺骗网络防御	▶	78
3.11	虚拟专用网防御技术	▤	81
3.12	虚拟专用网防御技术	▶	81
3.13	密钥管理技术基本概念	▤	85
3.14	密钥管理技术基本概念	▶	85
3.15	数据加密标准	▤	86
3.16	数据加密标准	▶	86
3.17	密钥保护	▤	88
3.18	密钥保护	▶	88
3.19	对称密钥管理体系	▤	91
3.20	对称密钥管理体系	▶	91
3.21	公钥 / 证书管理	▤	94
3.22	公钥 / 证书管理	▶	94
3.23	密钥 / 证书生命周期管理	▤	95
3.24	密钥 / 证书生命周期管理	▶	95
3.25	证书撤销机制	▤	98
3.26	证书撤销机制	▶	99
3.27	基于公钥密码系统的密钥分配	▤	99
3.28	基于公钥密码系统的密钥分配	▶	100
3.29	网络安全中的加密	▤	100
3.30	网络安全中的加密	▶	100
3.31	身份认证概述	▤	102
3.32	身份认证概述	▶	102
3.33	口令机制	▤	103
3.34	口令机制	▶	104

续表

码号	资 源 名 称	类型	页码
3.35	基于对称密码技术的认证	⊜	106
3.36	基于对称密码技术的认证	▶	107
3.37	基于公钥技术的认证	⊜	108
3.38	基于公钥技术的认证	▶	109
3.39	基于生物学特征的身份认证	⊜	109
3.40	基于生物学特征的身份认证	▶	110
3.41	访问控制系统模型概述	⊜	112
3.42	访问控制系统模型概述	▶	112
3.43	策略的有效实施	⊜	113
3.44	策略的有效实施	▶	113
3.45	实施访问控制	⊜	114
3.46	实施访问控制	▶	114
3.47	访问控制策略	⊜	117
3.48	访问控制策略	▶	117
3.49	安全服务及实现机制	⊜	120
3.50	安全服务及实现机制	▶	120
3.51	应用层安全协议	⊜	123
3.52	应用层安全协议	▶	124
3.53	项目 3 知识拓展案例	Ⓟ	126
3.54	项目 3 习题答案	Ⓣ	129
4.1	数字货币的界定	⊜	131
4.2	数字货币的界定	▶	131
4.3	数字货币的主要特征	⊜	132
4.4	数字货币的主要特征	▶	133
4.5	数字货币的种类与支付	⊜	133
4.6	数字货币的种类与支付	▶	133
4.7	数字货币面临的挑战	⊜	135
4.8	数字货币面临的挑战	▶	136
4.9	区块链技术的含义及特点	⊜	136
4.10	区块链技术的含义及特点	▶	137
4.11	区块链技术理念的兴起	⊜	137
4.12	区块链技术理念的兴起	▶	138
4.13	区块链技术与数字货币	⊜	138
4.14	区块链技术与数字货币	▶	138
4.15	数字货币存在的问题	⊜	142

续表

码号	资 源 名 称	类型	页码
4.16	数字货币存在的问题	▶	142
4.17	数字货币风险	▤	144
4.18	数字货币风险	▶	144
4.19	中国数字货币的监督管理	▤	147
4.20	中国数字货币的监督管理	▶	147
4.21	项目 4 知识拓展案例	Ⓟ	149
4.22	项目 4 习题答案	Ⓣ	150
5.1	互联网金融消费者概念及保护的必要性	▤	152
5.2	互联网金融消费者保护的必要性	▶	152
5.3	互联网金融消费者面临的风险和问题	▤	155
5.4	互联网金融消费者面临的风险和问题	▶	156
5.5	消费者金融信息安全	▤	162
5.6	消费者安全权的认定	▶	162
5.7	互联网金融纠纷类型和多元化解决	▤	164
5.8	互联网金融纠纷类型和多元化解决	▶	164
5.9	网络仲裁与互联网金融合同纠纷解决	▤	166
5.10	网络仲裁与互联网金融合同纠纷解决	▶	166
5.11	项目 5 知识拓展案例	Ⓟ	168
5.12	项目 5 习题答案	Ⓣ	169
6.1	互联网支付的风险	▤	171
6.2	互联网支付的风险	▶	171
6.3	互联网支付风险的防范措施	▤	173
6.4	互联网支付风险的防范措施	▶	173
6.5	网络借贷的风险	▤	175
6.6	网络借贷的风险	▶	175
6.7	网络借贷风险的防范措施	▤	178
6.8	网络借贷风险的防范措施	▶	178
6.9	股权众筹的风险	▤	180
6.10	股权众筹的风险	▶	180
6.11	股权众筹风险的防范措施	▤	182
6.12	股权众筹风险的防范措施	▶	182
6.13	互联网证券投资基金的风险	▤	184
6.14	互联网证券投资基金的风险	▶	184
6.15	互联网证券投资基金风险的防范措施	▤	186
6.16	互联网证券投资基金风险的防范措施	▶	186

续表

码号	资 源 名 称	类型	页码
8.10	我国互联网金融监管存在的问题	▶	246
8.11	国外互联网金融监管经验	▤	247
8.12	国外互联网金融监管经验	▶	248
8.13	加强互联网金融监管的做法	▤	249
8.14	加强互联网金融监管的做法	▶	249
8.15	互联网金融监管的对策	▤	250
8.16	互联网金融监管的对策	▶	250
8.17	项目 8 知识拓展案例	Ⓟ	253
8.18	项目 8 习题答案	Ⓣ	254

续表

码号	资 源 名 称	类型	页码
6.17	互联网保险的风险	▤	187
6.18	互联网保险的风险	▶	187
6.19	互联网保险的风险防范策略	▤	190
6.20	互联网保险的风险防范策略	▶	190
6.21	互联网信托的风险	▤	193
6.22	互联网信托的风险	▶	193
6.23	互联网信托风险的防范措施	▤	195
6.24	互联网信托风险的防范措施	▶	195
6.25	互联网消费金融风险	▤	198
6.26	互联网消费金融风险	▶	198
6.27	互联网消费金融风险的防范措施	▤	199
6.28	互联网消费金融风险的防范措施	▶	199
6.29	项目 6 知识拓展案例	Ⓟ	201
6.30	项目 6 习题答案	Ⓣ	203
7.1	云计算概述	▤	205
7.2	云计算概述	▶	205
7.3	云计算体系架构、云存储与云管理技术	▤	209
7.4	云计算体系架构、云存储与云管理技术	▶	209
7.5	云计算安全	▤	213
7.6	云计算安全	▶	214
7.7	大数据技术	▤	220
7.8	大数据技术	▶	220
7.9	大数据在安全领域中的应用	▤	226
7.10	大数据在安全领域中的应用	▶	226
7.11	项目 7 知识拓展案例	Ⓟ	228
7.12	项目 7 习题答案	Ⓣ	229
8.1	互联网金融监管体系	▤	231
8.2	互联网金融监管体系	▶	231
8.3	互联网金融及其信息安全相关法律法规	▤	237
8.4	互联网金融及其信息安全相关法律法规	▶	237
8.5	互联网金融监管的特点	▤	244
8.6	互联网金融监管的特点	▶	244
8.7	我国互联网金融监管原则	▤	245
8.8	我国互联网金融监管原则	▶	245
8.9	我国互联网金融监管存在的问题	▤	246

目 录

前言

“行水云课”数字教材使用说明

多媒体知识点索引

项目 1　互联网金融信息安全基础认知　// 1

1.1　互联网金融信息系统认知　// 1
1.2　互联网金融信息安全认知　// 11
1.3　互联网金融信息安全风险认知　// 16

项目 2　网络实体安全分析　// 22

2.1　网络系统设备安全分析　// 22
2.2　数据库安全　// 38
2.3　网络设备安全预案　// 45

项目 3　互联网金融安全技术　// 53

3.1　网络安全隐患及网络攻击技术　// 53
3.2　网络防御技术　// 72
3.3　密钥管理技术　// 85
3.4　身份认证　// 101

3.5 访问控制 // 111
3.6 应用安全协议 // 120

项目 4 数字货币安全 // 130

4.1 数字货币概述 // 130
4.2 数字货币技术——区块链技术 // 136
4.3 数字货币风险与安全 // 142

项目 5 互联网金融消费者行为安全 // 151

5.1 互联网金融消费者风险 // 151
5.2 消费者金融信息安全 // 162
5.3 投诉受理与处理机制 // 164

项目 6 互联网金融业务风控 // 170

6.1 互联网支付安全 // 170
6.2 网络借贷安全 // 174
6.3 股权众筹安全 // 179
6.4 互联网证券投资基金安全 // 183
6.5 互联网保险安全 // 187
6.6 互联网信托安全 // 193
6.7 互联网消费金融安全 // 196

项目 7 大数据与云计算服务平台安全 // 204

7.1 云计算技术及应用安全 // 204
7.2 大数据技术及应用安全 // 220

项目 8 互联网金融监管 // 230

8.1 互联网金融监管体系认知 // 230
8.2 互联网金融监管存在的问题及对策 // 246

参考文献 // 255

项目1 互联网金融信息安全基础认知

学习目标

通过课堂讲解和讨论，学生应掌握互联网金融信息系统与互联网金融信息安全的基本概念和知识，深入了解互联网金融信息安全及其面临的风险，了解互联网金融监管体系与互联网金融及其信息安全相关的法律法规。

1.1 互联网金融信息系统认知

案例导读

1998年11月12日，由北京市政府与中国人民银行、信息产业部、国家内贸局等中央部委共同发起的首都电子商务工程正式启动，确定首都电子商城（首信易支付的前身）为网上交易与支付中介的示范平台。首信易支付自1999年3月开始运行，是中国首家实现跨银行跨地域提供多种银行卡在线交易的网上支付服务系统平台。从此标志着中国互联网金融开始兴起。

根据国家互联网金融风险分析技术平台的监测数据，截至2017年6月末，我国互联网金融平台一共有1.9万多家。从业态上看，现有互联网金融业态一共21类，包括网络借贷、互联网资产管理、网络众筹等。其中，网络借贷平台累计有6000多家，互联网资产管理平台将近3500家，网络众筹平台有800家。从活跃度上看，平均3个月的活跃用户有5.3亿人，平均一周的活跃用户有3.6亿人。网络借贷、网络众筹、互联网支付的累计交易额达到70万亿元。2018年7月27日晚，中国互联网金融协会公布了2018年上半年全国互联网金融登记披露服务平台网络借贷信息中介机构信息披露情况，截至2018年6月末，共有119家网络借贷信息中介机构接入平台，集中开展信息披露。其中，119家接入机构贷款余额约6828.03亿元，累计交易总额约40440.17亿元，累计服务借款人数约9318.84万人，累计服务出借人数约3926.75万人。

1.1.1 互联网金融信息系统概述

1.1 互联网金融信息系统概述

1.2 互联网金融信息系统概述

1.1.1.1 互联网金融概述

1. 互联网金融的概念

互联网金融是互联网与金融的结合，是借助互联网和移动通信技术实现资金融通、支付和信息中介功能的新兴金融模式。

广义来讲，具备互联网精神的金融业态统称为互联网金融。既包括传统金融机构基于互联网平台开展的金融业务，也包括互联网平台企业基于互联网平台开展的金融业务。具体包括网上银行、网络证券、网络保险、第三方支付、网络理财、P2P融资、众筹、平台类小额贷款等。

狭义来讲，互联网金融仅指互联网平台企业基于互联网平台开展的金融业务。其典型模式有第三方支付、P2P融资、众筹、虚拟货币等。

2. 互联网金融的特征

互联网金融与传统金融的区别不仅仅在于金融业务所用的媒介不同，还在于在传统金融业务的基础上通过大数据、云计算、搜索引擎、移动互联网等技术，具备透明度更强、参与度更高、服务灵活、交易成本低、操作更便捷等一系列特征。

（1）交易成本低。在互联网金融模式下，资金供求双方可以通过网络平台自行完成信息甄别、匹配、定价和交易。一方面，金融机构可以减少开设营业网点的资金投入和运营成本；另一方面，消费者可以在开放透明的平台上快速找到适合自己的金融产品，无须通过传统的中介，节省了交易成本。

（2）操作更便捷。互联网金融业务主要由计算机处理，通过分布式协作，低成本地把借方和贷方连接起来，既节省了客户排队的等待时间，也加快了业务办理时间，更好地提升用户体验。

（3）参与度更高。互联网金融模式下，其客户以小微企业为主，通过各类互联网平台覆盖了部分传统金融业的金融服务盲区，有利于提升资源配置效率，促进实体经济发展，也使更多的用户参与进来。

（4）服务灵活。从融资身份来看，互联网金融企业服务对象既有大型企业，还有中小微型企业，以及大量的普通消费者。从融资特点来看，互联网金融企业提供的融资规模多样，融资金额更加灵活，而且贷款的用途丰富，涵盖了企业经营、居民的衣食住行诸多领域。

3. 互联网金融业态

从金融服务的提供方和受众方的角度，国内互联网金融的业态分为互联网支付、网络借贷、股权众筹融资、互联网基金销售、互联网保险、互联网信托和互联网消费金融等七类。

（1）互联网支付。通过计算机、手机等设备，依托互联网发起支付指令、转移货币资金的服务。包括网银、第三方支付和移动支付三种类型。

（2）网络借贷。包括个人网络借贷（P2P 网络借贷）和网络小额贷款两种形式。P2P 网络借贷是指通过第三方互联网平台进行资金借、贷双方的匹配，需要借贷的人群可以通过网站平台寻找到有出借能力并且愿意基于一定条件出借的人群。第三方互联网平台帮助贷款人通过和其他贷款人一起分担一笔借款额度来分散风险，也帮助借款人在信息充分比较的条件下选择有吸引力的利率条件。网络小额贷款是互联网企业通过其控制的小额贷款公司，利用互联网向客户提供的小额贷款。

（3）股权众筹融资。包括个人直接股东模式、基金间股东模式和集合直接股东模式。股权众筹融资必须通过股权众筹融资中介机构平台（互联网网站或其他类似的电子媒介）进行。股权众筹融资方应为小微企业。投资者进行的应为小额投资。

（4）互联网基金销售。基于第三方支付平台的基金销售，基金公司发行货币基金，并将直销系统内嵌在第三方支付平台系统中，使客户可以方便地以第三方支付账户余额购买货币基金，并将基金份额直接用于网络购物及支付，实现了活期存款与货币市场基金的便利转换，冲击了利率市场化。

（5）互联网保险是指保险机构依托互联网和移动通信技术，通过自营网络平台、第三方网络平台等订立保险合同、提供保险服务的业务。包括官网直销模式、专业的第三方保险销售网站模式、电子商务平台模式、纯互联网保险模式四种类型。

（6）互联网信托是指信托公司通过互联网进行产品销售及开展其他信托业务的模式。包括债券转让机制下的信托收益拆分转让模式和信托直销模式两种类型。

（7）互联网消费金融是指资金供给方通过互联网及移动互联网的技术手段，将资金提供给消费者购买、使用商品或服务，包括消费支付、消费借贷等业务。按运营平台分为四种类型，基于电子商务平台交易的模式，基于银行的模式，基于 P2P 网贷平台的模式和基于消费金融公司的模式。

1.1.1.2 互联网金融信息系统

从本质上讲，互联网金融是利用大数据、云计算、社交网络和搜索引擎等互联网技术实现资金融通的一种新型金融服务模式。

信息系统是由计算机及其相关和配套的设备、设施（包含网络）构成的，按照一定应用目标和规则对信息进行采集、加工、存储、传输、检索等处理的人机系统。互联网金融信息系统是互联网金融的企业或平台运用现代信息、通信技术集成的处理业务、经营管理活动和内部控制的集成化信息系统，用于存储、接收、传递、处理互联网金融各模式的信息。

互联网金融采集并使用了更多的信息——大数据。市场主体不是独立存在的，会与其他市场主体发生联系，如供货商、客户、银行等，可通过互联网从多个侧面搜集这一市场主体的信息，并通过信息的拼接对市场主体有一个整体性的认识，进而获得该主体其他方面的信息。例如，阿里金融通过分析客户在淘宝上的消费等情况，能够判断出客户可能的生活情况以及潜在的消费需求，甚至能够通过客户交纳水、电、煤气费的地址来判断客户是否有稳定的住所，并对客户的信用情况作出一个合理的判断。

另外，互联网金融采用了新的信息处理方式——云计算。传统金融模式下，信息资源分散庞杂，数据难以有效处理并应用。互联网金融模式下，社交网络生成并传播大量信息，而有些信息是个人和机构没有权利披露的，搜索引擎对这些信息进行组织、排序和检索，有针对性地满足信息需求；云计算保障海量信息的高速处理能力。总的效果是，在云计算的保障下，不对称、金字塔形的信息被扁平化，实现了数据的标准化和结构化，最终形成时间连续、动态变化的金融市场信息序列，而这些信息是传统金融机构参与主体迫切需求但难以获得的。

由此可知，信息技术与信息系统对互联网金融企业组织形态、治理结构、管理机制、运作流程和商业模式的影响日益加强。

1.1.2　互联网金融信息系统组成

1.3 互联网金融信息系统组成

基于现代信息技术的信息系统，作为现代社会组织的一个组成部分，是计算机硬件、软件、数据通信装置、数据存储设备、规章制度和有关人员的统一体，其目的是实现组织的整体目标，对与组织活动有关的信息进行系统、综合管理，以支持组织的变革与发展以及各级管理决策与各项业务活动。

信息系统的组成包括：计算机硬件系统，计算机软件系统，数据及其存储介质，通信与计算机网络设施，非计算机系统的信息收集、处理设备，规章制度和工作人员。

1.4 互联网金融信息系统的层次结构

而信息系统结构分物理结构与逻辑结构两种：物理结构是指不考虑系统各部分的实际工作与功能结构，只抽象地考察其硬件系统的空间分布情况；逻辑结构是指信息系统各种功能子系统的综合体。

互联网金融信息系统是指利用计算机硬件、软件和网络通信设备，对互联网金融信息进行采集和加工，持续提供互联网金融信息服务的集成化系统。一个多功能、开放的互联网金融信息化体系是以数据大集中为前提，以完善的综合业务系统为基础平台，以信息安全为技术保障，以数据仓库为工具，以云计算为处理方式。

1.1.2.1　互联网金融业务系统

在互联网金融的各模式当中以第三方支付发展最为迅猛。第三方支付以支付宝、财付通为代表，并通过移动支付的拓展，改变了普通大众的消费支付习惯。据艾瑞资讯 2017 年第一季度的统计数据，我国第三方支付总额达 6.4 万亿元，同比增长 56.10%。本书互联网金融业务系统介绍主要以第三方支付为例，另外简单介绍一下 P2P 网贷业务系统。

1. 第三方支付业务系统

第三方支付是指，与产品所在国家的各大银行，以及国外各大银行签约，并具备较好信誉和实力的第三方独立机构，在其提供的交易平台上进行支付的行为，如图 1.1 所示。其主体由买方（消费者）、卖方（商家）、商业银行、第三方支付平台和销售网站五部分组成。

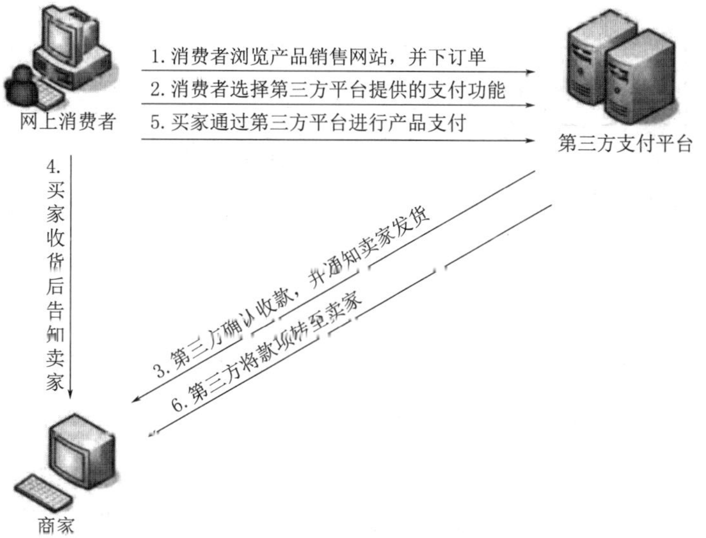

图 1.1　第三方支付交易流程图

由第三方支付交易流程图可知，其支付流程如下：

（1）买家在销售网站选购商品并下单后，选择第三方支付平台提供的支付功能进行打款。

（2）由第三方独立机构确认货款到达后，通知卖家发货。

（3）买家收到货后，告知卖家，同时利用第三方支付平台进行支付。

（4）第三方支付平台将款项转至卖家账户。

第三方支付系统采取 B/S（浏览器 / 服务器）的服务架构，将系统划分为 Web 层（包括个人端、商户接入和收银台）、业务服务层（包括用户资料、订单系统、支付系统、账务系统、银行结算等）和数据库层三层体系，将操作重复性高的功能提取出来作为底层服务，并根据业务需求将其组合为相应的功能模块，解决了传统架构中模块内部流程紧耦合、各模块形成信息孤岛、重用性差等问题，能够适应广泛的分布式应用，并通过中立的接口来调用其服务，系统的性能得到很大提升，第三方支付系统架构图如图 1.2 所示。

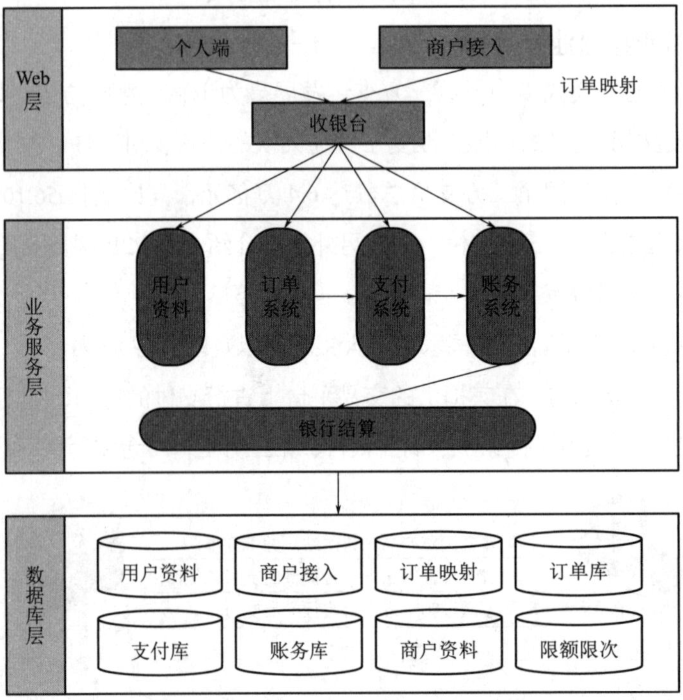

图 1.2　第三方支付系统架构图

第三方支付系统采用分层分布式后，各层职责清晰，三层架构中顶层是 Web 层，主要完成向用户展示可操作的页面信息；第二层是业务服务层；底层是后台数据库层。三个层次之间相互作用，各层的功能如下：

（1）Web 层。Web 层是整个架构的前端服务部分，由个人端、商户接入和收银台组成，是呈现给用户的可操作部分，它提供各种不同的接入渠道，可以使用户方便地通过各种方式接入业务。

（2）业务服务层。业务服务层是整个系统的核心，部署在企业的内网环境中，通过对系统功能的需求分析，对功能进行细粒度的划分，从而可以灵活地扩展成相应的服务。业务服务层不仅能对 Web 层或其他的应用程序提供服务，也能直接访问并调用数据库。下面介绍业务服务层的几大核心功能。

1）用户资料。完成用户的登录密码、支付密码和实名认证管理，以及手机绑定、数字证书、邮箱地址安全保护设置。

2）订单系统。实现用户可以直接感知到的订单管理功能，如 B2C 交易、充值、转账、提现、退款等。

3）支付系统。主要完成收款与付款功能，支持包括余额支付方式、网银支付方式和快捷支付方式。

4）账务系统。主要用于用户、商户和银行账户的流水金额变更、冻结、解冻等功能。

5）银行结算。主要分为四部分，分别是银行网关、银行补单、银行查单、银行前置。

（3）数据库层。数据库层使用专门的数据库系统，数据库在设计上，针对数据量较大的交易、流水记录表，广泛使用分库分表的方式，以减少数据库单表的读写压力，用使用空间换取响应时间，缩短了读写的时间。并且使用了主备数据库配置，进行半同步复制，采用相应的方案实现主备数据库的故障切换。

2. P2P 网贷业务系统

P2P 网贷平台的运营模式各式各样，但是它们的业务流程基本是一样的。平台的使用者分为三类：投资者、借贷者和平台系统管理员。对于投资者和借贷者而言，要使用平台首先要注册账号、完善资料。其后借款者需要发起融资请求。平台受理后，会对发起方及其项目进行资质审核，若发现资质不合格或不适合借贷，则结束项目并告知发起方具体原因。若审核通过，则进入到项目池中等待投标。投资者可以看到项目池中不同的待投资项目，并对这些项目进行遴选，遴选的依据是发起方的背景、资质、偿还能力等信息。投资者确定好项目后，便可以对项目投资。一旦借贷关系成立，贷款者需分期返还投资者本金加利息。投资者也可将其债权转让出去。其正常业务流程图如图 1.3 所示。

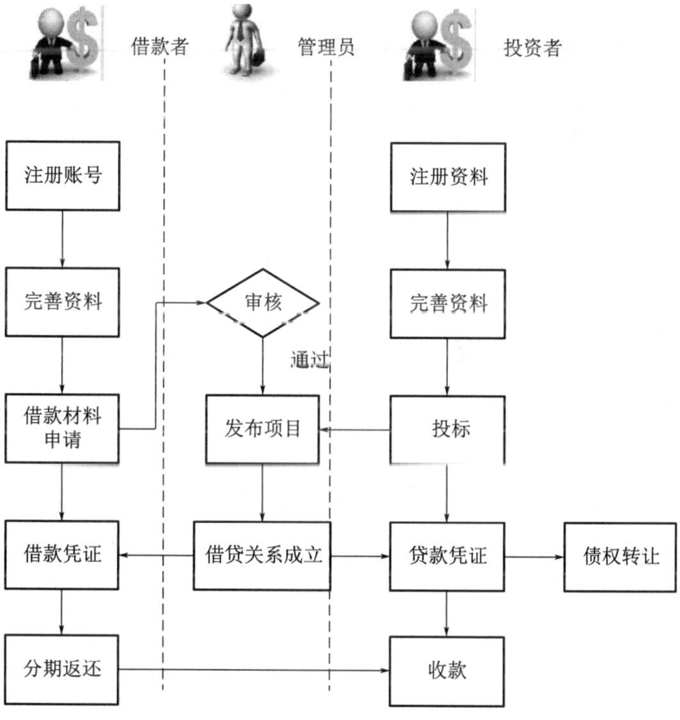

图 1.3　P2P 网贷业务流程图

根据平台功能分析的结果，可将业务模块分为四个部分：前台模块、后台模块、管理模块和接口模块。前台模块主要是网站首页显示的内容，包含用户注册、投资列表、新手上路、帮助中心、在线客服以及其他一些需要展示的内容。后台模块即“我的账户”，是对个人账户信息的一些管理，应包含账户信息、资金管理、投资管理、借款管理、债权管理等内容。管理员的后台和借贷双方的不同，其应包含对整个借贷交易进行管理和维护的功能，称其为管理模块，主要包括用户管理、项目审核、信用查询、数据查询等功能。接口模块应包含服务接口（与风险评估结果的接口和与数据分析结果的接口）以及机构接口（与各大金融机构和信用评价中心的接口）等内容。P2P 网贷业务系统模块及其功能如图 1.4 所示。

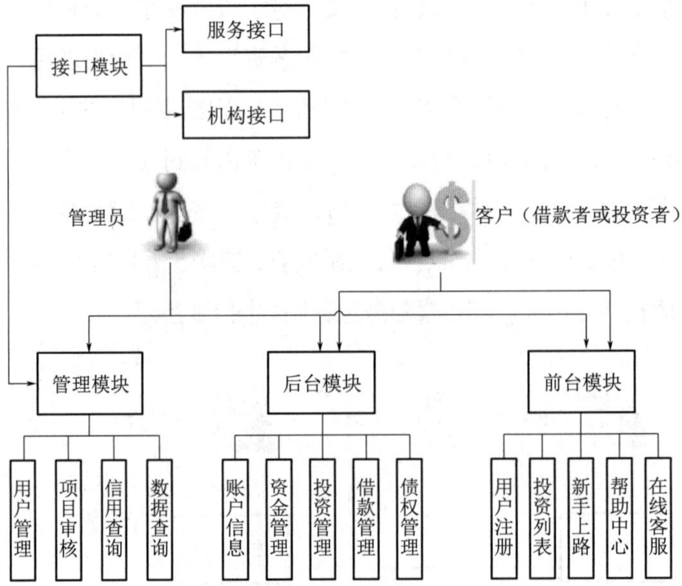

图 1.4　P2P 网贷业务系统模块及其功能

1.1.2.2　互联网金融信息系统的层次结构

互联网金融信息系统的层次结构从纵向角度表示互联网金融信息系统的抽象逻辑层次，大致可分为物理层、系统层、支撑层、数据层、功能层和用户层等六个层次。

（1）物理层描述互联网金融信息系统所有物理设备所处的层面，包括计算机网络、通信设施和计算机系统等硬件设备。该层是互联网金融信息系统的物理基础。

（2）系统层描述以操作系统为主的系统软件，它是互联网金融信息系统的软件基础。

（3）支撑层描述支持互联网金融信息系统运行的所有支撑软件。它包括数据库管理系统、各种中间件、客户和服务器开发软件、分布对象环境和集成开发工具等。

（4）数据层描述互联网金融信息系统的数据集和数据模型。

（5）功能层描述互联网金融信息系统所能提供的各种功能，它是实现信息处理、业务处理、组织管理和辅助决策等的功能集。

（6）用户层描述互联网金融信息系统与信息交互的系统界面。图 1.5 是典型的 P2P 网贷的网络拓扑图，其组成如下：

1）客户端。在互联网金融系统中客户端包括互联网金融企业网点内的柜员和各类面向客户的终端设备（如 PC 客户端、移动 Web 端、移动 App 等）。

2）应用服务器。应用服务器多为应用服务处理，前接前置机，主要处理中间业务，上传、回应客户端的所有核心业务交易。

3）数据库服务器。数据库服务器由运行在局域网中的一台或多台大型主机和数据库管理系统软件共同构成，它为数据库系统的高性能运行提供硬件支持和保障，并为客户应用程序提供数据服务。数据库服务器与应用服务器可实现物理隔离，数据库服务器可以只对应用服务器提供服务。

4）计算机网络。计算机网络是用通信线路和通信设备将分布在不同地点的多台具有独立功能的计算机系统互相连接起来，按照共同的网络协议，共享硬件、软件，最终实现资源共享的系统。包括局域网和广域网。

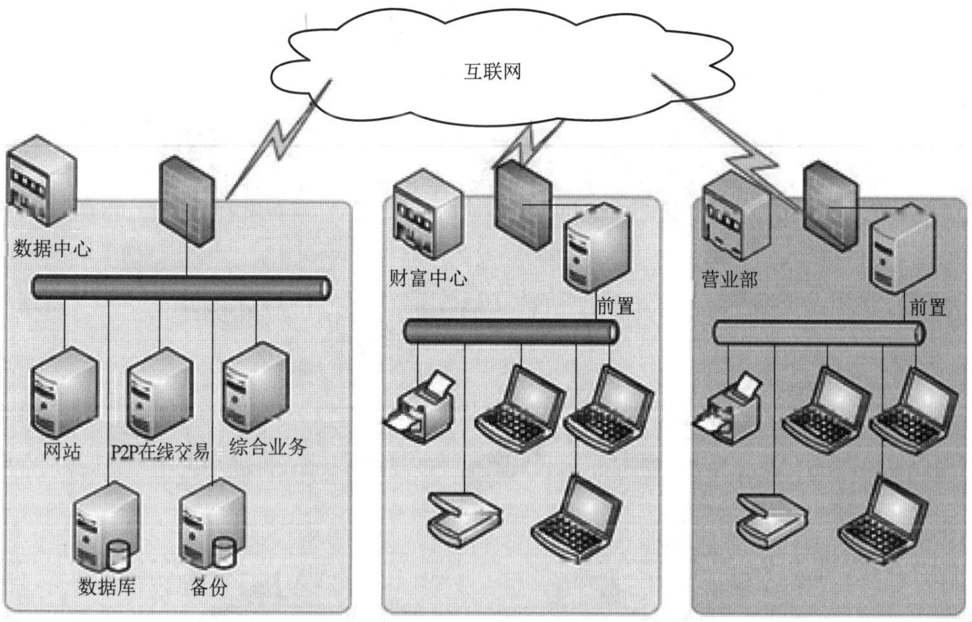

图 1.5　典型的 P2P 网贷的网络拓扑图

局域网（LAN）是结构最简单的计算机网络。局域网仅是在同一地点上经网络连在一起的一组计算机。局域网通常挨得很近，它是目前应用最广泛的一类网络。

广域网（WAN）由两个以上的 LAN 构成，这些 LAN 间的连接可以穿越 30km 以上的距离。

大型的 WAN 可以由各大洲的许多 LAN 和城域网（MAN）组成。最广为人知的 WAN 就是 Internet，它由全球成千上万的 LAN 和 WAN 组成。

网络接口由连接局域网和广域网的各种部件组成。各种接入设备包括路由器、交换机、防火墙、网桥、网关、协议转换器等。网络协议的物理层、数据链路层通过网络硬件完成，传输层和网络层通常通过驱动程序完成。在不同的子网之间采用 TCP/IP 协议进行网络层协议转换，实现网络间的互通。上传协议往往通过系统程序和应用程序完成。

互联网金融平台建设的初期，互联网金融企业在网络集成、存储、系统建设、系统运维等多方面做了大量投入，随着云计算技术的逐渐成熟，互联网金融企业越来越重视采用云计算。云计算应用由服务供应商统一、集中进行服务升级，不需要 IT（Information Technology）部门随时关注新的产品和技术，能把更多精力放在业务创新上。在这种模式下，用户的 IT 运维工作也变得更容易实现管理集中、化繁为简、高效合规。如互联网金融企业的微贷网和红岭创投等都使用阿里云构建新的互联网金融理财平台，其组成结构和功能如图 1.6 所示。

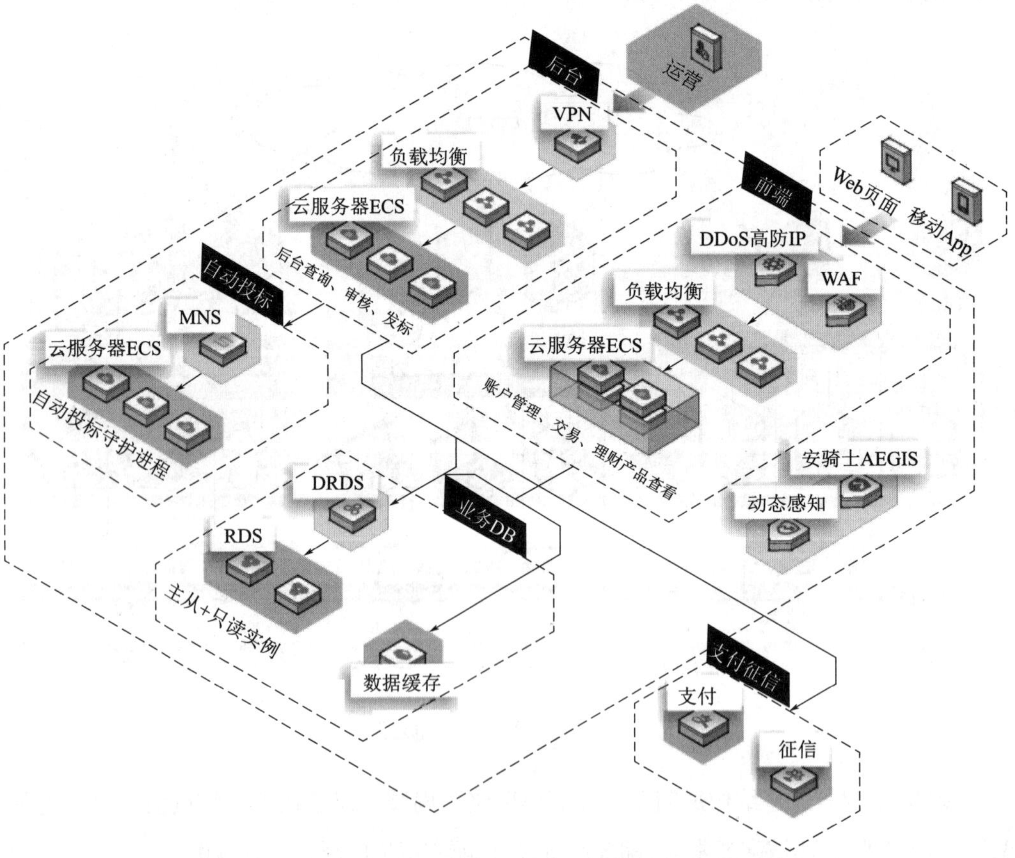

图 1.6　互联网金融理财平台的组成结构和功能

新的互联网金融平台租用云服务商的云服务器和云数据库。云服务器（Elastic Compute Service，ECS）是一种简单高效、处理能力可弹性伸缩的计算服务。能快速构建更稳定、安全的应用，提升运维效率，降低 IT 成本。云数据库（Relational Database Service，RDS）是阿里云提供的一种稳定可靠、可弹性伸缩的在线数据库服务。RDS 采用即开即用方式，并提供了数据库在线扩容、备份回滚、性能监控及分析等功能。

红岭创投从 2015 年 7 月起，运用全新的云计算技术和服务架构体系，对现有系统进行全面深度的改造。在新的技术架构中，采用全新的去中心化的服务集群架构，结合分布式数据库及分库分表策略，彻底解决架构中的单点和热点问题，实现全链路监控并根据用户流量动态扩容和高峰限流，为用户投资借款等体验护航。

1.2 互联网金融信息安全认知 //

1.5 ▤ 互联网金融信息安全认知

1.6 ▶ 互联网金融信息安全认知

案例导读

WannaCry，又称 Wanna Decryptor，是一种“蠕虫式”的勒索病毒软件，大小 3.3MB，由不法分子利用 NSA（National Security Agency，美国国家安全局）泄露的危险漏洞“EternalBlue”（永恒之蓝）进行传播。勒索病毒肆虐，俨然是一场全球性互联网灾难，给广大电脑用户造成了巨大损失。最新统计数据显示，100 多个国家和地区超过 10 万台电脑感染了勒索病毒。勒索病毒是自“熊猫烧香”以来影响力最大的病毒之一。WannaCry 勒索病毒全球大爆发，造成损失达 80 亿美元，已经影响到金融、能源、医疗等众多行业，造成严重的危机管理问题。

我国部分 Windows 操作系统用户也遭受感染，校园网用户首当其冲，受害严重，大量实验室数据和毕业设计被锁定加密。另外有部分大型企业的应用系统和数据库文件被加密，无法正常工作，影响巨大。2017 年 5 月 12 日晚，中国内地部分高校学生反映电脑被病毒攻击，文档被加密。5 月 13 日，中石油所属部分加油站运行受到波及。截至 5 月 14 日 10 时 30 分，国家互联网应急中心已监测到约 242.3 万个 IP 地址遭受“永恒之蓝”漏洞攻击；被该勒索软件感染的 IP 地址数量近 3.5 万个，其中中国境内 IP 约 1.8 万个。

截至2018年12月，我国已经拥有8.29亿网民，电子银行、电子支付、P2P、网上理财等已不再是新鲜事物。然而，人们在享受互联网金融便利的同时，时常遭遇账号被盗、资金被窃、交易受骗、财产受损等安全问题。据统计，2018年第4季度，我国网上银行交易规模超过501.7万亿元，第三方互联网支付市场交易规模达到63108.2亿元。确保互联网金融安全的重要性和紧迫性可想而知。

互联网金融信息系统的不安全因素、人为的攻击破坏、安全管理制度的不完善或执行不到位等，已经影响到互联网金融信息化的进程，关系到互联网金融业务的开展，威胁到互联网金融企业的生存和发展。

1.2.1 互联网金融信息安全概念

信息安全包含的范围很大，包括如何防止商业企业机密泄露、防止不良信息的泛滥、个人信息的泄露等，当然也包括网络安全、系统安全、各种安全协议和安全机制（数字签名、消息认证、数据加密等）等内容。通过信息安全工作，确保信息系统（包括硬件、软件、数据、人、物理环境及其基础设施）受到保护，不受偶然的或者恶意的原因而遭到破坏、更改和泄露，保证系统可以连续、可靠、正常地运行，信息服务不受中断，最终实现业务的连续性。

互联网金融借助大数据、搜索引擎、云计算和移动互联网的支撑，成功地实现交易的网络化、数字化、去中心化、去媒介化，提升了信息传播能力，改变了交易方式，打破了信息的不对称性，减弱了交易中介的作用，摆脱了对大量专业人员和物理网点的依赖，促进了市场环境中产品和服务的多元性，降低了垄断的损失，提升了金融服务的规模经济和范围经济性，提高了金融服务的效率，极大地降低了交易成本。互联网金融系统汇聚了大量的用户个人信息和资金，所有这些与信息、数据都密不可分。因此套用信息安全的定义，互联网金融信息安全可定义为互联网金融信息系统的硬件、软件、网络及其系统中的数据受到保护，不受偶然的或者恶意的原因而遭到破坏、更改和泄露，保证系统可以连续、可靠、正常地运行，信息服务不中断，最终实现业务的连续性。

信息安全的含义一直在不断地发展，从最初的信息保密性发展到信息的完整性、可用性、可控性和不可否认性等，进而又发展为“攻击、防范、检测、控制、管理、评估”等多方面的基础理论和实施技术。总的来说，信息安全具备以下七方面的特征，即需保证信息的机密性、完整性、可用性、真实性、可核查性、不可否认性和可靠性。

（1）机密性。是指确保只有那些被授予特定权限的人才能够访问到信息。

（2）完整性。是指保证信息和处理方法的正确性和完整性。

（3）可用性。指确保那些已被授权的用户在他们需要的时候，确定可以访问得到所需要的信息。

（4）真实性。确保主体或资源与它们声称相一致的特性。真实性可应用于诸如用户、进程、系统及信息等实体。

（5）可核查性。是指确保实体的活动可以唯一追溯到该实体的特性。

（6）不可否认性。信息的不可否认性也称抗抵赖，不可抵赖性，是传统的不可否认需求在信息社会的延伸。

（7）可靠性。预期的行为和结果的一致性。

互联网金融是把互联网作为资源，以大数据、云计算为基础的新金融模式。大数据是互联网金融的核心资源，云计算是互联网金融的核心技术。由于互联网金融具有虚拟化的服务方式、模糊化的业务边界、开放的经营环境、透明化的市场运行等特点，因此，互联网金融信息安全，除了具备传统金融信息安全特性之外，还应有明显的互联网信息安全特征，即开放性、扩散性、综合性、动态性。其中大数据安全和云计算安全是互联网金融信息安全的重点。

1.2.2 信息安全的发展进程及趋势

从全球范围看，信息安全发展经历了四个时期。

第一个时期是通信安全时期，其主要标志是1949年香农发表的Communication Theory of Secrecy Systems。在这个时期通信技术还不发达，电脑只是零散地位于不同的地点，信息系统的安全仅限于保证电脑的物理安全以及通过密码（主要是序列密码）解决通信安全的保密问题。把电脑安置在相对安全的地点，不容许非授权用户接近，就基本可以保证数据的安全性了。这个时期的安全性是指信息的保密性，对安全理论和技术的研究也仅限于密码学。这一阶段的信息安全可以简称为通信安全。它侧重于保证数据在从一地传送到另一地时的安全性。

第二个时期为计算机安全时期，以20世纪七八十年代的《可信计算机系统评估准则》（TCSEC）为标志。在20世纪60年代后，半导体和集成电路技术的飞速发展推动了计算机软、硬件的发展，计算机和网络技术的应用进入了实用化和规模化阶段，数据的传输已经可以通过电脑网络来完成。这时候的信息已经分成静态信息和动态信息。人们对安全的关注已经逐渐扩展为以保密性、完整性和可用性为目标的信息安全阶段，主要保证动态信息在传输过程中不被窃取，即使窃取了也不能读出正确的信息；还要保证数据在传输过程中不被篡改，让读取信息的人能够看到正确无误的信息。

1977 年美国国家标准局（NBS）公布的国家数据加密标准（DES）和 1983 年美国国防部公布的《可信计算机系统评价准则》（TCSEC，俗称橘皮书，1985 年再版）标志着解决计算机信息系统保密性问题的研究和应用迈上了历史的新台阶。

第三个时期是 20 世纪 90 年代兴起的网络时代。从 20 世纪 90 年代开始，由于互联网技术的飞速发展，无论是企业内部还是外部的信息都得到了极大的开放，由此产生的信息安全问题跨越了时间和空间，信息安全的焦点已经从传统的保密性、完整性和可用性三个原则衍生为诸如可控性、抗抵赖性、真实性等其他的原则和目标。

第四个时期是进入 21 世纪的信息安全保障时代，其主要标志是《信息保障技术框架》（IATF）。如果说对信息的保护主要还是处于从传统安全理念到信息化安全理念的转变过程中，那么面向业务的安全保障，就完全是从信息化的角度来考虑信息的安全了。体系性的安全保障理念，不仅关注系统的漏洞，而且是从业务的生命周期着手，对业务流程进行分析，找出流程中的关键控制点，从安全事件出现的前、中、后三个阶段进行安全保障。面向业务的安全保障不是只建立防护屏障，而是建立一个“深度防御体系”，通过更多的技术手段把安全管理与技术防护联系起来，不再是被动地保护自己，而是主动地防御攻击。也就是说，面向业务的安全防护已经从被动走向主动，安全保障理念也从风险承受模式走向安全保障模式。信息安全阶段也转化为从整体角度考虑其体系建设的信息安全保障时代。

我国信息安全的发展分为三个阶段。

第一阶段：1995 年以前，以通信保密和依照 TCSEC 的计算机安全标准开展计算机的安全工作，其主要服务对象是政府保密机构和军事机构。主要从事这方面工作的是一些科研机构和军事机构，例如原电子工业部第 15 所、第 30 所和原邮电部数据所等研究机构及其相关企业。

第二阶段：在原有基础上，自 1995 年开始，以北京天融信网络安全技术有限公司、北京启明星辰信息技术有限公司、北京江南科友科技有限公司、北京中科网威信息技术有限公司、北京清华德实科技股份有限公司、上海复旦光华信息科技股份有限公司等一批从事信息化安全的企业诞生，以此为标志的创业发展阶段，这一阶段主要关注计算机与互联网的网络安全。从 1999 年起，信息安全的工作重点逐步转移到银行与电信信息化安全建设上。2000 年，我国第一个行业性质的《银行计算机系统安全技术规范》出台，这为我国信息化安全建设奠定了基础并树立了示范。但是，这个时期主要提供的是隔离、防护、检测、监控、过滤等局域网安全服务技术与产品，其主要面对病毒、黑客和非法入侵等威胁。到 2001 年，全国成立了 1300 多家从事信息化安全的企业。

第三阶段：以 2002 年成立中国信息产业商会信息安全产业分会为标志的有序发展阶段。这个阶段不仅关注互联网的信息与网络安全，而且开始对国家基础设施信息化安全开展工作，涌现出许多自有知识产权的信息与网络安全产品。

在信息技术高速发展的背景下，网络应用和普及引发的技术与应用模式的变革推动着信息安全的不断创新，促使信息安全的内涵持续拓展。根据目前国际发展趋势，移动网络、以动态服务计算为技术特征的“云计算”应用日趋成熟，其在诸多领域的应用初见端倪。它们的出现是信息技术领域的重大变革。这种变革也为信息安全领域带来了巨大的发展契机。

首先，安全工具趋向集成化和强针对性。多种单一功能的信息安全技术与产品向多种功能或融于某一信息产品的信息安全技术与产品的方向发展。例如目前已研制出集防病毒、虚拟专用网络（VPN）、入侵检测系统（IDS）以及安全网关、主机安全防护系统及网络监控系统等多种功能于一身的防火墙产品。具备强针对性的专用安全工具则是针对某些影响范围广、危害严重的少数类别的威胁。如专门针对分布式拒绝服务（DDoS）攻击的防范系统、内网非法外联系统、便捷的安全 U 盘等。

其次，基于管理思想的安全工具是信息安全的具体实践手段，也是安全技术发展的大趋势。管理类工具有安全管理平台、统一威胁管理工具和日志分析系统等。随着信息安全的要求越来越高，市场上还出现了信息安全服务机构，即把信息系统的安全加固需求委托给专业从事信息安全服务的专业公司或团队实施。信息安全服务是信息安全产业分工和细化的进一步发展，是信息安全设计动态性的延伸。

1.2.3 信息安全的目标和策略

信息安全的中心问题是要能够保障信息的合法持有，且使用者能够在任何需要该信息时获得保密的没有被非法更改过的“原装的”信息。在英文文献中，信息安全的目的常常用 Confidentiality（机密性）、Integrity（完整性）和 Availability（可用性），三个词概括，即 CIA。

如图 1.7 所示，信息安全的目标简单地说包括六大机制：①进不来，即访问控制机制；②拿不走，即授权机制；③打不开，即加密机制；④改不了，即数据完整性机制；⑤赖不掉，即审计 / 监控 / 签名机制；⑥丢不了，即数据备份与灾害恢复机制。

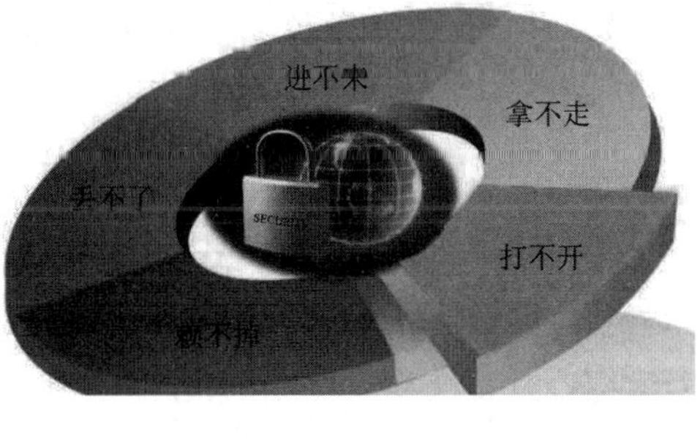

图 1.7　信息安全的目标

1.3 互联网金融信息安全风险认知

案例导读

信息安全事件发生最为频繁的莫过于数据泄露。虽然互联网的整体安全性都在提升，但依然出现了几波影响力颇大的用户信息被黑客盗走泄密的事件，动辄几亿用户的数据遭到外泄，给企业和用户带来了严重后果。

［案例 1］ 绍兴市警方破获了一起特大流量劫持案。犯罪团伙涉嫌非法窃取用户个人信息 30 亿条，非法牟利超千万元，涉及百度、腾讯、阿里、京东等全国 96 家互联网公司的产品。在涉案的三家企业中，北京瑞智华胜公司为新三板上市企业。

［案例 2］ 2018 年 6 月 19 日，一位 ID 为“f666666”的用户公然在暗网上兜售圆通 10 亿条快递数据，这引发了外界的广泛关注。据称，这些外泄的数据是 2014 年下旬的数据，其中包括寄（收）件人姓名、电话、地址等信息。

当时暗网对外泄数据进行了明码标价，用户只需花费 430 元人民币即可购买到 100 万条圆通快递的个人用户信息，而 10 亿条数据则约需要 43000 元人民币（价值相当于当时的 1 比特币）。

［案例 3］ 2018 年 8 月，根据暗网中文网帖子显示，华住旗下所有酒店的数据被公开售卖，其中包括汉庭、美爵、禧玥、漫心、诺富特、美居、CitiGo、桔子水晶、全季、星程、宜必思、怡莱、海友等，华住旗下酒店均在其列！而所泄露数据竟达 5 亿条之巨——包括华住官网的注册资料（姓名、手机号、邮箱、身份证号、登录密码等信息），共 53GB，大约 1.23 亿条记录；此外还包括有住户在酒店入住时的登记身份信息（包括姓名、身份证号、家庭住址、生日、内部 ID 号等信息），共计 22.3GB，大约 1.3 亿人的身份证信息；最后还包含有酒店的开房记录（包括内部 ID 号、房间关联号、姓名、卡号、手机号、邮箱、入住时间、离开时间、酒店 ID 号、房间号、消费金额等信息），共 66.2GB，大约 2.4 亿条记录。

1.3.1 互联网金融信息安全面临的风险

1.7 ⓔ 互联网金融信息安全面临的风险

互联网金融具有提高金融市场竞争程度、提高资金配置效率和降低金融服务成本等优势，在满足更广泛群体金融需求、增强金融普惠性、提高金融服务效率等方面弥补了传统金融的不足。但由于互联网金融属于金融领域的新业态、新模式，现行法律、政策以及监管体系不能完全覆盖互联网风险的漏洞，从而对宏观金融稳定带来一定冲击和风险。

截至 2017 年 12 月底，网贷行业正常运营平台数量达到了 1931 家，比 2016 年底减少了 517 家，全年正常运营平台数量一直呈减少的趋势。金融风险防范和金融监管改革迫在眉睫，2016 年的政府工作报告将“规范发展互联网金融”列入本年度重点工作部分。2017 年，政府工作报告中明确指出互联网金融累积风险要高度警惕。2018 年，政府工作报告提出“健全互联网金融监管”的工作目标。

1.8 ▶ 互联网金融信息安全面临的风险

国内目前缺乏结构性数据，科技金融公司多以大量的行为数据对信用进行判断。大数据和人工智能虽然可以更加准确地判断风险，但是不可以精确地衡量风险，也无法对系统性风险进行预测和回避。

1.3.2 互联网金融风险的内涵

互联网金融风险是指由于技术缺陷、信用和制度体系不完善、业务操作不规范等原因导致金融消费者权益受损、互联网金融行业不稳定等系统性风险，使互联网金融遭受损失的一种潜在可能性。在传统金融中，安全风险可能只带来局部损失，但在互联网金融中，安全风险会导致整个网络的瘫痪，是一种系统性风险。

1.3.3 互联网金融风险的类型

互联网金融提供的是创新型金融产品，不但面临流动性风险、信用风险、市场风险、利率风险和汇率风险等传统金融业风险，而且面临交易风险、技术风险、监管风险、政策法律等特殊风险。本节重点介绍互联网金融面临的特殊风险。

1.3.3.1 交易风险

交易风险包括交易操作风险、交易系统风险和交易特性风险。

（1）交易操作风险。交易主体对互联网金融业务的操作规范与流程不熟悉，可能导致不必要的资金损失。

（2）交易系统风险。诸如网络仿冒、病毒威胁、系统中断或其他不可预见的事件导致机构无法提供安全产品或服务，这种风险存在于每一个互联网金融产品或服务中。有些计算机系统本身的设计欠缺都将给互联网金融企业的运行带来比较严重的交易系统风险。网络征信系统建设不足，信息不透明和信用信息缺乏也将导致信任危机和风险聚集。

（3）交易特性风险。产生于经济主体的决策，主要是由交易者之间的信息不对称引起的信用风险，以及市场风险和流动性风险。主要包括互联网金融账户的授权使用、互联网金融企业与顾客的信息沟通等。互联网金融的虚拟性非常明显，电子信息操作平台开展的相关金融交易活动，增加了确认交易者身份、信用评价等方面的信息非对称性。由于互联网金融交易双方不像传统商业银行那样在柜台有形的市场进行面对面交易，而是通过电子信息交易平台进行交易，并且其交易平台控制权一般掌握在非金融企业手中，除有效的市场监管之外，难以验证交易者的身份信息与交易动机。

目前，我国社会征信体系不完整，交易双方时常出现逆向选择，从而导致道德风险，影响金融市场的稳定，给交易双方带来不必要的经济损失。一旦由于某种原因或某些原因导致互联网金融企业出现交易安全问题，顾客损失惨重，所带来的恶劣影响，会给互联网金融企业的声誉带来不好的影响，也不利于互联网金融的可持续发展。

1.3.3.2 技术风险

影响互联网金融最重要的技术风险来自计算机软件与互联网的相关核心技术。互联网金融快速发展的重要前提条件之一是计算机网络，相关软件系统与电脑程序对互联网金融健康快速发展至关重要。因此计算机软件系统、互联网技术等的安全性将直接影响互联网金融的有序运行。

互联网技术本身存在着技术风险，包括所依赖的信息系统的技术安全和技术容量、黑客攻击、密码泄露、账户资金被盗等。交易者身份和真实性难以确认，存在着较高的消费者信息泄露及受欺诈、诱骗等风险。互联网技术风险带来的最大问题是信息安全问题。技术风险会导致客户信息泄露、丢失，威胁了客户的资金安全。

与银行封闭运行的业务系统相比，互联网金融的用户敏感信息和个人财产存在更大的安全隐患，也加速了支付、清算等风险的扩散，使得风险在非传统金融机构与传统金融机构之间出现转移。

有效开展互联网金融业务的基础是其技术解决方案，互联网金融企业出于降低成本等利益考虑，选择的技术解决方案可能存在某些技术欠缺，从而构成了互联网金融企业的技术选择风险。

计算机软件、互联网技术专业性强，需要企业投入大量的研发人员与资金开展研发工作，且研发具有极大的正外部性，有些互联网金融企业出于降低运营成本的考虑，基本上采用的是技术外包策略。由于自身不拥有企业运作的核心技术，一旦外部技术支持不能完全满足需求，导致其不能及时有效地向顾客提供金融服务，就会形成互联网金融企业的技术支持风险。而且目前我国具有自主知识产权的互联网金融设备欠缺，大量依赖从国外进口相应软硬件，对我国互联网金融业的快速发展极为不利。

互联网金融这一领域发展前景可谓是一片大好，但是在一片欣欣向荣的现象背后却又隐藏着不易被发现的问题。2017 年，CNCERT 抽取 1000 余家互联网金融网站进行安全评估检测，发现包括跨站脚本漏洞、SQL 注入漏洞等网站高危漏洞 400 余个，存在严重的用户隐私数据泄露风险；对互联网金融相关的移动 App 抽样检测，发现安全漏洞 1000 余个，严重威胁互联网金融的数据安全、传输安全等。

1.3.3.3 监管风险

任何金融创新都能带来效益和风险，互联网金融亦不例外。互联网金融领域的部分业务已经频发风险，主要是因为互联网金融风起云涌以及行业恶性竞争，相关针对性监管措施缺位。互联网金融的监管风险主要来自分业监管模式与混业经营模式的不匹配。

互联网金融具有混业经营的特征，跨行业、跨部门、业务交叉性强等特征是互联网金融领域普遍存在的，互联网金融企业的经营范围可能既包括银行业务，也包括证券业务和保险业务，形成了几类金融业务以互联网为基础进行深度融合的模式。

而目前中国传统金融业实行分业经营、分业监管模式，互联网金融的混业经营模式进一步强化了监管风险，风险准备金、坏账率、信息披露、风险评级和出资人权益保护等内容都未纳入监管范围，可能导致监管风险加速交叉、聚集。

互联网金融是迅速发展的新兴领域，监管部门不能缺位，必须正视其风险，同时又不能越位，实施过度监管。对互联网金融出台监管措施目前还需要一定时间的观察期，以便充分了解行业动态。

1.3.3.4 政策法律风险

政策法律风险包括政策风险和法律风险两类。政策风险主要来自国家有关互联网金融政策调整带来的不确定风险。法律风险主要来自互联网金融法律缺失。互联网金融提供的是创新型金融产品，目前我国的金融法律法规有《中华人民共和国中国人民银行法》《中华人民共和国商业银行法》《中华人民共和国证券法》《中华人民共和国保险法》等，还没有一部单独完整的法律法规规范制约互联网金融发展，其在市场准入、交易主体身份认证、维护顾客信息、确认电子交易合同的真实性、市场监管等方面极其欠缺，为交易双方的责权利不明确埋下隐患，无形中增加了互联网金融交易的不确定性，提高了交易费用，对互联网金融的有序稳定发展极其不利。

近年来，互联网金融快速发展，投资者和消费者缺少相应的金融知识，监管不到位，导致不法分子利用披着互联网金融外衣的平台，开展金融诈骗和非法集资活动，影响了互联网金融的稳定发展。容易涉嫌非法集资是互联网金融面临的最大法律风险，例如股权众筹、P2P 网贷、互联网信托等，有很多业务处于法律的灰色地带。

法律风险还表现为不法分子利用互联网金融进行洗钱活动，擅自发行债券、股票、挪用资金等以非法占有为目的进行虚假融资。

1.3.3.5 认知风险

互联网金融开辟了新的业务技术、交易渠道和方式，创新了资金融通、价格发现、支付清算的手段，由于互联网拓展了金融交易的可能性边界，大幅度提高了金融覆盖面，而群众的风险识别能力和风险承受能力相对欠缺，容易出现非理性消费，提高了风险发生概率。目前，互联网金融对消费者权益的保护措施还不够完善，在资金安全、个人信息安全等方面存在较大隐患，由于监管力度不够、社会信用体系不健全，消费者权益受损的情况时有发生。

1.3.4 互联网金融风险的特征

1.3.4.1 扩散速度快

无论是第三方支付还是移动支付，包括 P2P、大数据金融、众筹平台、信息化金融等在内的互联网金融，都具备高科技的网络技术所具有的快速远程处理功能，为便捷快速的金融服务提供了强大的 IT 技术支持，反过来看，互联网金融的高科技也可能会加快支付、清算及金融风险的扩散速度。

1.3.4.2 监管难度大

互联网金融技术环境中存在所谓“道高一尺，魔高一丈”，这对于互联网金融的风险防控和金融监管提出了更高的要求。互联网金融当中的网络银行、手机银行等的交易和支付过程均在互联网或者移动互联网上完成，交易的虚拟化使金融业务失去了时间和地理限制，交易对象变得模糊，交易过程更加不透明，金融风险形式更加多样化。

1.3.4.3 交叉传染性强

传统金融监管可以通过分业经营、设置市场屏障或特许经营等各种方式，将金融风险隔离在相对独立的领域。而互联网金融中这种物理隔离的有效性相对减弱，尤其是防火墙作用可能因网络黑客等破坏而衰减，因此“防火墙”的建设更需要加强。

互联网金融需要整治，互联网金融使得金融风险的涉众性、突发性、隐蔽性等特点更加突出。

总结回顾

本章讲述了互联网金融信息系统的概念以及信息安全在互联网金融信息系统中的重要地位，阐述了互联网金融信息安全面临的风险，以及现行的互联网金融的监管体系和面临的风险。

1.9 Ⓟ 项目 1 知识拓展案例

课后实践

选择题

1. 信息安全的特性有（　　）、可控性、不可否认性等。

A. 机密性　　B. 完整性

C. 可用性　　D. 可核查性

2. 互联网金融借助大数据、搜索引擎、云计算和移动互联网的支撑，成功地实现交易的（　　），提升了信息传播能力，改变了交易方式等。

A. 网络化　　B. 数字化

C. 去中心化　　D. 去媒介化

填空题

1. 互联网金融的业态主要有（　　）、（　　）、（　　）、（　　）、股权众筹、互联网信托和互联网消费等。

2. 云计算的安全威胁包括：（　　）、（　　）、（　　）的数据风险。

简答题

1. 什么是互联网金融？有哪些特征？

2. 互联网金融信息系统的组成及含义。

3. 信息安全的目标是什么？

4. 互联网金融信息安全面临哪些威胁？

5. 第三方支付法规确定非金融机构支付服务有哪些？

1.10 Ⓣ 项目 1
习题答案

项目2
网络实体安全分析

学习目标

通过课堂讲解和讨论，学生应掌握网络系统设备和数据库安全分析，并且了解网络设备安全预案。

2.1 网络系统设备安全分析

案例导读

英特尔 CPU 被曝底层漏洞影响全球

2018 年 1 月，研究人员发现英特尔 CPU 存在严重漏洞，导致攻击者能直接访问核心内存中的敏感内容，包括用户账号、密码、文件等。

英特尔自 1995 年起发布的 x86 处理器几乎全受影响，所有使用该处理器的设备和操作系统都受到影响，包括 Windows、MacOS 及 Linux 等。因近 90% 的服务器和存储都采用英特尔处理器，亚马逊、微软、谷歌等云计算服务商也深受影响。

根据提供的背景资料，收集相关数据和资料，对下面的问题进行分析。

（1）网络设备包含哪些？

（2）一旦网络设备出现安全问题，对我们的网络系统会造成哪些影响？如何来应对网络设备的安全问题？

2.1.1　网络系统设备安全概述

随着互联网的迅猛发展，网络系统设备的安全也越来越受到重视。网络系统设备主要包括网络服务器、核心交换机、供电系统、链接以及网络边界设备（如路由器、防火墙）等。网络系统设备是构成网络的首要条件，是网络的基础设施，如果这些基础设施不安全，其他任何安全措施都将变得毫无意义，所以网络设备的安全是互联网金融信息安全建设的重要内容，是当今迫切需要解决的问题。

2.1 网络系统设备安全概述

2.2 网络系统设备安全概述

1. 网络设备存在的安全问题

一般来说，当网络设备部署好后，在没有非法入侵的情况下，设备中的主要配置和部署方式可以保持相对稳定，可是一旦有下面几种因素的非法入侵攻击，网络设备就很容易成为攻击的目标。

（1）网络设备自身的因素。因为任何一种操作系统软件在设计上都不可能完美无缺，只要网络设备有操作系统的存在，就会不可避免地在操作系统中出现一些缺陷和漏洞。网络设备自身的操作系统在设计中出现的不足及网络设备在机房部署时，网络管理人员对网络拓扑结构考虑不全面，都可能在网络设备的应用、部署和配置中出现不可避免的漏洞与不足，这就造成了极大的网络安全隐患。非法入侵者往往利用这些不足之处，在各种网络设备上运行任意恶意代码，从而导致网络出现故障。

（2）网络设备的存放地点及环境因素。网络设备没有存放在专用网络机房，甚至把网络设备存放在公用场所，安全措施不足。这就很容易受到攻击者对配置口直接连接，非法实施密码恢复、重置管理员口令、恢复出厂设置、非法关机等攻击行为。有些网络设备虽然存放在专门的网络机房里面，但是网络机房的环境没有达到规定的要求，机房的安全设备和监控设备以及强弱电系统、数据存储设备等没有完全发挥各个系统的联动、互动作用，没有作为一个完整的体系发挥全部作用，在出现故障时无法快速恢复系统运行。

（3）信息网络管理及网络用户的因素。作为网络设备的管理者，在管理过程中，由于自身的技术水平有限，有可能产生各种各样的失误。比如登录密码设置太简单等，这些都有可能被非法入侵者所利用，导致网络出现不安全的情况。作为网络用户，在使用过程中，由于自身的操作技能和安全意识有限，可能会进行一些误操作，导致受到网络攻击等，造成网络故障的出现。

2. 网络设备安全防范措施

（1）网络机房的环境安全。网络信息机房应严格按照有关标准进行建设和改造，必须具备防火、防雷、防静电、防电磁干扰，要有完备的环境控制设备和电源供应设备，确保各类设备有一个良好的运行环境。

（2）网络设备的冗余。为保证网络系统能正常运行和提供正常的服务，在进行网络设计时要充分考虑主要设备的冗余或部件的冗余。

（3）加强密码和端口访问权限的管理。为了防止网络攻击，需要对网络设备的访问权限进行管理，加强访问控制列表对访问网络设备的控制能力和对远程可登录网络设备的地址进行限制，防止非法入侵者通过其他 IP 地址对网络设备进行登录访问，还要加强 SNMP 关键字的管理和在网络设备的配置端口上设置空闲时间参数，以防管理员在配置过程或非正常离线后给非法入侵者留下可能被利用的漏洞。

（4）加强相关人员的培训。网络的使用者，不仅仅是网络管理人员，而是所有在使用网络的人员。这不但需要对网络管理维护人员进行技能、技术水平的培训，提高他们的能力，减少因其业务能力不足而对网络造成的影响。而且还应明确网络用户的权利和义务，提高网络用户的安全意识，才能减少网络攻击和病毒干扰，进而提高信息网络的安全运行水平。

本书的安全防范措施主要介绍网络设备的冗余和网络机房的环境安全，以及对几种重要的网络设备安全进行详细介绍。

2.1.2 网络系统设备的冗余

2.3 网络系统设备的冗余

2.1.2.1 网络服务器系统冗余

由于服务器是网络系统的核心，因此为了保证系统能够安全、可靠地运行，应采用一些冗余措施，如双机热备份、存储设备冗余、电源冗余和网卡冗余等。

1. 双机热备份

对数据可靠性要求高的服务（如电子商务、数据库），其服务器应采用双机热备份措施。服务器双机热备份就是设置两台服务器（一个为主服务器，另一个为备份服务器），装有相同的网络操作系统和重要软件，通过网卡连接。当主服务器发生故障时，备份服务器接替主服务器工作，实现主、备服务器之间容错切换。在备份服务器工作期间，用户可对主服务器故障进行修复，并重新恢复系统。双机热备份系统如图 2.1 所示。

2.4 网络系统设备的冗余

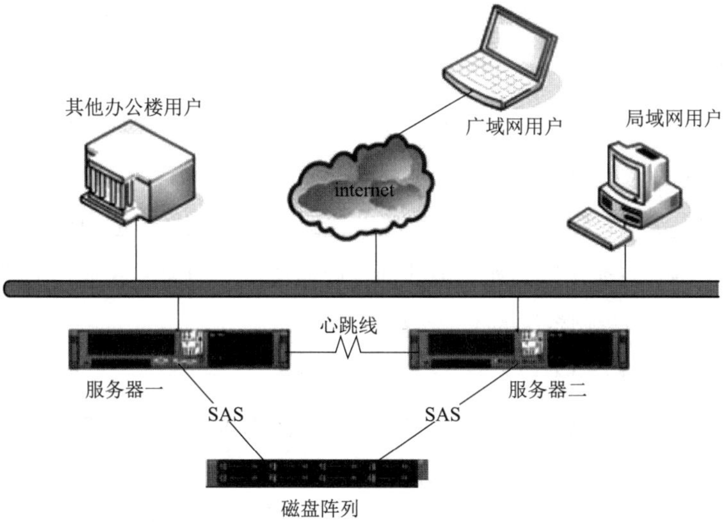

图 2.1　双机热备份系统

2. 存储设备冗余

存储设备是数据存储的载体。为了保证存储设备的可靠性和有效性，可在本地或异地设计存储设备冗余。目前数据的存储设备多种多样，根据需要可选择刻录光驱、磁带机、磁盘镜像和 RAID（独立冗余磁盘阵列）等。下面主要介绍磁盘镜像和 RAID。

（1）磁盘镜像。每台服务器都可实现磁盘镜像（配备两块硬盘），这样可保证当其中一块硬盘损坏时另一块硬盘可继续工作，不会影响系统的正常运行。

（2）RAID。RAID 可采用硬件或软件的方法实现。磁盘阵列由磁盘控制器和多个磁盘驱动器组成，由磁盘控制器控制和协调多个磁盘驱动器的读写操作。可以这样来理解，RAID 是一种把多块独立的硬盘（物理硬盘）按不同方式组合起来形成一个硬盘组（逻辑硬盘），从而提供比单个硬盘更高的存储性能和提供数据冗余的技术。组成磁盘阵列的不同分区称为 RAID 级别。在用户看起来，组成的磁盘组就像是一个硬盘，用户可以对它进行分区、格式化等。总之，对磁盘阵列的操作与单个硬盘一样。不同的是，磁盘阵列的存储性能要比单个硬盘高很多，而且在很多 RAID 模式中都有较为完备的相互校检和恢复措施，甚至是直接相互的镜像备份，从而大大提高了 RAID 系统的容错度和系统的稳定冗余性。RAID 技术经过不断地发展，现在已拥有了六种级别。不同的 RAID 级别代表着不同的存储性能、数据安全性和存储成本。常用的 RAID 级别有 RAID0、RAID1、RAID5 等。

3. 电源冗余

高端服务器普遍采用双电源系统（即服务器电源冗余）。这两个电源是负载均衡的，在系统工作时它们都为系统供电。当其中一个电源出现故障时，另一个电源就会满负荷地承担向服务器供电的工作。此时，系统管理员可以在不关闭系统的前提下更换损坏的电源。有些服务器系统可实现 DC（直流）冗余，有些服务器产品可实现 AC（交流）和 DC 全冗余。

4. 网卡冗余

网卡冗余技术原为大、中型计算机上使用的技术，现在也逐渐被一般服务器所采用。网卡冗余是指在服务器上插两块采用自动控制技术控制的网卡。在系统正常工作时，双网卡将自动分摊网络流量，提高系统通信带宽；当某块网卡或网卡通道出现故障时，服务器的全部通信工作将会自动切换到无故障的网卡或通道上。因此，网卡冗余技术可保证在网络通道或网卡故障时不影响系统的正常运行。

2.1.2.2 核心交换机冗余

核心交换机在网络运行和服务中占有非常重要的地位，在冗余设计时要充分考虑该设备及其部件的冗余，以保证网络的可靠性。

核心交换机中电源模块的故障率相对较高，为了保证核心交换机的正常运行，一般考虑在核心交换机上增配一个电源模块，实现该部件的冗余。为了保证核心交换机的可靠运行，可在本地机房配备双核心交换机或在异地配备双核心交换机，通过链路的冗余实行核心交换设备的冗余。同时针对网络的应用和扩展需要，还需在网络的各类光电接口以及插槽数上考虑有充分的冗余。

2.1.2.3 供电系统冗余

电源是整个网络系统得以正常工作的动力源，一旦电源发生故障，往往会使整个系统的工作中断，从而造成严重后果。因此，采用冗余的供电系统备份方案，保持稳定的电力供应是必要的，因为供电系统的安全可靠是保证网络系统可靠运行的关键。

通常城市供电相对比较稳定，如果停电也是区域性停电，且停电时间不会很长，因此可考虑使用 UPS 作为备份电源，即采用市电 +UPS 后备电池相结合的冗余供电方式。正常情况下，市电通过 UPS 稳频稳压后，给网络设备供电，保证设备的电能质量。当市电停电时，网络操作系统提供的 UPS 监控功能，在线监控电源的变化，当监测到电源故障或电压不稳时，系统会自动切换到 UPS 给网络系统供电，使网络正常运行，从而保证系统工作的可靠性和网络数据的完整性。

2.1.2.4 链接冗余

为避免由于某个端口、某台交换机或某块网卡的损坏导致网络链路中断，可采用网络链路冗余措施，每台服务器同时连接到两台网络设备，每条骨干链路都应有备份线（冗余链路）。

2.1.2.5 网络边界设备冗余

对于比较重要的网络系统或重要的服务系统来说，路由器和防火墙等网络边界设备的可靠性要求也非常高，一旦该类设备出现故障则影响内部网和外部网的互联。因此，在必要时可对部分网络边界设备进行冗余设计。

2.1.3 网络机房的环境安全

案例导读

机房空调出现问题的后果

2007 年 10 月 8 日，上海某外企，长假后上班第一天，机房管理人员早晨一打开核心机房的门，一股热浪从机房里迎面扑来，浓重的橡胶味熏得人喘不过气，原来是空调没有正常工作。空调是什么时候停止工作的，因为什么原因停的都不知道。整个机房设备损失超过了 150 万……虽然设备损失是很严重的事，但更严重的是服务器内的数据损失，要多长时间才能恢复呢，这又会给公司运营带来多大的麻烦呢?

事发后，公司相关管理人员都受到了严重的处罚。总经理、部门经理年薪减半，机房管理员因为失职被开除。机房安全对公司正常运转来说是非常重要的，是不能有事故发生的。

其实像这种事故完全是可以做到防患于未然的，不要等到有了重大的损失后才想起亡羊补牢，但是这样的事故在全国每时每刻都有可能发生。那么，什么样的机房环境才算是安全的呢？如图 2.2 所示。

图 2.2 理想的机房环境

2.1.3.1 机房的安全保护

1. 机房场地的安全与内部管理

通常，在选择网络机房环境及场地时，应采用以下安全措施。

（1）为提高计算机网络机房的安全可靠性，机房应有一个良好的环境。因此，机房的场地选择应考虑避开有害气体来源以及存放腐蚀、易燃、易爆物品的地方，避开低洼、潮湿的地方，避开强振动源和强噪音源，避开电磁干扰源。

2.5 网络机房的环境安全

（2）机房内应安装监视和报警装置。在机房的隐蔽地方安装监视器和报警器，用来监视和检测入侵者，预报意外灾害等。

2.6 ▶ 网络机房的环境安全

同时，对于机房内部管理，可采取以下措施：

（1）制定完善的机房出入管理制度，通过特殊标志、口令、指纹、通行证等标识对进入机房的人员进行识别和验证，对机房的关键通道应加锁或设置警卫等，防止非法人员进入机房。

（2）外来人员（如参观者）要进入机房，应先登记申请进入机房的时间和目的，经有关部门批准后由警卫领入或由相关人员陪同。进入机房时应佩戴临时标志，且要限制一次性进入机房的人员数量。

（3）机房的空气要经过净化处理，要经常排除废气，换入新风。

（4）工作人员进入机房要穿着工作服，佩戴标志或标识牌，并要经常保持机房的卫生。

（5）要制定一整套可行的管理制度和操作人员守则，并严格监督执行。

2. 机房的环境监控设备

随着社会信息化程度的不断提高，机房计算机系统的数量与日俱增，其环境设备也日益增多，机房环境设备必须时时刻刻为网络系统提供正常的运行环境。因此，对机房设备及环境实施监控就显得尤为重要。

机房的环境设备监控系统主要是对机房设备（如供配电系统、UPS 电源、防雷器、空调系统、消防系统、安保系统等）的运行状态、温度、湿度、洁净度，供电的电压、电流、频率，配电系统的开关状态等进行实时监控并记录历史数据，为机房高效的管理和安全运行提供有力的保证。

3. 机房的温度、湿度和洁净度

为保证计算机网络系统的正常运行，对机房工作环境中的温度、湿度和洁净度都要有明确要求。为了使机房的这“三度”达到要求，机房应配备空调系统、去湿或加湿机、除尘器等设备。特殊场合甚至要配备比公用空调系统在加湿、除尘等方面有更高要求的专用空调系统。

机房的温度和湿度过高、过低或变化过快，都将对设备的元器件、绝缘件、金属构件以及信息存储介质产生不良影响，其结果不仅影响系统工作的可靠性，还会影响工作人员的身心健康。一般情况下，机房的温度应控制在 18~25℃，相对湿度应为 30%~80%。温度控制和湿度控制最好都与空调联系在一起，由空调集中控制。机房内应安装温度、湿度显示仪，随时观察和监测温度、湿度。

此外，机房灰尘会造成设备连接插件的接触不良、发热元器件的散热效率降低、电子元件的绝缘性能下降、机械磨损增加、磁盘数据的读写出错且可能划伤盘片等危害。

因此，机房必须有防尘和除尘设备及措施，保持机房内的清洁卫生，以保证设备的正常工作。通常，机房的洁净度要求灰尘颗粒直径小于 0.5μm，平均每升空气含尘量少于 18000 粒。

4. 机房的电源保护

电源是计算机网络系统的命脉，电源系统的稳定可靠是网络系统正常运行的先决条件。电源系统电压的波动、电流浪涌或突然断电等意外事件的发生不仅可能使系统不能正常工作，还可能造成系统存储信息的丢失、存储设备损坏等。因此，电源系统的安全是网络系统安全的重要组成部分。电源系统安全包括外部供电线路的安全和电源设备的安全。

网络机房负载分为主设备负载和辅助设备负载。主设备负载指计算机及网络系统、计算机外部设备及机房监控系统，主设备的配电系统称为“设备供配电系统”，其供电质量要求高，应采用不间断电源（UPS）供电来保证主设备负载供电的稳定性和可靠性。

UPS 主要由 UPS 主机和 UPS 电池组构成。它能够提供持续、稳定、不间断的电源供应。当系统交流电网（市电）一旦停止供电时，UPS 就会立即启动，为系统继续供电，并保持一段时间的供电，使用户有充分的时间保存信息并正常关机。在 UPS 供电期间，还可启动备用发电机，以保证更长时间的不间断供电。此外，UPS 还有滤除电压的瞬变和稳压作用。按工作原理的不同可分为后备式、在线式和在线互动式 UPS。普通计算机可选用后备式 UPS，可靠性要求高或高端设备可选用在线式 UPS。一般情况下，UPS 的功率大小应为负载功率的 1.2~1.8 倍，其值越高可靠性越好。

5. 机房的防火和防水

机房发生火灾将会使网络机房建筑、计算机设备、通信设备及软件和数据备份等毁于一旦，造成巨大的财产损失。通常，在人们视觉不及的顶棚之上、地板之下及电源开关、插线板、插座等处往往是火灾的发源地。引起火灾的原因主要有：电气设备或电线起火、空调电加热器起火、人为事故起火或其他建筑物起火殃及机房等。机房火灾的防范要以预防为主、防消结合。平时加强防范，消除一切火灾隐患；一旦失火，要积极扑救；灾后做好弥补、恢复工作，减少损失。机房防火的主要措施有建筑物防火、设置报警系统及灭火装置和加强防火安全管理等。

机房一旦受到水浸，将使网络电缆和电气设备的绝缘性能大大降低，甚至不能工作。因此，机房应有相应的预防、隔离和排水措施。一般可采取的防水措施有：在机房地面和墙壁使用防渗水和防潮材料、在机房四周筑有水泥墙脚（防水围墙）、对机房屋顶进行防水处理、在地板下区域设置合适的排水设施、机房内或附近及楼上房间不应有用水设备、机房必须设置水淹报警装置等。

2.1.3.2 机房的静电和电磁防护

1. 机房的静电防护

静电是物体表面存在过剩或不足的静止电荷（留存在物体表面的电能），它是正、负电荷在局部范围内失去平衡的结果。静电具有高电位、低电量、小电流和作用时间短等特点。

静电是一种客观的自然现象，产生的方式有很多（如接触、摩擦等）。机房内的静电主要是两种不同起电序列的物体通过摩擦、碰撞、剥离等方式，在接触又分离后在一种物体上积聚正电荷，在另一种物体上积聚等量的负电荷而形成的。

静电是机房发生最频繁、最难消除的危害之一。静电对网络设备的影响主要表现为两点，一是可能造成元器件（中大规模集成电路、双极性电路）损坏，二是可能引起计算机误操作或运算错误。静电放电会造成电路的潜在损伤使其参数变化、品质劣化、寿命降低。静电可使设备在运行一段时间后，随温度、时间、电压的变化出现各种故障，影响系统的正常运行（如误码率增大、设备误动作等）。静电对计算机的外部设备也有明显的影响，如带阴极射线管的显示设备受到静电干扰时，会引起图像紊乱、模糊不清。静电还会造成调制解调器、网卡等工作失常，打印机的打印不正常等故障。此外，静电还会影响机房工作人员的工作和身心健康。

静电问题很难查找，有时会被认为是软件故障。对静电问题的防护，不仅涉及网络的系统设计，还与网络机房的结构和环境条件有很大关系。

通常，机房采取的防静电措施有：

（1）机房建设时，在机房地面铺设防静电地板。静电地板的铺设如图 2.3 所示。

（2）工作人员在工作时穿戴防静电衣服和鞋帽。

（3）工作人员在拆装和检修机器时应在手腕上佩戴防静电手环（该手环可通过柔软的接地导线放电）。

图 2.3 机房静电地板

（4）保持机房内相应的温度和湿度。

2. *机房电磁干扰和电磁辐射的防护*

电磁干扰和电磁辐射不是一回事。电磁干扰是系统外部电磁场（波）对系统内部设备及信息的干扰；而电磁辐射是电的基本特性，是系统内部的电磁波向外部的发射。电磁辐射出的信息不仅容易被截收并破译，而且当发射频率高到一定程度时还会对人体有害。

网络机房周围电磁场的干扰会影响系统设备的正常工作，而计算机和其他电气设备的组成元器件容易受电磁干扰的影响。电磁干扰会增加电路的噪声，使机器产生误动作，严重时将导致系统不能正常工作。

电磁干扰主要来自计算机系统外部。系统外部的电磁干扰主要来自无线电广播天线、雷达天线、工业电气设备、高压电力线和变电设备，以及大自然中的雷击和闪电等。

对电磁辐射的保护可按设备防护、建筑物防护、区域防护、通信线路防护和 TEMPEST（电磁辐射防护和抑制技术）防护几个层次进行。

通常，可采取抑源法、屏蔽法和噪声干扰法等措施防止电磁辐射。抑源法是从降低电磁辐射源的发射强度出发，对计算机设备内部产生和运行串行数据信息的部件、线路和区域采取电磁辐射抑制措施和传导发射滤波措施，并视需要在此基础上对于整机采取整体电磁屏蔽措施，以减小全部或部分频段信号的传导和辐射。电磁屏蔽技术包括设备屏蔽和环境屏蔽，它是从阻断电磁辐射源辐射的角度采取措施，将涉密设备或系统放置在全封闭的电磁屏蔽室内，采用的屏蔽材料为金属板和金属网，目前已有满足不同防护需求的屏蔽机柜、屏蔽舱和屏蔽包等产品。噪声干扰法是在信道上增加噪声，降低接收信号的信噪比，使其难以将辐射信息还原。可见，抑源法通过降低或消除计算机电磁辐射源的辐射从根本上解决问题，屏蔽法通过阻断发射和传导途径来达到电磁辐射防护的目的，而噪声法则是通过添加与信息相关的噪声，增大接收辐射信息还原的难度。

2.1.4 网络设备的安全

2.7 网络设备的安全

2.1.4.1 路由器安全

路由器是网络的神经中枢，是众多网络设备的重要一员。它担负着网间互联、路由走向、协议配置和网络安全等重任，是信息出入网络的必经之路。广域网就是靠一个个路由器连接起来组成的，局域网中已经普遍应用到了路由器，在很多企事业单位，已经用路由器来接入网络进行数据通信，可以说，路由器现在已经成为大众化的网络设备了。路由器外观如图 2.4 所示。

图 2.4　H3C 路由器

2.8 ▶ 网络设备的安全

路由器在网络的应用和安全方面具有极重要的地位。随着路由器应用的广泛普及，它的安全性也成为一个热门话题。路由器的安全与否，直接关系到网络是否安全。

1. 用户口令安全

路由器有普通用户和特权用户之分，口令级别有十多种。如果使用明码，在浏览或修改配置时容易被其他无关人员窥视到，可在全局配置模式下使用 Service Password-encryption 命令（不同品牌路由器的命令会有所不同）进行配置，该命令可将明文密码变为密文密码，从而保证用户口令的安全。该命令具有不可逆性，即它可将明文密码变为密文密码，但不能将密文密码变为明文密码。

2. 配置登录安全

路由器的配置一般有控制口（Console）配置、Telnet 配置和 SNMP 配置三种方法。控制口配置主要用于初始配置，使用中英文终端或 Windows 的超级终端；Telnet 配置方法一般用于远程配置，但由于 Telnet 是明文传输的，很可能被非法窃取而泄露路由器的特权密码，从而会影响安全；SNMP 的配置则比较麻烦，故使用较少。

为了保证使用 Telnet 配置路由器的安全，网络管理员可以采用相应的技术措施，仅让路由器管理员的工作站登录而不让其他机器登录到路由器，可以保证路由器配置的安全。

使用 IP 标准访问列表控制语句，在路由器的全局配置模式下，输入：

```
#acess-list 20 permit host 192.120.12.20
```

该命令表示只允许 IP 为 192.120.12.20 的主机登录到路由器。为了保证 192.120.12.20 这一 IP 地址不被其他机器假冒，可以在全局配置模式下输入：

```
#arp 192.120.12.20 xxxx.xxxx.xxxx arpa
```

此命令可将该 IP 地址与其网卡物理地址绑定，xxxx.xxxx.xxxx 为机器的网卡物理地址。这样就可以保证在用 Telnet 配置路由器时不会泄露路由器的口令。

3. 路由器访问控制安全策略

在利用路由器进行访问控制时可考虑如下安全策略。

（1）严格控制可以访问路由器的管理员；对路由器的任何一次维护都需要记录备案，

要有完备的路由器的安全访问和维护记录日志。

（2）建议不要远程访问路由器。若需要远程访问路由器，则应使用访问控制列表和高强度的密码控制。

（3）要严格地为 iOS 做安全备份，及时升级和修补 iOS 软件，并迅速为 iOS 安装补丁。

（4）要为路由器的配置文件做安全备份。

（5）为路由器配备 UPS 设备，或者至少要有冗余电源。

（6）为进入特权模式设置强壮的密码，可采用 Enable secret（不要采用 Enable password）命令进行设置，并且启用 Service password-encryption，操作如下。

```
Router（config）#service password - encryption
Router（config）#enable secret
```

（7）如果不使用 AUX 端口，则应禁止该端口，使用如下命令即可（默认时未被启用）。

```
Router（config）#line aux 0
Router（config-line）#transport input none
Router（config-line）#no exec
```

（8）若要对权限进行分级，采用权限分级策略，可进行如下操作。

```
Router（config）#username test privilege 10 xxxx
Router（config）#privilege EXEC level 10 telnet
Router（config）#privilege EXEC level 10 show ip access-list
```

2.1.4.2 交换机安全

交换机是一种基于 MAC（网卡的硬件地址）识别，能完成封装及转发数据包功能的网络设备。交换机可以“学习”MAC 地址，并把其存放在内部地址表中，通过在数据帧的源发送者和目标接收者之间建立临时的交换路径，使数据帧由源地址到达目的地址。交换机外观如图 2.5 所示。

图 2.5　24 口交换机

1. 交换机的安全功能

交换机最重要的作用就是转发数据，在黑客攻击和病毒侵扰下，交换机要能够继续保持其高效的数据转发速率，不受到攻击的干扰，这就是交换机所需的最基本的安全功能。同时，交换机作为整个网络的核心，应该能对访问和存取网络信息的用户进行区分和权限控制。更重要的是，交换机还应该配合其他网络安全设备，对非授权访问和网络攻击进行监控和阻止。

2. 流量控制

安全交换机的流量控制技术把流经端口的异常流量限制在一定的范围内，以避免交换机的带宽被无限制滥用。安全交换机的流量控制功能能够实现对异常流量的控制，以避免网络堵塞。

3. 防范 DDoS 攻击

企业网一旦遭到 DDoS（分布式拒绝服务）攻击，就会影响大量用户的正常使用，严重时甚至造成网络瘫痪。安全交换机采用专门技术来防范 DDoS 攻击，它可以在不影响正常业务的情况下，智能地检测和阻止恶意流量，从而防止网络受到 DDoS 攻击的威胁。

4. 虚拟局域网 VLAN

虚拟局域网是安全交换机必不可少的功能。VLAN 可以在二层或三层交换机上实现有限的广播域。它可把网络分成一个个独立的区域，并控制这些区域是否可以通信。VLAN 可能会跨越一个或多个交换机，设备之间好像在同一个网络间通信一样，而与它们的物理位置无关。VLAN 可在各种形式上形成，如端口、MAC 地址、IP 地址等。VLAN 限制了各个不同 VLAN 之间的非授权访问，并且可以设置 IP/MAC 地址绑定功能限制用户的非授权访问网络。

5. 基于 ACL 的防火墙功能

安全交换机采用了 ACL（访问控制列表）来实现包过滤防火墙的安全功能和增强安全防范能力。ACL 通过对网络资源的访问控制，确保网络设备不被非法访问或被用作攻击跳板。ACL 是一张规则表，交换机按照顺序执行这些规则，并且处理每一个进入端口的数据包。每条规则根据数据包的属性（如源地址、目的地址和协议）允许或拒绝数据包通过。由于规则是按照一定顺序处理的，因此每条规则的相对位置对于确定允许和不允许什么样的数据包通过网络是至关重要的。ACL 以前只在核心路由器中使用。在安全交换机中，访问控制过滤措施可以基于源 / 目标交换槽、端口、源 / 目标 VLAN、源 / 目标 IP、TCP/UDP 端口、ICMP 类型或 MAC 地址来实现。

6. IDS 功能

安全交换机的 IDS（入侵检测系统）功能可以根据上报信息和数据流内容进行检测，在发现网络安全事件时，进行有针对性的操作，并将这些对安全事件反应的动作发送到交换机上，由交换机来实现精确的端口断开操作。实现这种联动，需要交换机支持认证、端口镜像、强制流分类、进程数控制、端口反向查询等功能。

2.1.4.3 服务器安全

1. 网络服务器

网络服务器（硬件）是一种高性能计算机，再配以相应的服务器软件系统（如操作系统）就构成了网络服务器系统。网络服务器系统的数据存储和处理能力均很强，是网络系统的灵魂。在基于服务器的网络中，网络服务器担负着向客户机提供信息数据、网络存储、科学计算和打印等共享资源的服务，并负责协调管理这些资源。由于网络服务器要同时为网络上所有的用户服务，因此，要求网络服务器具有高可靠性、高吞吐能力、大内存容量和较快的处理速度等性能。

根据网络的应用和规模，网络服务器可选用高档微机、工作站、PC 服务器、小型机、中型机和大型机等担任。按照服务器用途，服务器可分为文件服务器、数据库服务器、Internet/Intranet 通用服务器、应用服务器等。

Internet 上的应用服务器又有 DHCP 服务器、Web 服务器、FTP 服务器、DNS 服务器和 SMTP 服务器等。上述服务器主要用于完成一般网络和 Internet 上的不同功能。应用服务器用于在通用服务器平台上安装相应的应用服务软件并实现特定的功能，如数据中间件服务器、流式媒体点播服务器、电视会议服务器和打印服务器等。服务器如图 2.6 所示。

图 2.6 DELL 服务器

2. 服务器的安全策略

（1）对服务器进行安全设置（包括 IIS 的相关设置、Internet 各服务器的安全设置、MySQL 安全设置等），提高服务器应用的安全性。

（2）进行日常的安全检测（包括查看服务器状态、检查当前进程情况、检查系统账号、查看当前端口开放情况、检查系统服务、查看相关日志、检查系统文件、检查安全策略是否更改、检查目录权限、检查启动项等），以保证服务器正常、可靠地工作。

（3）加强服务器的日常管理（包括服务器的定时重启、安全和性能检查、数据备份、监控、相关日志操作、补丁修补和应用程序更新、隐患检查和定期的管理密码更改等）。

（4）采取安全的访问控制措施，保证服务器访问的安全性。

（5）禁用不必要的服务，提高安全性和系统效率。

（6）修改注册表，使系统更强壮（包括隐藏重要文件及目录，修改注册表实现完全隐藏、启动系统自带的 Internet 连接防火墙、防止 SYN 洪水攻击、禁止响应 ICMP 路由通告报文、防止 ICMP 重定向报文攻击、修改终端服务端口、禁止 IPC 和建立空连接、更改 TTL 值、删除默认共享等）。

（7）正确划分文件系统格式，选择稳定的操作系统安装盘。

（8）正确设置磁盘的安全性（包括系统盘权限设置、网站及虚拟机权限设置、数据备份盘和其他方面的权限设置）。

2.1.4.4 客户机安全

在企业、单位的内部网络中，除了一些提供网络服务的服务器外，应用更多的是客户机。网络管理人员可以考虑制定标准的客户机安全策略，利用一些安全设定与保护机制来管理这些有潜在风险的客户机系统。

客户机是对企业网络进行内部攻击的最常见的攻击源头，其对系统安全管理员的工作构成了挑战：一是因为网络中客户机的数量很多；二是因为许多用户没有接受过网络安全教育，或不关心网络安全问题。虽然阻止外部对网络内部客户机的访问相对容易，但要防止内部的攻击却困难得多。客户机如图 2.7 所示。

图 2.7 联想客户机

1. 客户机的安全策略

网络安全管理员为客户机制订合理、切实可行的安全策略，利用相关的安全产品，提高客户机的安全性是非常必要的。

（1）客户机系统安全。

1）下载安装软件开发厂商提供的补丁程序，并执行修补作业。

2）安装防毒软件并定期更新病毒码。

3）定期执行文件和数据的备份。

4）关闭或移除不必要的应用程序。

5）合理使用客户机管理程序。

6）不随意下载或执行来源不明的文档或程序。

（2）客户机的安全设定。

1）设定使用者授权机制。在企业、单位内部网络环境里，可以明确唯有授权的使用者方可使用内部网的客户机。另外，使用者可以启动屏幕保护程序来限制非授权人的使用，以保护客户机中所存放的数据。

2）设定访问控制权限。对于客户机中机密或重要的文档及目录进行权限控制，非授权人无法读取重要的文件或利用密码保护功能进行控制。

3）设定安全的远程管理。Windows Server 2003 及以上版本都支持远程桌面控制功能，都提供了远程对服务器和客户机的安全管理工具，用户只需简单设定一下即可。

2. 客户机的风险防护

（1）对身份认证风险的防护。从操作系统安全方面来看，身份认证是最先考虑的环节，获得一个用户的身份就掌握了所登录计算机的所有资源，同时也很容易获得各应用系统的使用权限，因此身份认证方式的安全有效是非常重要的。目前，从技术上看身份认证主要有用户名 + 复杂口令、电子密钥 +PIN 码和人体生理特征识别三种方式。

通常情况下，主机采用的是用户名设置复杂口令的身份认证方式。该方式一般要求的口令位数为 12 位或更多，由字母、数字、特殊符号混合组成，并定期更换。但这种方式的缺点是系统的口令容易被破解，且终端用户在口令更换周期、口令复杂性等方面很难严格执行，日常管理难度较大。对于 Windows 7 客户机操作系统，可以使用组策略管理方法，由网络管理员直接配置系统密码策略和账户锁定策略，对密码长度、更换周期、锁定时长和无效登录阈值等进行具体限制。

电子密钥和 PIN 码的身份认证方式是在电子密钥中存入数字证书等身份识别文件，定期更换 PIN 值（类似动态口令卡），PIN 值一般设为 6 位或更多，用户只有在同时拥有电子密钥和知道 PIN 值的情况下才能登录系统。数字证书是目前在网上银行、政府部门等应用比较广泛的技术手段，其安全性优于用户名 + 复杂口令方式。数字证书身份认证方式需要购买相应的软硬件产品。

以个人生理特征进行验证时，可有多种技术为验证机制提供支持，如指纹识别、声音识别、血型识别、视网膜识别等。个人生理特征识别方法的安全性最好，但验证系统也最复杂，指纹识别是常用于客户机的生理特征识别方法。指纹识别技术基于人体生理特征，安全性相对较高，但缺点是成本高，每台客户机均要安装指纹传感器及相应软件。对于非常重要的客户机可以采取生理特征识别 + 复杂口令的技术措施来保证安全。

（2）对信息泄露风险的防护。根据网络模式、安全保密需求等具体情况的不同，用户权限的管理在各应用场合的要求也不同。在安全保密要求较高的部门，客户机的 I/O 端口应该是受到控制的。通常可利用相关安全产品对客户机的光驱、USB 端口、COM 端口、LPT 端口以及打印机（本地打印机和网络打印机）等 I/O 端口进行使用权限控制。同时出于安全性和保护内部机密的需要，要求相关安全产品提供审计功能以加强对内部网络中客户机的监控和管理。就审计功能而言，可以有如下审计内容。

1）审计客户机的身份认证内容，如每天用户登录尝试次数、登录时间等信息。

2）审计客户机与移动存储设备间的文件操作，包括复制、删除、剪切、粘贴、文件另存为等。

3）审计客户机的打印机使用情况，记录打印文件名称、打印时间、打印页数等信息。

4）禁止客户机以无线方式接入互联网，并部署审计策略记录客户机未成功的联网行为。

（3）对内部攻击风险的防护。对于来自内部网络的攻击，除了加强口令强度预防外，还应采取及时安装系统补丁、进行策略设置和安装病毒防护系统等安全措施。

（4）对移动存储介质风险的防护。为了降低移动存储介质带来的安全风险，应在企业内部对所有移动存储介质进行统一管理。对不同的存储介质采取不同的技术和管理措施。通过技术手段使外来移动存储介质无法接入企业内部网，内部网中认证过的移动存储介质也仅能在授权的客户机上使用，对涉密的移动存储介质应采取加密等技术使其在授权之外的计算机上无法使用，以降低因介质丢失或管理不严带来的安全风险。

2.2 数据库安全

案例导读

2018 年数据泄露安全案例盘点

［案例 1］ Facebook：8700 万用户数据泄露

2018 年 3 月 17 日，美国纽约时报率先曝光了剑桥分析（Cambridge Analytica）公司未经用户许可，擅自使用 Facebook 用户个人信息的行为。此事一出立刻引起轩然大波，随后英国高等法院授权对涉事机构进行了搜查，并揭开了针对该事件司法调查的序幕。

针对没有用户的许可就使偷偷用个人信息数据一事，Facebook 公开回应，承认剑桥分析公司不正当使用了 8700 万未经授权的用户私人信息，这也遭到了国外网友的痛斥。这场风波还没有过去，到了 9 月份，Facebook 再次通告，黑客利用控制的 40 万个账户获得了 3000 万 Facebook 用户账号的信息。他们可以在不输入密码的情况下，随意登录这些用户的个人主页，任意拿走想要的数据等。

从 3 月 Facebook 爆发的隐私泄露危机，公司股价一度蒸发 590 亿美元，更让扎克伯格难受的是，公司股东会联名要求他交出权力（退出 CEO 之位），与此同时，许多国家议会甚至要求扎克伯格亲自出席用户信息被盗、偷用的辩证会。

［案例 2］ 前程无忧：195 万条个人求职简历泄露

2018 年 6 月，有人在暗网开始叫卖招聘网站前程无忧的用户信息，其中涉及 195 万用户的求职简历，随后前程无忧方面确认部分用户账户密码被撞库。为了证实泄露数据的真实性，前程无忧方面还进行了一定的测试，结果发现信息是真实可靠的，不过官方强调，数据中绝大部分来自一些邮箱泄露的账户密码，且都是在2013年之前注册。对此前程无忧强调，出现这样的情况并非拖库，而是恶意用户通过这些已泄露的邮箱账户及密码，对相应的站点进行登录匹配，然后蓄意倒卖。

[案例3] 顺丰：3亿条用户信息数据被出售

2018年8月底，某用户在暗网上公然售卖顺丰快递数据，其中牵扯到了3亿用户数据信息，售价2个比特币，而这些信息中包含了寄件人、收件人的姓名、地址、电话等，为了证明数据的准确性，购买者可以选择先“验货”，验货数据量10万条，验货费用0.01个比特币。从交易情况来看，至少有超过90万条疑似顺丰快递用户个人信息流向了市场。从一些匿名测试用户反馈的数据来看，随机抽选50个，准确率在90%以上。

根据提供的背景资料，收集相关数据和资料，对下面的问题进行分析。

（1）查阅相关资料，数据泄露会给个人、企业造成什么影响？

（2）如何在互联网发展的大潮下同时确保信息安全？

（3）数据安全的防护措施有哪些？

2.2.1 数据库安全

数据库安全是指数据库的任何部分都不允许受到侵害，或未经授权的存取和修改。数据库安全性问题一直是数据库管理员所关心的问题。

2.9 数据库安全的概念

2.2.1.1 数据库安全的概念

数据库就是一种结构化的数据仓库。人们时刻都在和数据打交道。对于少量、简单的数据，如果与其他数据之间的关联较少或没有关联，则可将它们简单的存放在文件中。普通记录文件没有系统结构来系统地反映数据间的复杂关系，它也不能强制定义个别数据对象。但是企事业单位的数据都是相关联的，不可能使用普通的记录文件来管理大量的、复杂的系列数据，例如银行的客户数据或生产厂商的生产控制数据等。

2.10 数据库安全的概念

数据库安全主要包括数据库系统的安全和数据库数据的安全两层含义。

（1）第一层含义是数据库系统的安全。数据库系统安全是指在系统级控制数据库的存取和使用的机制，应尽可能地堵住潜在的各种漏洞，防止非法用户利用这些漏洞侵入数据库系统；保证数据库系统不因软硬件故障及灾害的影响而使系统不能正常运行。数据库系统安全包括：

1）硬件运行安全。

2）物理控制安全。

3）操作系统安全。

4）用户有可连接数据库的授权。

5）灾害、故障恢复。

（2）第二层含义是数据库数据的安全。数据库数据安全是指在对象级控制数据库的存取和使用的机制，规定哪些用户可存取指定的模式对象及在对象上允许有哪些操作。数据库数据安全包括：

1）有效的用户名 / 口令鉴别。

2）用户访问权限控制。

3）数据存取权限、方式控制。

4）审计跟踪。

5）数据加密。

6）防止电子信息泄露。

数据库数据的安全措施应能确保在数据库系统关闭后，当数据库数据存储媒体被破坏或当数据库用户误操作时，数据库数据信息不会丢失。对于数据库数据的安全问题，数据库管理员可以采用系统双机热备份、数据库的备份和恢复、数据加密、访问控制等措施。

2.2.1.2 数据库安全管理原则

一个强大的数据库安全系统应当确保其中信息的安全性，并对其进行有效的管理控制。下面几项数据库管理原则有助于企事业单位在安全规划中实现对数据库的安全保护。

1. 管理细分和委派原则

在数据库工作环境中，数据库管理员（DBA）一般都是独立执行数据库的管理和其他事务工作，一旦出现岗位变换，将带来一连串的问题。通过管理责任细分和任务委派，DBA 可从常规事务中解脱出来，更多地关注于解决数据库的执行效率及管理方面的重要问题，从而保证任务的高效完成。企事业单位应设法对可信赖的用户群进一步细分数据库管理的责任和角色。

2. 最小权限原则

单位必须本着最小权限原则，从需求和工作职能两方面严格限制对数据库的访问。通过角色的合理运用，最小权限可确保数据库功能限制和特定数据的访问。

3. 账号安全原则

对于每一个数据库连接来说，用户账号都是必须设立的。账号的设立应遵循传统的用户账号的管理方法来进行安全管理，这包括密码的设定和更改、账号锁定、对数据提供有限的访问权限、禁止休眠状态的账户、设定账户的生命周期等。

4. 有效审计原则

数据库审计是数据库安全的基本要求，它可用来监视各用户对数据库实施的操作。单位应根据自己的应用和数据库活动定义审计策略。条件允许的地方可采取智能审计，这样不仅能节约时间，而且能减少执行审计的范围和对象。通过智能限制日志大小，还能突出更加关键的安全事件。

2.2.2 数据库安全面临的威胁

2.11 数据库安全面临的威胁

大多数企事业单位及政府部门的电子数据都保存在各种数据库中。他们用这些数据库保存一些敏感信息，例如员工工资、医疗记录、员工个人资料等。数据库服务器还掌握着敏感的金融数据，包括交易记录、商业事务和账号数据，以及战略上的或者专业的信息，如专利和工程数据，这些都应该保护起来，防止竞争者和其他非法者获取。

2.2.2.1 数据库的安全漏洞和缺陷

2.12 数据库安全面临的威胁

常见的数据库安全漏洞和缺陷有以下几种。

1. 数据库应用程序的安全性通常都同操作系统的最高管理员密切相关

如 Oracle、Sybase 和 SQL Server 数据库系统都涉及用户账号和密码、认证系统、授权模块和数据对象的许可控制、内置命令（存储过程）、特定的脚本和程序语言、中间件、网络协议、补丁和服务包、数据库管理和开发工具等。许多 DBA 都把全部精力投入到管理这些复杂的系统中。应用程序的不恰当配置通常会造成严重的后果，且难以被发现。

2. 人们对数据库安全的忽视

人们认为只要把网络和操作系统的安全做好了，所有的应用程序也就安全了。但现在的数据库系统会有很多方面被误用或者存在漏洞影响到安全。而且常用的关系型数据库都是“端口”型的，这就表示任何人都有可能绕过操作系统的安全机制，利用分析工具连接到数据库上。

3. 部分数据库机制威胁到网络底层安全

如某公司的数据库中保存着所有的技术文档、手册和白皮书，但不重视数据库的安全性。这样，即使运行在一个非常安全的操作系统上，入侵者也很容易通过数据库获得操作系统权限。这些存储过程能提供一些执行操作系统命令的接口，而且能访问所有的系统资源，如果该数据库服务器还同其他服务器建立信任关系，那么，入侵者就能够对整个域产生严重的安全威胁。因此，少数数据库的安全漏洞不仅威胁数据库的安全，也威胁到操作系统和其他可信任系统的安全。

4. 安全特性没有完全使用

大多数关系型数据库已经存在很多年了，都是成熟的产品。但 IT 业界和安全专家对网络和操作系统要求的许多安全特性在多数关系数据库上还没有被使用。

5. 数据库密码容易泄露

多数数据库提供的基本安全特性，都没有相应的机制来限制用户必须选择健壮的密码。许多系统密码都能给入侵者完全访问数据库的机会，更有甚者，有些密码就储存在操作系统的普通文本文件中。

6. 木马的威胁

著名的木马病毒能够在密码改变存储过程时修改密码，并能告知入侵者。例如添加几行信息到 sp_password 中，记录新账号到库表中，通过 E-mail 发送这个密码，或者写到文件中等待以后使用等。

2.2.2.2 对数据库的威胁形式

对数据库构成的威胁主要有篡改、损坏和窃取三种表现形式。

1. 篡改

所谓篡改，是指对数据库中的数据未经授权进行的修改，使其失去原来的真实性。篡改的形式具有多样性，但有一点是明确的，就是在造成影响之前很难被发现。篡改是由于人为因素而产生的。一般来说，发生这种人为威胁的原因主要有个人利益驱动、隐藏证据、恶作剧和无知等。

2. 损坏

网络系统中数据的损坏是数据库安全性所面临的威胁之一。其表现形式为：数据表和整个数据库部分或全部被删除、移走或破坏。产生这种威胁的原因主要有破坏、恶作剧和病毒。破坏往往都带有明确的作案动机，恶作剧者往往是出于兴趣或好奇而给数据造成损坏，计算机病毒不仅对系统文件进行破坏，也对数据文件进行破坏。

3. 窃取

窃取一般是对敏感数据进行的。窃取的手法除了将数据复制到软盘之类的可移动介质上外，也可以把数据打印后取走。导致窃取威胁的因素有工商业间谍、不满和要离开的员工、被窃的数据可能比想象中更有价值等。

2.2.2.3 数据库安全的威胁来源

数据库安全的威胁主要来自以下几个方面。

1. 物理和环境的因素

如物理设备的损坏，设备的机械和电气故障。火灾、水灾，以及丢失磁盘磁带等。

2. 事务内部故障

数据库“事务”是数据操作的并发控制单位，是一个不可分割的操作序列。数据库事务内部的故障多发生于数据的不一致性，主要表现有丢失修改、不能重复读、无用数据的读出。

3. 系统故障

系统故障又称软故障，是指系统突然停止运行时造成的数据库故障。这些故障不破坏数据库，但影响正在运行的所有事务，因为缓冲区中的内容会全部丢失，运行的事务非正常终止，从而造成数据库处于一种不正确的状态。

4. 介质故障

介质故障又称硬故障，主要指外存储器故障。如磁盘磁头碰撞，瞬时的强磁场干扰等。这类故障会破坏数据库或部分数据库，并影响正在使用数据库的所有事务。

5. 并发事件

在数据库实现多用户共享数据时，可能由于多个用户同时对一组数据的不同访问而使数据出现不一致的现象。

6. 人为破坏

某些人为了某种目的故意破坏数据库。

7. 病毒与黑客

病毒可破坏网络中的数据，使计算机处于不正确或瘫痪的状态；黑客是一些精通计算机网络和软、硬件的计算机操作者，他们往往利用非法手段取得相关授权，非法地读取甚至修改其他网络数据。黑客的攻击和系统病毒发作可造成对数据保密性和完整性的破坏。

此外，数据库系统威胁还有未经授权非法访问或非法修改数据库的信息，窃取数据库数据或使数据失去真实性；对数据不正确的访问，引起数据库中数据的错误；网络及数据库的安全级别不能满足应用的要求；网络和数据库的设置错误和管理混乱造成越权访问和越权使用数据。

2.2.3 数据库的安全特性

2.13 数据库的安全特性

数据库安全是指保护数据库以防止不合法的使用所造成的数据泄露、更改或破坏。在数据库系统中有大量的网络系统数据集中存放，为许多用户所共享，这样就使安全问题更为突出。在一般的网络系统中，安全措施是逐级设置的。

2.2.3.1 数据库的存取控制

数据库系统可提供数据存取控制来实施数据保护。

1. 数据库的安全机制

2.14 ▶ 数据库的安全特性

多用户数据库系统（如 Oracle）提供的安全机制可做到：

（1）防止非授权的数据库存取。

（2）防止非授权的“对模式对象的存取”。

（3）控制磁盘使用。

（4）控制系统资源使用。

（5）审计用户动作。

在 Oracle 服务器上提供了一种任意存取控制，这是一种基于特权限制信息存取的方法。用户要存取某一对象必须有相应的特权授予该用户。已授权的用户可任意地将它授权给其他用户。

Oracle 保护信息的方法是采用任意存取控制来控制全部用户对命名对象的存取。用户对对象的存取受特权控制，一种特权是存取一个命名对象的许可，为一种规定格式。

2. 模式和用户机制

Oracle 使用多种不同的机制来管理数据库的安全性，其中有模式和用户两种机制。

（1）模式机制：模式为模式对象的集合，模式对象如表、视图、过程和包等。

（2）用户机制：每一个 Oracle 数据库都有一组合法的用户，可运行一个数据库应用和使用该用户连接到定义该用户的数据库。当建立一个数据库用户时，对该用户建立一个相应的模式，模式名与用户名相同。一旦用户连接一个数据库，该用户就可存取相应模式中的全部对象，一个用户仅与同名的模式相联系，所以用户和模式是类似的。

2.2.3.2 特权和角色

1. 特权

特权是执行一种特殊类型的 SQL 语句或存取另一用户对象的权力，有系统特权和对象特权两类特权。

（1）系统特权：系统特权是执行一种特殊动作或者在对象类型上执行一种特殊动作的权力。系统特权可授权给用户或角色。系统可将授予用户的系统特权授给其他用户或角色。同样，系统也可从那些被授权的用户或角色处收回系统特权。

（2）对象特权：对象特权是指在表、视图、序列、过程、函数或包上执行特殊动作的权力。对于不同类型的对象，有不同类型的对象特权。

2. 角色

角色是相关特权的命名组。数据库系统利用角色可以更容易地进行特权管理。建立角色通常有两个目的：一是为数据库应用管理特权；二是为用户组管理特权。

（1）角色管理的优点：

1）减少特权管理。

2）动态特权管理。

3）特权的选择可用性。

4）应用可知性。

5）专门的应用安全性。

（2）数据库角色的功能：

1）一个角色可被授予系统特权或对象特权。

2）一个角色可授权给其他角色，但不能循环授权。

3）任何角色可授权给任何数据库用户。

4）授权给一个用户的每一角色可以是可用的，也可以是不可用的。

5）一个间接授权角色（授权给另一角色的角色）对一个用户可明确其可用或不可用。

6）在一个数据库中，每一个角色名都是唯一的。

2.3 网络设备安全预案

案例导读

2000 年河南洛阳东都商厦大火

2000 年 12 月 25 日夜 9 时许，河南省洛阳市东都商厦地下一层因装修焊接发生大火，在楼上 4、5 层举行圣诞晚会的 400 余人被大火围困，人们惊慌失措，争相逃命，现场一片混乱。最终导致 309 人死亡，经济损失 800 多万元。最令人扼腕叹息的是，事后核查，发现商厦配备的消防面具竟无一人拿来使用，大部分人死于烟熏、踩踏，被火直接烧死的人数只占很小一部分。灾后现场如图 2.8 所示。

图 2.8　洛阳东都商厦灾后现场

2.3.1 网络设备安全预案

2.15 网络设备安全预案

2.16 网络设备安全预案

2.3.1.1 预案的概念

预案是指为应对可能发生的情况而预先做出处理相应情况的方案。许多行业都有预案，例如奥运会就有各类预案：奥运安全预案、门票销售预案等。

预案在设备管理与维护中也起到很重要的作用。因为维护人员也不可能处理过所有设备故障，不可能精确地预测设备故障发生的时间。尤其是不能保证每次遇到设备故障都有充裕的时间去考虑应该怎么做，去试验各种处理方式和方法。而且，还有许多刚刚从事设备维护的新手，可能遇到设备故障就慌乱起来，根本不知道该如何下手。所以为了综合解决上述问题，还是要对可能遇到的设备故障做出预案，其实就是提前针对各种可能的故障做好处理方法的准备。如果做好了针对各种设备故障情况的预案，那么在遇到故障时就能够更快速、规范的处理问题，减少损失。预案是一种亡羊补牢式的维护方式，并不是制定了预案就可以万事大吉，就不会有故障了。所以要正确理解预案的主要作用。

2.3.1.2 预案的制定

那么应该如何制定预案呢？首先要考虑什么类型的问题需要预案。不是所有的设备故障都需要预案。破坏性大的、范围广的、时间紧迫的等类似的问题才需要做出预案。或者说针对这类问题做出预案才有效果和实际意义。如果为了任何可能会出现的故障都做预案，那就是浪费时间了。具体地说需要做出预案的问题分为两大类：一类是突发性事件，比如交换机损坏。一类是趋向性事件，比如设备性能越来越差。这两种预案也有一定的差异。第一类的预案设计要求时效性，要快捷方便，强调步骤的规范性。比如交换机损坏，要明确第一步如何做，第二步如何做，不能违反步骤，因为这些步骤是最有效而且最快捷的。第二类预案强调的是对各类阈值的控制。比如通过交换机的数据量，哪些是无效的数据或者说达到一个怎样的数据量会影响到交换机的正常工作。这个值很重要，如何控制这个值也是制定预案的主要目的。这类预案一般对时间要求不是很严格，因为在实际的流量中，这个值会有趋向性，就是逐步增大或减小。理论上维护人员有时间进行应对。所以对时间的要求不是很严格。

针对不同的设备应该如何制定预案呢？总体来说许多成功的预案可以仿效但是不能完全照搬。因为不同的设备可能存在区别，同样的设备由于品牌不同也会有差异。而且技术能力也不一定对等。所以参照成功的预案来制定适合自己的预案是比较划算的。根据自己的实力制定适合的预案才会有效果。

预案的制定要注意几个问题，这几个问题也是预案的核心。

（1）对问题带来损失的正确估计。如果设备出现了在预案中涉及的问题，那么这种问题可能会带来哪方面的破坏，由于这些破坏带来的损失有哪些。

（2）网络设备中的核心资产是哪些。也就是着重要保护防止破坏的那些资源是什么。

（3）怎么做可以减少损失，就是指预案中的执行步骤。以上这三点至关重要。这样制定出来的预案才是有的放矢。

（4）注意预案的可实施性。比如维护人员的数量、技术能力时间等都要适合现有的配备。

（5）注意预案的时效性。一个预案不能长期不变。要注意处理方式和环境的变化，并根据这种变化对应地改变预案。

（6）预案的预演。这是很重要的一个环节。制定好的预案要在模拟环境下进行预演，来检验预案的有效性和可实施性，没有经过预演的预案都是纸上谈兵。而且还要注意一点，往往预演的效果会高于实际遇到问题的效果。如果预演的效果刚刚达标，那么你的预案遇到实际故障时一定会出问题。毕竟经过设计的模拟环境不同于实际环境，还有在真正遇到问题时维护人员的心理也和预演时有很大的差异。所以在预演时一定要力求预案的高效性。当预案经过一次真正的实施后，维护人员要对预案进行评估，修改不适合的地方。这样的预案就可以跟上实际的变化了。

2.3.2 实例解析

案例导读

某企业的网络和信息安全工作详细预案

为确保单位的企业网络和信息安全，坚持正确的舆论导向，对于维护企业和社会的安全稳定十分重要，现根据国家和上级有关规定以及本单位工作实际，提出本单位网络和信息安全工作预案。

2.3.2.1 **指导思想（略）**

2.3.2.2 **适用范围**

本预案适用于：本单位企业网运行及网络信息方面发生的有可能影响企业、社会和国家安全稳定的紧急事件；由于其他重大事件的发生影响到本单位企业网正常运行或企业网络信息的安全，并由此可能影响到企业、社会、国家安全稳定的事件。

2.17 某企业的网络和信息安全工作详细预案

2.18 某企业的网络和信息安全工作详细预案

影响或破坏网络运行及网络信息安全的事件可分为企业网络安全事件和网络信息安全事件两类：企业网络安全事件主要指企业网络实体中线路、网络设备、服务器设备等出现的被病毒和恶意攻击带来的安全事件；网络信息安全事件主要指企业网络中各信息服务设备中出现的信息安全事件，如非法信息、泄密事件等。

2.3.2.3　领导机构及工作小组的职责

成立企业信息网络安全管理领导小组。指导和协调企业内部各个单位实施信息安全工作预案，处置各类危害企业信息安全的突发事件。当由于系统崩溃、病毒攻击、非法入侵等原因造成企业网络运行异常或瘫痪时，应负责及时发现并找出原因，尽快恢复网络的正常运行。

2.3.2.4　处理原则（略）

2.3.2.5　网络信息安全紧急事件的处置（略）

2.3.2.6　企业网络运行安全紧急事件的处置

建立企业网络运行安全紧急事件预警系统：由企业网络运行安全应急工作小组负责监测、通告和处理。主要应对企业网络可能会遭受的病毒、非法攻击影响网络正常工作的事件。

企业网络紧急事件分为：1 级警告、2 级警告、3 级警告。

1. 具有下列情形之一的为 1 级警告事件

由于病毒攻击、非法入侵等原因，企业网络部分楼宇出现网络瘫痪；由于病毒攻击、非法入侵等原因，BBS、FTP、学生网站服务器不能响应用户请求；100 台以内的用户主机由于病毒攻击或非法入侵，不能正常工作。

2. 具有下列情形之一的为 2 级警告事件

由于病毒攻击、非法入侵等原因，企业网络部分园区出现网络瘫痪；由于病毒攻击、非法入侵等原因，邮件、计费服务器不能正常工作；100 台以上、300 台以下的用户主机由于病毒攻击或非法入侵，不能正常工作。

3. 具有下列情形之一的为 3 级警告事件

由于病毒攻击、非法入侵等原因，企业网络整体瘫痪；由于病毒攻击、非法入侵等原因，校园网络中心全部 DNS、主 Web 服务器不能正常工作；由于病毒攻击、非法入侵，人为破坏或不可抗力等原因，造成企业网络出口中断。

企业网络运行安全紧急事件响应：

（1）1 级警告响应。领导小组办公室负责指派 3~5 人值班，每日分三组各值班 8 小时。每日总值班时间 24 小时。值班人员要密切注意事件的发展，负责把预警信息每日及时通告广大企业网络用户，并立即做好防范工作，防止事件升级。值班人员必须做好工作记录。针对来自企业网络外部的网络运行安全事件，诸如病毒传播、恶意攻击，提早进行技术防范，避免损失；在企业网络主页上将病毒攻击的情况，病毒特征以及相应的处理办法和工具（如果可能的话）公布给全体用户。针对企业网络内部发生的网络运行安全事件，诸如内部病毒泛滥、恶意攻击、服务器及网络设备的运行状况不佳，或者崩溃等，及时公布检查办法、补丁下载，做好重要信息备份。对用户的Windows操作系统，可通过企业网络应急网站进行升级和打补丁。

（2）2级警告响应。领导小组办公室负责指派5~8人，每日分三组轮流值班8小时。每日总值班时间24小时。值班人员负责把预警信息每日及时通告广大企业网络用户，加强防范，值班人员必须做好工作记录。对于病毒传播，病毒性恶意攻击，在企业网络主页上公布病毒攻击的情况、病毒特征以及相应的处理办法和工具。同时要求相关用户进行病毒清除工作，对于置之不理的用户或部门，将关闭其网络连接，孤立病毒或攻击，将危害减少到最小。启动过滤措施，提高企业网络安全级别。更改防火墙的安全设置，提高各服务器的安全级别设置，增强安全过滤级别。

对于来自企业网络外部的攻击，首先确定攻击源地址，在出口防火墙上过滤该攻击源，并请求相关地区的网络中心进行技术支援，联合监控和过滤该攻击。对来自企业内的攻击，确定攻击源，进行个体隔离，如果不能进行个体隔离，将实行区域隔离。对于大量接收和发送垃圾邮件、病毒邮件的邮件账户，进行临时关闭，防止导致邮件服务器负荷过重而瘫痪。通知用户进行个人计算机的病毒清除工作，待系统恢复正常后，再申请开通。

（3）3级警告响应。领导小组办公室负责组织实施应急措施，定时向指挥组和有关部门通告最新情况，并按照有关规定上报上级机关。工作小组组长负责指派8~10人，每日分三组轮流值班，每组8小时，每日总值班时间24小时，值班人员必须做好工作记录。

根据对企业网络运行安全的影响，关闭部分服务器和网络设备，甚至临时关闭全网进行短暂的休眠疗法；然后逐个子网试验性开通，查出导致全网瘫痪的病毒或攻击源。有些攻击源可能分散在多个子网，或全部网络中，有可能还采用了地址欺骗伎俩，危害很大，检查和定位以及解决也很困难。所以紧急情况下只能关闭子网络。对于企业网络出口中断，应紧急启用备用设备或备用出口。

对于网络中心的DNS服务器、企业网络主页服务器被攻击不能正常工作时，启动备用系统。目前DNS为两个，一个主域名服务器、一个辅助域名服务器。当两个均出现问题时，应启动后备域名服务器。

（4）为了隔离病毒和恶意入侵攻击，保证网络其他区域的正常工作，工作小组有权关闭部分网络设备或部分相关服务器；待攻击被解决后，恢复关闭的网络。在服务器系统崩溃时，用备用服务器替换崩溃服务器。在病毒攻击或其他原因造成网络管理设备处理能力不足或网络设备损坏时，用备用网络设备替换损坏设备。

2.3.2.7 应急启动及中止（略）

2.3.2.8 应急保障

内部保障：企业针对企业网络紧急事件的发生，拨付专项资金用于企业网络紧急事件的处置。同时，应储备必需的有关物资、设备，避免时间拖延造成不必要的损失。

外部支援：依据企业网络及信息安全紧急事件的影响程度，如需上级部门或其他单位支持时，应启动外部支援，寻求帮助。外部支援主要包括各个地区的网络中心、当地公安局、中国电信或移动等网络服务供应商，以及主要相关网络设备的供应商，如 Cisco 华为、锐捷等公司在当地的分公司。

2.3.2.9 信息网络安全管理领导小组名单（略）

总结回顾

计算机网络实体是网络系统的核心，它既是对数据进行加工处理的中心，也是信息传输控制的中心。计算机网络实体包括网络系统的设备实体、软件实体和数据资源。因此，保证计算机网络实体安全，就是保证网络的设备和环境、存储介质、软件和数据的安全。

第 2.1 节主要讲述了网络系统设备的安全，包括网络设备的冗余、网络机房环境安全以及几种网络设备的安全（路由器安全、交换机安全、服务器和客户机安全）等内容。因为很多行业和企业用户对网络系统的实时性要求都很高，他们的网络系统是不允许出现故障的，一旦出现故障，将带来非常巨大的经济损失和社会影响。一旦某个设备出现问题，可能会导致整个网络系统停止工作。因此，必须加强对网络系统设备的使用管理，坚持做好网络系统的日常维护和保养工作。

而且网络管理部门必须加强对机房环境的保护和管理，以确保网络系统的安全。只有保障机房的安全可靠，才能保证网络系统的日常业务工作正常进行。而网络机房的环境安全包括机房场地的安全，机房的温度、湿度和清洁度控制，机房内部的管理与维护，机房的电源保护，机房的防火、防水、防电磁干扰、防静电、防电磁辐射等。

第 2.2 节主要讲述了数据库的安全、数据的备份与还原、数据容灾以及大数据的安全。在当今信息时代，几乎所有企事业单位的核心业务处理都依赖于计算机网络系统。而在计算机网络系统中最为宝贵的就是数据。数据在计算机网络中具有两种状态，即存储状态和传输状态。当数据在网络系统的数据库中保存时，处于存储状态；而在与其他用户或系统交换时，数据处于传输状态。无论是数据处于存储状态还是传输状态，都可能会受到安全威胁。要保证企事业单位的业务能够持续成功地运作，就要保护数据安全。

2.19 Ⓟ 项目 2
知识拓展案例

课后实践

选择题

1. 双机热备份是采用了两个（　　）。

A. 服务器互为备份　　B. 硬盘互为镜像

C. 磁盘互为镜像　　D. 客户机互为备份

2. 以下（　　）是网络供电系统的冗余措施。

A. WPS　　B. PGP

C. USB　　D. UPS

3. 触摸机器时人手会有一种麻酥酥的感觉，这是由（　　）现象引起的。

A. 电磁辐射　　B. 静电

C. 电磁干扰　　D. 潮湿

4. （　　）是网络系统的互联设备。

A. 服务器　　B. 交换机

C. 路由器　　D. 客户机

5. 数据库系统的安全框架可以划分为网络系统、（　　）和 DBMS 三个层次。

A. 操作系统　　B. 数据库系统

C. 软件系统　　D. 容错系统

6. 软件错误、文件损坏、数据交换错误、操作系统错误是影响数据完整性的（　　）。

A. 人为因素　　B. 软件和数据文件故障

C. 设备故障　　D. 网络故障

填空题

1. 网络服务器冗余措施有（　　）冗余、（　　）冗余和（　　）冗余等。
2. 网络设备的冗余措施有（　　）冗余、（　　）冗余、（　　）冗余和（　　）冗余等。
3. 网络机房的保护通常包括机房的（　　）、（　　）、防雷和接地、（　　）、防盗、防震等措施。
4. 一般情况下，机房的温度应控制在（　　）℃，机房的相对湿度应为（　　）%~（　　）%。
5. 冗余就是（　　），以保证系统更加可靠、安全地工作。
6. 网络系统的主要设备有（　　）、（　　）、（　　）和（　　）等。
7. 网络服务器有（　　）、（　　）、（　　）和（　　）服务器等。
8. Internet 应用服务器有（　　）、（　　）、（　　）和（　　）等。

简答题

1. 解释网络系统安全中冗余的含义及冗余的目的。
2. 什么是服务器镜像？什么是端口汇聚？
3. 简述服务器的安全策略。
4. 简述客户机的安全策略。
5. 列举几种网络上常用的服务器。
6. 简述机房环境及场地的选择考虑。
7. 简述机房的防火和防水。
8. 简述机房的静电防护。
9. 简述机房的电磁干扰和电磁辐射的概念和二者之间的区别。
10. 客户机的安全策略有哪些？
11. 简述数据库系统的缺陷和威胁。

2.20 Ⓣ 项目 2
习题答案

项目3
互联网金融安全技术

学习目标

通过课堂讲解和讨论，学生应了解网络环境下信息安全的隐患和产生的原因，了解网络信息安全设计的原则。并且应掌握网络信息安全领域涉及的网络攻击方式和手段以及网络防御的措施。掌握密码学基础知识，包括数据加密标准、密钥周期、密钥保护等。了解目前金融系统中密钥的使用；了解不同应用环境下的身份认证技术、包括认证系统模型、性质、类型，认证设施及模式；掌握访问控制的基本概念，以及访问控制实施过程，了解面向程序的访问控制、基于角色的访问控制；了解安全服务的概念，应用安全协议的基本框架。

3.1 网络安全隐患及网络攻击技术

3.1.1 网络环境下的安全隐患

3.1 网络环境下的安全隐患

3.1.1.1 信息安全威胁

信息安全威胁是指某些因素（人、物、事件、方法或概念等）对某些信息资源或者信息系统的安全使用可能造成的危害。一般来说，把可能威胁信息安全的行为称为攻击。一个系统在运行过程中可能受到各种各样的攻击，只有认识到这些攻击，才能采取相应的安全措施进行防范。通常，在开放的网络环境中，常见的信息安全威胁主要有以下几种类型。

3.2 ▶ 网络环境下的安全隐患

（1）信息泄露。信息泄露是指信息被某个未经授权的实体非法获取，造成信息泄密，泄露的形式主要包括截获、侧信道攻击、窃听和人员疏忽等。其中，截获泛指窃取保密通信的电波、网络信息等；侧信道攻击是指攻击者虽然不能直接取得保密数据，但是可以获得这些保密数据的信息长度和通信频度等，利用这些信息有助于分析出保密通信或存储的内容等这些有用的信息；窃听指攻击者通过监视网络数据获得敏感信息。

（2）篡改消息。篡改消息是指对原有的通信信息进行修改、删除、插入、重排序等，再发送给信息接收者，信息接收者并不能识别出信息已经被更改的事实。在传统的信息处理方式下，篡改者对纸质文件的篡改可以通过一些鉴定技术识别出来，但是在数字环境下，往往不能将电子内容的篡改痕迹识别出来。

（3）重放。重放是指攻击者将已截获的某些合法通信数据进行复制后，出于非法目的重新发送给信息接收者，而信息接收者并不能意识到信息已经被修改，仍然按照正常的通信信息受理，从而被攻击者所欺骗。

（4）伪造。伪造是指某个人或某个系统通过身份假扮成合法用户，但是信息系统或其管理者可能并不能识别出伪造者，这可能使伪造者以欺骗的方式获取一些合法用户的权利和特权。

（5）否认。否认是指参与某次数据通信或信息处理的一方事后可能否认本次数据通信或信息处理曾经发生过，这可能导致这类数据通信或信息处理的参与者逃避应承担的责任。

（6）非授权访问。非授权访问又称非法访问或恶意访问，也包括越权使用。指金融信息资源被某个未经预先授权的人或系统使用。非授权访问不但会给金融企业造成经济损失，同时会造成名誉损失。

（7）网络与系统攻击。网络与系统攻击是指由于网络和主机系统在设计或实现上往往存在一些漏洞，攻击者可能利用它们进行恶意入侵和破坏，或者攻击者在系统中恶意添加、修改、插入、删除或者重复某些信息，不断对金融信息服务系统进行使用和干扰，使系统不能够正常运转，后面一类攻击一般称为拒绝服务攻击。

（8）恶意代码。恶意代码是指有意破坏计算机系统、窃取机密信息或隐秘地接受远程控制的程序。恶意代码由怀有恶意的人编写和传播，隐藏在受害方的计算机系统中，恶意代码往往可以进行自我复制和传播。主要包括木马程序、病毒、僵尸网络、后门程序以及蠕虫病毒等。

（9）灾害、故障与人为破坏。信息系统也可以因设备与系统故障、自然灾害（水灾、火灾及地震等）或者人为破坏而遭到破坏。

上面提到的威胁直接危及信息安全的不同属性。信息泄露危及信息的机密性，篡改消息危及信息的真实性和完整性，重放、伪造和非授权访问危及信息的真实性和可控性，否认直接危及信息的不可否认性，网络与系统攻击以及灾害、故障与人为破坏危及信息的可用性；恶意代码依照其意图可能分别危及信息的可用性、机密性和信息的可控性等。

从以上分析情况也说明，信息的可用性、机密性、完整性、不可否认性、真实性和可控性 6 个属性在本质上反映了信息安全的基本特征和需求。

也可以进一步将信息安全威胁划分为四类：暴露，指对信息系统可以进行非授权访问，主要是来自信息泄露的威胁；欺骗，指信息系统接收到错误的数据或作出错误的判断，包括来自篡改消息、重放、伪造、否认等的威胁；打扰，指干扰或中断信息系统的执行，主要包括来自网络与系统攻击、灾害、故障与人为破坏的威胁；占用，指未授权使用信息资源或系统，包括来自非授权访问的威胁。类似地，恶意代码按照其意图的不同可以划归为不同的类别。

还可以将前述的信息安全威胁分为被动攻击和主动攻击两大类。被动攻击一般指窃听、截获和分析安全通信与存储的数据，这种攻击形式并不篡改被保护的数据，也不插入新的数据，不会破坏数据信息的完整性；主动攻击则试图篡改这些数据或者插入新的数据，破坏了信息数据的完整性。

3.1.1.2　网络不安全的原因

1. 系统漏洞

系统漏洞是导致网络不安全的根本原因之一。系统漏洞又被称为陷阱，它通常是由操作系统开发者有意设置的，这样他们就能够在用户失去了对操作系统的所有访问权时仍能进入操作系统，这就像汽车上的安全门一样，平时不使用，在发生灾难或正常门被封死的特殊情况下，人们可以从安全门逃生。例如 BIOS 有万能密码，维护人员可以用这个口令进入计算机。但是系统漏洞一旦为非法入侵者所知，后果将不堪设想。他们会利用所知的系统漏洞，对信息和系统进行攻击、篡改、截取、破坏等操作，轻则修改数据，重则盗取数据并进行违法活动，给用户与银行带来不可挽回的损失。

2. 协议的开放性

当前，计算机网络系统都使用 TCP/IP 协议以及 FTP、E-mail、NFS 等。它们在设计过程中没有对具体的安全问题给予详细分析，导致现行的 IP 网络都包含许多影响网络安全的因素，存在许多漏洞，成为攻击者攻击网络系统的重要手段。攻击者通常采用 Sock、TCP 预测或者使用远程访问（RPC）进行直接扫描等方法对防火墙进行攻击。

3. 人为因素

人为因素包括两个方面，一方面是网络管理员自身的操作失误造成口令泄露等，另一方面是一些不法之徒利用计算机网络存在的漏洞，或者潜入计算机房，盗用计算机系统资源，非法获取重要数据、篡改系统数据、破坏硬件设备、编制计算机病毒等。

（1）人为的偶然失误。不管是什么样的网络系统都离不开人的管理，但又缺乏安全管理人员，特别是高素质的网络管理员。有一些金融信息系统的网络管理员或网络用户可能因为自身的业务能力不足，或者操作不当，对网络安全造成破坏，如操作口令的泄露，磁盘上机密文件被人利用及未将临时文件删除，导致重要信息被窃。由此可见，应该加强对操作人员的管理和培训，提高网络管理人员的整体素质，减少人为因素或操作不当而给信息系统带来不必要的风险或损失。

（2）网络病毒。网络病毒是以网络为平台，主要通过网页、邮件和文件下载的方式，对计算机和计算机网络造成安全威胁的计算机病毒。它可能突破网络的防御体系，感染网络的服务器，甚至破坏服务器上的信息资源，导致网络信息系统的全面瘫痪。有些病毒还会删除与安全相关的软件或系统文件，导致整个系统运行异常甚至造成整个系统瘫痪。

（3）黑客攻击。随着互联网在全球得到不断推广和应用，黑客攻击也变得猖狂起来，现代黑客从以系统攻击为主转变为网络攻击为主。他们通常利用计算机软件存在的漏洞和缺陷对网络进行攻击。利用网络协议或恶意软件，扫描整个网络或子网，寻找存在系统安全缺陷的主机，然后在该主机上植入木马，以此取得主机系统的控制权，随后调阅各种资料、篡改他人资料、破坏系统运行，或者进行有目的的金融犯罪活动等。

3.1.1.3　网络信息安全的模型及其技术

1. 网络信息安全的模型

网络信息安全最基本的目标是 CIA（Confidentiality Integrity Availability），即机密性、完整性和可用性。

但是网络信息安全系统并非局限于通信保密和对信息加密等技术问题，它既包括技术革新带来的问题，也包括操作和管理方式的调整带来的问题，同时也包括在发展的进程中不断接受人类智力挑战的问题，所以网络信息安全的模型必须全面考虑人、技术和操作（与管理）这三个要素。也就是必须包含以下三类措施。

（1）社会的法律政策，企业的规章制度及网络安全教育。

（2）技术方面的措施，如防火墙技术、防病毒、信息加密、身份确认以及授权等。

（3）审计与管理措施，包括技术与社会措施。主要有实时监控、提供安全策略改变的能力以及安全系统实施漏洞检查等。网络信息安全模型如图 3.1 所示。

该网络信息模型中的政策、法律、法规是安全的基石，它是建立安全管理的标准和方法。

第二部分为增强的用户认证，它是安全系统中居于技术措施的首道防线。用户认证的主要目的是提供访问控制。

授权主要是为特许用户提供合适的访问权限并监控用户的活动。加密则是信息安全应用中最早使用的一种行之有效的手段之一，数据经过加密加以保证在存取和传送的过程中

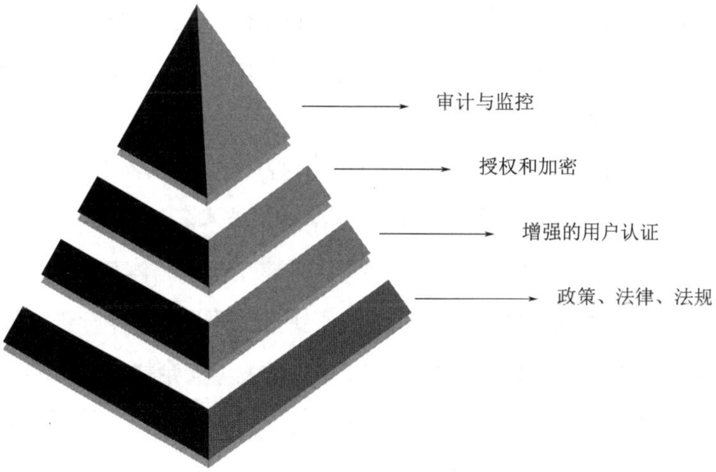

图 3.1　网络信息安全模型

不被非法查看、篡改、窃取等。

在网络信息模型的顶部是审计与监控，这是系统安全的最后一道防线，它包括数据的备份。当系统一旦出现了问题，审计与监控可以提供问题的再现、责任追查、重要数据恢复等保障。

2. 网络信息安全技术

在互联网时代，信息系统跨越了公用网络和组织内部网络，信息安全的内涵在扩展。保密通信和安全认证是解决机密性、真实性、非否认性和完整性的主要手段，但是可用性和可控性的要求不能完全依靠它们来解决，而是需要依靠更多的技术来解决。网络信息安全技术有如下几种：

（1）密钥管理技术。密钥管理技术是指通过公开密钥加密技术实现对称密钥管理的技术，可以使相应的管理变得简单和更加安全，同时还解决了纯对称密钥模式中存在的可靠性问题和鉴别问题。密钥管理包括对称密钥管理和公开密钥管理 / 数字证书。对称密钥管理是基于共同保守秘密来实现的。采用对称加密技术的双方必须保证其采用的是相同的密钥，而且彼此密钥的交换是安全可靠的，同时还要设定防止密钥泄密和更改密钥的程序。这种密钥管理比较繁琐而且潜在风险也很大。所以就出现了公开密钥管理 / 数字证书。通过公开密钥加密技术可以实现对密钥的管理和使用变得简单而且安全。

（2）身份认证技术。在信息系统中出现的主体包括人、进程或系统等实体。从信息安全的角度看，需要对实体进行身份鉴别，这类技术称为身份认证技术。身份认证技术就是鉴别实体身份的技术，主要包括口令技术、公钥认证技术、在线认证服务技术、生物认证技术与公钥基础设施技术等，还包括对数据起源的验证。随着电子商务和电子政务等分布式安全系统的出现，公钥认证及基于它的公钥基础设施技术在经济和社会生活中的作用越来越大。

（3）访问控制技术。访问控制技术是常用的授权技术。为了使得合法用户正常使用信息系统，需要给已通过认证的用户授予相应的操作权限，这个过程被称为授权。在信息系统中，可授予的权限包括读 / 写文件、运行程序和网络访问等，实施和管理这些权限的技术称为授权技术。访问控制在操作系统、数据库和应用系统的安全管理中具有重要作用，从应用目的上看，网络防护中的防火墙技术也有访问控制的功能，但由于实现方法与普通的访问控制有较大不同，一般将防火墙技术归入网络防护技术。

（4）应用层安全协议技术。应用层安全协议是建立在密码体制基础上的一种交互通信协议，它运用密码算法和协议逻辑来实现认证和密钥分配等目标。密码学是网络安全的基础，但网络安全不能单纯依靠安全的密码算法。所以就出现了安全协议，它是网络安全的一个重要组成部分，通过安全协议可以进行实体之间的认证、在实体之间安全地分配密钥等。

3.1.1.4 网络信息安全系统的设计原则

网络信息安全系统在设计过程中应该遵循以下 9 项原则。

（1）网络信息安全的木桶原则。木桶原则旨在对网络信息进行均衡、全面的保护。网络信息系统是一个复杂的系统，系统本身在物理上、操作上和管理上都有各种各样的漏洞，所以网络信息系统本身就很脆弱，再加上多用户网络系统自身的复杂性、资源共享性使得单纯的技术防护无法满足其安全性的要求。攻击者使用的“最易渗透原则”，肯定会在系统最薄弱的地方进行攻击。因此，科学地设计网络信息安全系统需要全面地分析、评估和检测信息系统所面临的安全威胁，然后找到整个系统的“安全最低点”，加强其安全性能，才能提高信息安全系统的安全防护等级。

（2）网络信息安全的整体性原则。整体性原则要求网络信息安全系统要包括安全防护机制、安全检查机制和安全恢复机制，确保网络在被攻击、破坏的情况下，尽可能快速地恢复网络信息中心的服务，减少损失。安全防护机制是根据具体系统存在的各种安全威胁，采取相应的防护措施，避免系统遭受非法攻击；安全检测机制通过实时监测信息安全系统的运转情况，及时发现并制止对系统进行的各种攻击行为；安全恢复机制是在安全防护机制失效的情况下，能尽量完整地、快速地恢复系统，减少攻击的破坏程度。

（3）安全性评价与平衡原则。任何网络系统都难以做到绝对的安全，而且也不是说每个系统都必须做到绝对的安全，这要取决系统的用户需求、具体的应用环境、系统的规模和范围、系统的性质以及信息的重要程度。也就是说评价信息是否安全，并没有绝对的评判标准和衡量指标。所以需要建立合理的实用安全性和用户评价与平衡体系。网络信息安全系统在设计的时候正确处理需求、风险与代价的关系，做到安全性与可用性相容，并且在组织上也能执行就可以了。

（4）标准化与一致性原则。网络信息安全系统设计是一个庞大的系统工程，其设计必须遵循一系列的标准，这样才能够保证各个分系统的一致性，使整个系统实现安全地互联互通和信息共享。

（5）技术与管理相结合的原则。信息安全系统本来就是一个复杂的工程，包括人、技术和操作管理等因素。单靠技术或者单靠管理都不可能实现。因此，在设计网络信息安全系统时，必须将各种安全技术与运行管理机制、操作者技术培训、系统安全规章制度建设紧密地结合起来，才能较好地保障企业网络系统的安全。

（6）统筹规划，分步实施原则。由于法律、法规、政策规定和服务需求的不明朗，网络环境的变化以及攻击手段不断地进步，因此网络信息安全系统的安全防护不可能一步到位。一般来说，可以在一个比较全面的安全规划下，根据网络的实际需求，先建立一个基本的信息安全系统，为网络提供基本的、必需的安全保障。今后随着网络规模的扩大、应用的增加以及网络应用和复杂程度的变化，网络系统的漏洞也会不断增加，不断地调整或增强信息安全系统对网络的安全防护力度，从而保证整个网络系统的安全。

（7）等级性原则。等级性原则是指网络安全层次和网络安全级别。一个良好的网络信息安全系统必然是分为不同等级的，包括对信息保密程度分级，对用户操作权限分级，对网络安全程度分级以及对系统实现结构的分级。这样，信息安全系统就可以为不同级别的安全对象，提供不同的安全机制，满足网络中不同层次的各种实际需求。

（8）动态发展原则。要根据不断变化的网络安全来调整和改进安全措施，适应新的网络安全环境，满足新的网络安全需求。

（9）易操作性原则。首先，安全措施需要人为去完成，如果安全措施设置得很复杂，那么对人的要求就会很高，操作者一个微小的失误，都会造成风险。这样反而降低了网络信息安全系统的安全性。其次，安全措施的采用不应该影响计算机网络系统的正常运转。

3.1.2 网络攻击技术

3.3 网络攻击技术

3.4 网络攻击技术

近年来，网络攻击事件频发，互联网上的木马、蠕虫、勒索软件层出不穷，这对网络安全乃至国家安全形成了严重的威胁。所以如何防御网络攻击，保障网络安全，成为当今迫切需要解决的问题。

3.1.2.1 网络攻击的目标

网络攻击是利用网络信息系统存在的漏洞和安全缺陷对系统和数据进行攻击。所对应的安全性也就涉及系统安全和数据安全两个方面。所以按照网络的攻击目标可以分为系统型攻击与数据型攻击两类。

（1）系统型攻击的特点。攻击发生在网络的网络层，破坏系统的可用性，使系统不能正常工作。通常系统型攻击一般留下明显的攻击痕迹，例如用户会发现自己的系统不能正常工作。打不开浏览器，邮箱里出现大量不明邮件，以及出现一些占据大量内存的进程等。

（2）数据型攻击的特点。攻击发生在网络的应用层，面向信息，主要目的是篡改和偷取信息，通常数据型攻击一般不会留下明显的痕迹，例如用户无法察觉自己的信息被盗取等。

3.1.2.2 网络攻击的手段

从对信息的破坏性上看，网络攻击的类型可以分为主动攻击和被动攻击两大类。

（1）主动攻击。这类攻击中攻击者试图突破用户的安全防线，侵入系统后，对某些数据流进行篡改，导致虚假数据流的产生，从而破坏信息的有效性和完整性。主动攻击方式包括篡改、伪造消息数据和终端（拒绝服务）。

（2）被动攻击。这类攻击中攻击者不对数据信息做任何的修改，只是在不干扰网络正常工作的情况下，进行截取 / 窃听相关的信息和数据。被动攻击不容易被用户察觉出来，因此它的危害很大。被动攻击通常包括窃听、流量分析、破解弱加密的数据流等攻击方式。

当前，网络攻击的手段很多，有的是通过系统的漏洞实现的，例如缓存溢出攻击和格式化字符串攻击等。也有的是通过 TCP/IP 协议间的漏洞实现的，例如拒绝服务攻击等。

3.1.2.3 网络攻击的层次

网络攻击所使用的方法不同，产生的危害程度也不同，一般分为以下 7 个层次。

（1）简单拒绝服务。

（2）本地用户获得非授权读权限。

（3）本地用户获得非授权写权限。

（4）远程用户获得非授权账号信息。

（5）远程用户获得特权文件的读权限。

（6）远程用户获得特权文件的写权限。

（7）远程用户拥有了系统管理员权限。

在这 7 个层次中，随着层号增大，危害的程度加重。

3.1.2.4 网络攻击的分类

（1）拒绝服务攻击。攻击者的目的是让目标机器停止服务或资源访问。这些资源包括磁盘空间、内存、进程和网络带宽等，从而阻止系统的正常运行和用户的正常访问。拒绝服务攻击主要分为两种形式，带宽消耗型和资源消耗型。带宽消耗型攻击主要有 Smurf 攻击、泪滴攻击和 UDP Flood 攻击等。资源消耗型攻击主要有 Land 攻击和 IP 欺骗攻击等。

（2）扫描型攻击。未经授权的发现和扫描系统、服务和漏洞，也被称为信息收集。它是一种基础的网络攻击方式，并不对目标本身造成危害，多数情况下，它是其他攻击方式的先导，被用来为进一步入侵提供有用信息。此类攻击通常包括地址扫描、网络端口扫描、操作系统探测、漏洞扫描。

1）地址扫描。攻击者利用 Tracert、Ping、Firewalk 等攻击或者直接利用 ICMP 消息发向目标网络，请求应答，如果请求和应答没有被网络边界过滤掉，攻击者就可以借此来获得目标网络的地址信息，进而分析目标网络的拓扑结构。

2）端口扫描。通过系统扫描，发现系统中开放的端口，并且对端口的功能和数据进行分析，进而获取操作系统信息，然后攻击者就利用获取的信息对目标主机进行网络入侵。

3）操作系统探测。攻击者使用某种自动响应探测工具，对来自目标主机的操作系统作出的响应进行探测。由于每种操作系统都有其独特的响应方法，因此攻击者经常能够确定出目标主机所运行的操作系统。

4）漏洞扫描。建立在以上三种扫描技术（地址扫描、端口扫描和操作系统探测）的基础之上的扫描技术。通过以上三种方法可以收集到目标主机的各种信息，然后将这些信息与网络漏洞扫描系统提供的漏洞库进行匹配，就可以很容易发现漏洞的存在。然后攻击者就可以利用漏洞对目标主机进行攻击。

（3）访问类攻击。访问类攻击是指攻击者在获得或者拥有访问主机、网络的权限后，任意滥用这些权限进行信息篡改、信息盗取等攻击行为，主要有口令攻击、会话劫持和端口重定向这三类。

1）口令攻击。它往往是攻击的第一步，只要攻击者能猜到或者确定用户的口令，他就能获得目标主机或者网络的访问权限，并且能访问到此用户所能访问到的任何资源。如果这个用户是管理员，那对于整个网络系统来说这将是非常危险的。

2）会话劫持。它是一种间接的入侵攻击，它通过各种技术手段把受入侵者控制的一台计算机虚拟放置在网络连接中充当“中间人”，读取和修改传递的信息，而被连接的计算机并不会发现信息已经被篡改。

3）端口重定向。攻击者对指定端口进行监听，并把发给这个端口的数据包转发到指定的第二目标。这种攻击方式能够让攻击者访问到防火墙后的任意系统。

（4）Web 攻击。Web 攻击的主要目的是阻碍合法用户对站点的访问，或者降低站点的可靠性。主要包括 SQL 注入攻击、跨脚本攻击和 Script/ActiveX 攻击三大类。

1）SQL 注入攻击。攻击者在用户输入中注入一些额外的特殊符号或 SQL 语句，使系统构造出来的 SQL 语句在执行时要么改变了查询条件，要么附带执行了攻击者注入的整个 SQL 语句，从而让攻击者达到他想要的目的。

2）跨脚本攻击。攻击者利用网站程序对用户输入过滤不足、输入可以显示对其他用户造成影响的 HTML 代码，从而让攻击者盗取用户资料，利用用户身份进行某种活动或者对访问者进行病毒入侵。

3）Script/ActiveX 攻击。它包括 Script 攻击和 ActiveX 攻击：① Script 攻击是指攻击者把一些对系统有破坏作用的 Script 嵌在 Web 页面中，一旦这些页面被用户下载到本地，计算机便以当前用户的权限来执行这些脚本；② ActiveX 攻击是指攻击者把 ActiveX 控件直接嵌入到 Web 页面，当用户把这些页面下载到本地后，ActiveX 控件也随之下载到了本地，这样控件就可以在本地浏览器进程空间中运行，下载该控件的用户权限越高，那么其带来的危害也就越大。

（5）病毒类攻击。计算机病毒可以在用户毫不知情或未经批准下，进行自我复制或者运行计算机程序，该类攻击不但会影响受感染计算机的正常运行，还会窃取或篡改用户的各种信息。主要包括特洛伊木马、蠕虫病毒和宏病毒等。

（6）缓冲区溢出攻击。缓冲区溢出攻击是指攻击者利用缓冲区溢出漏洞来进行攻击，可以说这是一种非常危险的漏洞，因为它在各种操作系统、应用软件中存在都比较多。其破坏原理是程序获得了过量的数据，导致系统的堆栈遭到严重的破坏，从而使计算机被攻击者操控或者是造成机器瘫痪，使其不能正常工作。

3.1.2.5 网络攻击的过程

就一般情况而言，网络攻击可以分为以下四个阶段。

（1）信息收集阶段。这一阶段的目的是收集攻击目标的所有相关信息，作为设计有效攻击手段的依据。一般要收集攻击目标相关的设备、系统型号、网络结构、安全措施、用户信息等情况，重点是要获取攻击目标的操作系统以及系统存在的漏洞。这一阶段的主要技术手段包括网络扫描和网络监听等。

（2）网络入侵阶段。这一阶段的目的是根据收集到的攻击目标的相关信息，设计相应的攻击手段，并实施网络入侵。对于大多数攻击者来说，攻击的重点是如何进入攻击目标的系统，即这一阶段的主要任务就是利用各种手段获取攻击目标的用户权限。包括口令破解直接获取权限，利用软件漏洞执行相关的恶意代码。

（3）控制与维持阶段。这一阶段的目的就是根据网络入侵结果以及攻击目的，对攻击目标的系统进行控制，完成既定的攻击任务。这一阶段的重点是如何实现长期隐蔽控制，完成既定的攻击任务，其主要技术手段是利用木马等控制程序来实现。

（4）退出与清理阶段。这一阶段的目的是完成既定的攻击任务后，对攻击过程的痕迹进行清理。这一阶段的重点是解决后续被追查的问题，其主要技术手段是利用系统自身功能或专用的数据清理工具来实现。

在实际攻击过程中，虽然可以典型的分为以上这四个阶段，但是相关工作往往是互相渗透交错进行的。

3.1.2.6 信息收集对网络的攻击

攻击者对攻击目标的网络信息和漏洞的收集，是攻击必不可少的步骤。需要收集的信息主要包括网络的拓扑结构、类型、操作系统等方面的信息。攻击者可以根据这些信息判断系统存在的弱点和漏洞，信息收集的主要方法包括以下几类。

1. 网络扫描

（1）网络扫描概述。网络扫描是指扫描系统向攻击目标的设备主动发送一些探测数据包，根据返回的数据包得到被攻击设备的情况。多数的网络信息收集技术都可以通过网络扫描的方式来实现，是因为网络扫描系统在构造方法上有其特别的地方。当前的扫描工具主要包括一些扫描软件，这些软件之所以能够进行扫描是因为它们不但可以在通信协议栈的较高层次发送自制的数据包和接收返回的数据包，还可以通过非正常的方式在网络通信协议栈的较低层次发送自制的数据包和接收返回的数据包。最可怕的是，以上收发数据包的方法还可以被综合使用，从而可以用非法的手段灵活地发起并结束一个通信会话，在这个会话中，扫描软件就轻而易举地获得了攻击目标的相关信息。

目前的扫描软件不但可以扫描各类操作系统，还可以扫描网络设备与服务。扫描方式也可以分成两大类：慢速扫描和乱序扫描。

1）慢速扫描。是指对非连续端口、不一致的源地址进行时间间隔长且没有规律的扫描。慢速扫描的时间虽然很长，但是隐秘性较高。因为它的记录被淹没在其他众多杂乱的日志中，往往可以骗过防火墙和入侵检测系统来收集信息。

2）乱序扫描。也是一种常见的扫描技巧，它是指对连续的端口，一致的源地址进行时间间隔短且无序的扫描。由于这种扫描器在扫描时不是有序进行的扫描，其端口号是随机生成的，每次扫描的顺序都完全不一样，所以也能够有效地欺骗某些入侵检测系统而不被发现。

（2）网络扫描工具。网络扫描工具就是进行网络扫描的一系列软件，主要包括以下几类。

1）网络安全扫描器（NSS）。NSS 扫描器主要检测协议漏洞，具有并行能力，可以在许多工作站之间进行分布式扫描，而且还可以使进程分支。主要检测的漏洞包括 Sendmail、匿名 FTP、NFS 出口、TFTP、Hosts.equiv 和 Xhost。执行的进程主要包括：①用 Ping 命令确定指定主机是不是活性的；②扫描目标主机的端口；③报告指定地址的漏洞。

2）超级优化 TCP 端口检测程序（Strobe）。Strobe 是一个 TCP 端口扫描器，它可以记录指定设备的所有开放端口，并且运行速度很快。它可以很快地识别指定设备正在运行的服务，虽然只能提供给入侵者一个粗略的指南，告诉入侵者什么服务可以被攻击。但是增加了扩展的行命令以后就可以定义打印首次端口、定义起始和终止端口、定义终止扫描、定义使用的 Socket 号码和定义 Strobe 要捕捉的目标主机的文件。

3）安全管理员的网络分析工具（Satan）。Satan 是专门为 UNIX 设计的扫描工具。它能在许多类 UNIX 平台上运行，略作移植（或者根本不需要移植）后，也可以在其他平台上运行。可以扫描远程主机的许多已知的漏洞，其中包括：① FTPD 脆弱性和可写的 FTP 目录；② NFS 脆弱性；③ NIS 脆弱性；④ RSH 脆弱性；⑤ Sendmail；⑥ X 服务器脆弱性。

4）X-Scan。X-Scan 除了具有扫描具有 X 服务器弱点的子网（或主机），还具备当发现脆弱目标后马上记录的功能。而且还可以一次扫描多台主机，这些主机可以在行命令中作为变量键入并且客户可以通过混合匹配同时指定主机和子网。扫描的内容包括 SNMP 信息、远程操作系统类型及版本、各种弱口令漏洞、后门、注册表信息、应用服务漏洞、网络设备漏洞、拒绝服务漏洞等 20 多个大类。

5）Jakal。Jakal 是一个秘密扫描工具，也就是说它可以不留痕迹地扫描一个区域（在防火墙后面）。是因为秘密扫描工具在工作时会产生“半扫描”，它只是启动，但从不完成与目标主机的 SYN/ACK 过程。从本质上讲，秘密扫描工具就是绕过了防火墙，避开了端口探测器，然后识别出在防火墙后面运行的服务。

6）SSS。SSS 是俄罗斯的一套非常专业的安全漏洞扫描软件，能够扫描目标服务器上的各种漏洞，包括很多漏洞扫描、操作系统检测、端口扫描、账号扫描等，而且漏洞数据可以随时更新。

2. 网络监听

网络监听作为一种发展比较成熟的技术，一般情况下是网络管理员的一种管理网络的手段，可以协助管理员监测网络传输数据、排除网络故障等。但是也往往也是攻击者获取传输数据的一种重要手段。因为它是主机的一种工作模式，在这种模式下，主机可以接收到本网段在同一物理通道上传输的所有信息，而不管这些信息的发送方和接收方是谁。此时如果两台主机进行数据通信的信息没有加密，只要使用某些网络监听工具，例如 Sniffer 等就可以轻而易举地截取口令和账号等信息资料，虽然网络监听获得的用户账户和口令有一定的局限性，但是攻击者通过其他手段也能够轻易获得局域网络中所有用户的账户和口令。

同时，因为网络监听是一种被动的攻击方式，它只是利用现有网络协议的一些漏洞来实现，不直接对受害主机系统的整体性进行任何操作或破坏。不与主机交换信息，也不影响受害主机的正常通信，因此不易被察觉。

封包嗅探器（Sniffer）是一种类似于窃听器的装置。主要是用来探测网络上他人的封包内容。就像一个电话窃听器一样，让用户去拦截他人的所有封包信息。它的工作原理是在局域网中把本地网卡的状态设成混杂（Promiscuous）状态，当网卡处于这种“混杂”模式时，该网卡就具备了“广播地址”，对遇到的每一帧都产生一个硬件中断，该中断能引起操作系统注意，然后将帧中所包含的数据传送给系统进一步处理。Sniffer 就在这个过程中拦截所有网络上传送的数据，并通过相应的软件处理，实时分析这些数据的内容，进而分析网络的状态和整体布局。因此 Sniffer 存在十分大的危害性。一旦到了入侵者的手中，它就成了捕获到网络中传输的口令、机密信息、敏感数据的厉害武器。

Sniffer 可以是硬件也可以是软件。品种众多，包括 Network General、Microsoft's Net Monitor、Sniffit 等。

3.1.2.7 网络入侵对网络的攻击

1. E-mail 技术

通过 E-mail 技术攻击主要有两种方式，一种是 E-mail 轰炸，也就是通常所说的邮件炸弹，指的是用伪造的IP地址和E-mail地址向同一个邮箱发送大量的内容相同的垃圾邮件，使得受害人的邮箱“爆炸”，有些甚至导致整个电子服务器的操作系统瘫痪。另一种就是伪造E-mail。攻击者声称自己是系统管理员（邮件地址看起来与系统管理员相同），给用户发送邮件要求用户修改口令或者在貌似正常的附件中加载病毒或者其他木马程序，一旦用户点开，木马就植入计算机，信息就被攻击者窃取。攻击者选择冒充的身份权限越大，就将获得越多越高级的敏感信息。

例如，2003年6月初，一些在某银行进行过网上银行注册的客户，收到了一封来自网络管理员的电子邮件，宣称由于网络银行系统升级，要求客户重新填写用户名和密码。这一举动随后被银行的工作人员发现，经证实是不法分子冒用网站公开信箱，企图窃取客户的资料。虽然没有造成多大的损失，但是这宗典型的电子邮件欺骗案例当时曾在国内安全界和金融界掀起了轩然大波，刺激人们针对信息安全问题展开了更加深入的讨论。

2. **口令攻击**

所谓的口令入侵，就是指攻击者试图获得合法用户的口令而采取的攻击。

（1）枚举口令。枚举口令是一种最直接的攻击方法，它逐一列举可能的口令，在线或离线地进行测试。有人认为使用足够长的口令或者使用足够完善的加密模式，就不会被攻破。事实上，没有攻不破的口令，这只是个时间问题。对于固定长度的口令，在足够长的时间内，总能穷举出其全部可能的取值。如果有足够快的计算机能尝试字母、数字、特殊字符等所有的组合，将能够最终破解出所有的口令。这种类型的攻击方式通过穷举口令空间获得用户口令所以也称为暴力攻击或穷举攻击。

但是直接枚举的代价也是很高的，需要强大的计算设备，因此不是普遍的攻击方法。

（2）字典生成攻击。字典生成攻击是使用一个字库生成猜测的口令，这个字库存放了一些常见的、使用概率较高的可以组成口令的词根，用于在一定的规则下组成猜测的口令。由于所选取的词根都是按照人们编制口令常用的习惯，然后经过大量数据统计分析得到的，所以猜中口令的概率是很大的。

目前，Internet上已经提供了一些口令字典，从一万到几十万条，都可以下载。除此之外，还有一些可以生成口令字典的程序。口令字典中包括常用的词、词组、数字及其组合等，并且，攻击者在攻击过程中不断补充完善自己的字典库，攻击者之间也会经常交换各自的字典库。所以，使用字典库很容易就可以猜中系统用户的口令了。

口令攻击分为在线和离线两种情况。对于在线攻击，可以利用是否登录成功这一事件作为验证的手段。离线攻击则通过其他途径获取系统用户的信息，这在现有的操作系统中是很容易得到的。因为这些系统的用户口令都存储在一个加密文件中，而且对于攻击者来说，很容易就可以把这个加密文件破解了，然后大量的用户数据就轻而易举地得到了。

（3）口令截获。虽然说当前大多数系统都采用了比以前更安全的登录方案，但是还是有相当多系统的口令登录系统的安全性不强，如邮件系统、数据库系统等，这使得攻击者可以利用网络监听的方式截获口令。更加严重的攻击是，攻击者通过网络监听获得的口令可以为编制新的口令词典提供依据，使其获得更重要的口令。另外，攻击者还可以在操作系统中搜集其他用户的口令。

（4）非技术手段。是指用非信息技术的手段获得口令的编制规律。现在很多用户因为需要登录很多系统，就习惯性地把登录口令记录在手机备忘录或者计算机的某个文档里面，而且每次登录的时候都去查看，这样就很容易被窃取。另外，用户都习惯把自己的生日、电话号码、姓名的拼音等设置为自己的口令，这也成为口令猜测的重要依据，攻击者很容易就通过其他学科的知识或经验总结出规律来。

3. 漏洞攻击

（1）漏洞基本概念。计算机漏洞也叫脆弱性，是指计算机硬件、软件或策略上的缺陷和不足，漏洞一旦被发现，就可以使攻击者能够在未经授权的情况下访问或破坏系统，从而导致危害计算机系统的安全。

（2）漏洞产生的原因。漏洞产生的原因主要表现在以下三个方面。

1）编程人员在设计程序时，对程序的逻辑结构设计不合理，不严谨，因此可能产生一处或者多处的漏洞，正是由于这些漏洞，给攻击者入侵提供了入口。

2）受编程人员的能力、经验和当时安全技术的限制，他们所设计的程序难免会有不足之处。这些不足之处如果较轻则只是影响程序的工作效率，如果较重则可能导致非授权用户的权限提升，被攻击者所利用。

3）还有一个原因就是目前硬件的缺陷，使编程人员只能通过程序设计来弥补硬件的缺陷，但是因此产生的漏洞，也会被攻击者利用，直接攻击用户的电脑。

（3）漏洞涉及的范围。计算机的漏洞既包括单个计算机系统的脆弱性，也包括计算机网络系统的脆弱性。所涉及的范围很广，包括路由器、防火墙、操作系统、客户和服务器软件等。

（4）漏洞与系统攻击之间的关系。系统安全漏洞是在系统的实现和使用中产生的。一方面用户会在使用中发现系统中存在的漏洞，另一方面攻击者为了入侵也会想尽办法找出系统存在的漏洞来破坏系统的安全，同时系统供应商则会尽快发布纠正这些漏洞的补丁。所以，系统漏洞与系统攻击活动之间有着紧密的关系。

（5）漏洞的时间效应。正因为漏洞与系统攻击之间的紧密关系，系统漏洞会随着时间的推移，不断发生改变，旧的漏洞不断消弭，新的漏洞会不断诞生。漏洞会长期存在，无法根除。

（6）常见的漏洞类型。

1）SQL 注入漏洞，也称为注入漏洞，被广泛用于非法获取网站控制权，是发生在应用程序的数据库层上的安全漏洞。在设计程序时，编程人员忽略了对输入字符串中夹带的

SQL指令的检查，被数据库误认为是正常的SQL指令而继续运行，从而导致数据库受到攻击，可能导致数据被窃取、篡改、删除，进而导致网站被攻击者嵌入恶意代码、植入后门程序等严重危害。

2）跨站脚本漏洞，也称为XSS攻击，一般发生在客户端，可被攻击者用于进行窃取隐私、钓鱼欺骗、窃取密码和传播恶意代码等。XSS攻击对Web服务器没有直接的危害，但是它可以借助网站进行传播，使网站的用户受到攻击，导致用户的信息被窃取，从而对网站也产生较严重的危害。

3）弱口令漏洞，没有严格的定义，一般指用户的口令比较容易被攻击者猜测到或被破解工具破解。

4）文件上传漏洞。一般是由于网页代码中的文件上传路径变量过滤不严造成的。如果文件上传功能实现代码没有严格限制用户上传的文件后缀名以及文件类型，攻击者就可以通过Web访问的目录上传任意文件，包括网站后门文件，进而远程控制网站服务器。

5）未加密登录请求，是由于Web配置不安全，登录请求把诸如用户口令等敏感字段未加密进行传输，攻击者就可以通过网络监听来截获这些敏感信息。

4. 电子欺骗攻击

电子欺骗就是通过伪造源于可信任地址的数据包以使一台计算机认证另一台计算机的复杂技术。在互联网上计算机之间相互交流是建立在认证和信任的前提下的。但是当两台计算机A和B之间存在了信任关系，第三台计算机C就可能冒充建立了相互信任关系的两台计算机中的一台对另一台计算机进行欺骗。常见的电子欺骗方式主要有IP欺骗、ARP欺骗、DNS欺骗、TCP会话劫持、路由欺骗等。而非技术类欺骗需要通过社会工程技术来实现，它的精力集中在攻击人力因素上。

（1）IP欺骗。目前互联网上的计算机之间的信任关系都是经过认证之后才产生的，而计算机之间的认证方式是通过主机名和IP源地址来实现的。但是由于TCP/IP协议本身存在着弱点，那就是网络上发的数据包中的IP源地址是可伪造的，IP欺骗就是利用网络中IP源地址可伪造这个弱点来进行的。如果两台计算机之间已经建立了信任关系，攻击者向攻击目标的主机发送源地址为已经与攻击目标的主机建立信任关系主机的IP包，就能冒充其他主机进行IP欺骗了。但是，IP欺骗也不是那么容易实现的，必须联合一种或者多种攻击技术才能实现。

（2）路由欺骗。一种比较常见的电子欺骗类型。互联网中所有主机之间能相互进行通信是因为每一台主机上都有一个路由表。路由表决定了主机进行通信时的数据报文通过的路径。IP报文首部的可选项中有“源站选路”，可以指定源站点到达目的站点的路由。那么，在报文顺利到达目的站点并被接收之后，如果目的站点要向源站点回复应答报文或者发送其他报文信息的话，可以利用路径的逆向作用，将回复的信息发送给指定的路由。

（3）TCP会话劫持。TCP劫持可以发生是因为TCP协议中存在着一个根本问题。在TCP/IP连接过程中，主机只在连接时进行一次IP地址的验证，因此在TCP连接过程中，如果有MAC发生变化，计算机是不可能发现的。在连接过程中，TCP应用程序只跟踪序列号，一旦收到带有错误序列号的包，接收方就会发送Reset并且断开连接。因此攻击者就可以通过了解目标主机产生序列号的方式，猜测出SYN/ACK包中的序列号，从而可以冒充目标主机的受信主机与目标主机通信了。

（4）DNS欺骗。当用户计算机向DNS服务器查询域名的时候，如果服务器的缓存中已经有了记录，那么DNS服务器就不会再复核查询，而是直接将这条记录返回给用户。所以，如果缓存记录是错误的，那么用户就会访问到一个错误的IP地址。攻击者之所以可以利用DNS欺骗用户，就是向DNS缓存中放入一个伪造的缓存记录。为了实现这一点，入侵者首先需要伪造用户的请求，让DNS服务器向其他DNS服务器发送查询请求，然后再伪造一个查询应答。这样，这个伪造的信息就保存到了服务器的缓存中了。

（5）ARP欺骗。这是因为ARP协议本身存在的问题。使得以太网中的任一台计算机都可以通过ARP欺骗冒充网络上的其他计算机。如果一个子网内的一台机器遭到攻击，那么整个子网内的其他计算机的安全也会收到ARP欺骗的威胁。但是ARP欺骗这种攻击方式仅仅发生在局域网内。

5. 拒绝服务攻击

拒绝服务攻击（Denial of Service，DoS）的目的就是拒绝服务访问。攻击者通过发送大量的服务或操作请求，破坏组织的正常运行，最终导致用户的部分互联网连接和网络系统失效。DoS攻击是一种简单但又很有效的进攻方式，是黑客以及网络安全专家关注的焦点，当前已经出现了大量的方法和工具，主要有以下四类。

（1）利用系统漏洞。攻击者利用系统在设计、实现或配置上存在的漏洞，发送特定的网络包使服务停止或进入不正常的状态。这种攻击类似于普通的网络攻击。

1）Nuke攻击。Nuke程序利用Windows95系统实现上的漏洞，通过调用Windows套接字开发包提供的Send函数，然后设置特殊的参数，使接收数据的计算机出现蓝屏。

2）KoD（Kiss of Death）攻击。KoD程序利用TCP/IP协议族中IGMP（Internet Group Management Protocol）协议上的缺陷，把一个IGMP包分成11个分片逆序发送，使接收计算机系统的TCP/IP协议栈出现异常。

3）Teardrop攻击。也称为分片攻击，Teardrop程序利用早期BSD UNIX系统实现上的漏洞，通过伪造数据文，向服务器发送含有重叠偏移信息的分段包到目标主机，从而使目标主机系统的TCP/IP协议栈出现异常。

（2）利用网络协议。攻击者利用网络协议的设计漏洞，发送大量网络连接请求或虚假的广播询问包等，引起网络通信的堵塞。

1）SYN Flood 攻击。SYN Flood 攻击利用 TCP/IP 协议中，主机在进行一次 TCP 连接之前必须完成的三次握手过程的漏洞，攻击者主动向目标主机发送伪造带有虚假的源地址 SYN 数据，目标主机在收到 SYN 连接请求后，会按照请求的 SYN 数据包中的源地址发送一个 SYN/ACK 数据包。由于源地址是互联网上没有使用的地址，所以目标主机发送的 SYN/ACK 包根本不会得到回应，那么服务器就会保持这个未完成的连接直到超时。

2）Smurf 攻击。Smurf 是一种具有放大效果的 DoS 攻击，具有很大的危害性。Smurf 攻击采用了一种被称为反射攻击的间接攻击方法，通过向目标主机所在网络的广播发送 ICMP 请求包，并把请求包的源地址设为目标主机的 IP 地址，由于发往广播地址的数据包也会被网络上所有的主机接收到并进行处理，最终导致该网络中的所有主机对这个 ICMP 应答请求都做出答复，导致整个网络堵塞，无法对外提供服务。反射攻击具有放大攻击流量的功能，因为攻击源发送的一个分组经反射后将变成多个分组，反射网络中主机越多，这种放大效果越好，造成的损失就越大。

（3）利用合理服务请求。攻击者可以利用大量合理的服务请求去攻击一个系统，这些攻击包括网页下载、服务登录、文件上传等，但是，这种攻击方式要想获得比较明显的效果，必须要求攻击者主机的带宽和计算能力等资源要比目标主机多才可以。

（4）分布式拒绝服务攻击。分布式拒绝服务（Distributed Denial of Service，DDoS）攻击是指用多台计算机对同一个目标计算机实施上述的各种拒绝服务攻击，即联合起来一起攻击，这显然使攻击者在资源上占据了很大的优势。目前，DDoS 攻击成为主要的 DoS 攻击，也出现了一些实施 DDoS 攻击的软件系统，主要包括 TFN、TFN2K 和 Trinoo 等，它们在系统结构上可以分为控制端和代理端两部分，前者由攻击者直接操作，对分布式的攻击实施控制，后者则分布在实施攻击的攻击上。

3.1.2.8 网络后门与网络隐身对网络的攻击

1. 网络后门

网络后门就是指那些绕过安全性控制而获取对程序或系统访问权的程序方法。在大多数情况下，攻击者成功获得远程系统的控制权后，还想保留一条通道以便他们可以在任意时间都能再次进入远程系统，这条通道就是所说的后门程序。

（1）后门的留置原则。后门的留置原则就是不容易被发现，隐藏在管理员没有感觉、没有任何特别之处的地方。

（2）后门程序的分类。

1）登录后门。在 UNIX 中，登录程序通常用 Telnet 来验证用户的口令。攻击者获取并修改登录程序的源代码，让登录程序在验证用户口令之前先检查后门口令。如果攻击者用后门口令登录后，就会忽略管理员设置的口令让攻击者侵入系统。此时，攻击者就可以入侵网络中的任意一台电脑了。

2）线程插入后门。这种类型的后门在运行时没有进程，它所有的网络操作都植入到其他应用程序的进程中完成。也就是说，即使受控制端的防火墙拥有“应用程序访问权限”的功能，也不能对线程插入后门进行有效的警告和拦截，也就是说受控方的防火墙形同虚设。所以这种类型的后门非常强大，而且查杀也很困难。一旦植入，很难清除。

3）网页后门。其实网页后门就是一段网页代码，主要以 ASP 和 PHP 代码为主。由于这些代码都运行在服务器端，攻击者通过这段精心设计的代码，可以在服务器端进行各种操作，从而获取想要的信息，进而获得服务器的控制权。

2. 网络隐身对网络的攻击

（1）设置代理作为跳板。当从本地直接入侵其他主机的时候，自己的 IP 会因为管理员的反追踪而暴露给对方。如果将某一台或多台主机设置为代理，通过代理主机再入侵其他主机，这样留下的只是代理 IP 地址而不是自己的信息，从而可以有效地保护自己的安全。考虑到网络带宽的限制，一般选择两到三级的代理比较合适。

选择代理的原则是要尽量选择不同地区的主机作为代理。例如，现在要入侵山东的某一台主机，就可以选择上海的某一台主机作为一级代理服务器，再选择四川的某一台计算机作为二级代理服务器，最后选择西藏的一台主机作为三级代理服务器，这样就安全了。

之所以可以成为攻击者的代理机，是因为这些主机上已经安装了相关的代理软件，不同的代理服务器可以执行不同的代理功能，Linux 下的代理服务软件很多，据相关统计，已经超过 60 多种，但是被广泛应用的只有 Apache、Socks、Squid 等这几种，经实践证明这几种代理软件确实也是高性能的代理软件。一般都是将这些代理软件安装到已经被入侵的主机上作为代理服务器，从而可以避免将自己的主机信息暴露。

（2）清除日志。当成功获取了系统的控制权限且完成了自己的预定目标后，攻击者还有最后一个工作要完成——清除攻击痕迹，实现网络隐身。这其中包括重新进入系统，清除所有显示攻击者来过的痕迹。为达到这个目的，有以下四个方面的工作要做。

1）日志文件。大多数系统都是通过日志文件对操作系统中的操作或活动进行记录，包括用户对计算机的操作和应用程序的运行情况。当然，也包括攻击者非法入侵电脑后所有行动的过程。所以，攻击者在攻击之后，必须删除这些日志文件，才能将自己的攻击痕迹清除。

虽然一个日志文件的存在不能提供完全的可记录性，但是日志能使系统管理员和网络安全专家做到：①发现试图攻击系统安全的重复举动；②跟踪那些想要越权的用户；③跟踪异常的使用模式；④实时跟踪攻击者。所以，作为攻击者，删除日志文件就显得尤为重要了。

清除日志文件可以采取以下两种方法：①全部删除，进入系统找到日志文件的存放位置，将所有的日志文件删除；②部分删除，打开日志文件只把相关的攻击记录删除。

2）文件信息。为了获得系统的控制权限以及在系统中植入后门，攻击者都必须修改某些系统文件，这样一来这些系统文件的长度和最后一次修改时间就会发生变化，系统管理员通过这些变化也能发现系统是否曾经受过攻击。

所以，为了隐藏攻击痕迹，攻击者在入侵系统并且植入后门程序以后，需要再把系统还原为以前的状态。因此，需要把每一个被修改的文件恢复为或者假扮成原状。例如可以先把系统的时间设置为文件最后一次修改的日期，然后再进行文件的读取，就可以将文件原来错误的日期变为正确的日期。

3）其他信息。在很多情况下，攻击者为了达到入侵系统并获得控制权目的，往往会另外上传或者安装一些文件，用来隐藏攻击痕迹，或者用来发起新的攻击。这些文件通常会占用一定的磁盘空间。系统管理员通过检查磁盘的剩余空间就可以发现系统是否受过攻击。

所以，攻击者为了隐藏上传到系统的附加文件，一般使用以下几种方法：

a. 为文件设置隐藏属性。当某个文件设置为隐藏属性时，如果用户仅仅是使用命令显示文件时，就不能够看到这个文件，而且所有的文件系统都可以将文件的属性设置为隐藏。

b. 将文件重命名。在大多数系统中，都有一个系统目录，里面存放了很多重要的文件。攻击者可以设置与这些文件类似的文件名作为自己附加文件的名字，那么就会大大降低被管理员发现的概率。但是这只适合隐藏文件比较少的情况。

c. 建立隐藏的硬盘分区。一般情况下，系统管理员只检查系统的主要分区，因此如果攻击者在硬盘里面建立了一个隐藏的分区，就很可能会逃过系统管理员的检查。这种情况就很适合隐藏文件比较多的情况。

d. 木马程序。如果系统管理员使用某个工具来检查系统剩余空间的话，他就会发现硬盘分区的问题。此时，攻击者通过上传一个木马程序，来掩盖硬盘的分区，就可以逃过系统管理员的耳目。

e. 使用 Steganography 工具。攻击者还可以利用 Steganography 工具或者是信息隐藏工具，把自己重要的文件隐藏到系统的重要文件中。

4）网络痕迹。大多数情况下，攻击者都是通过网络对目标主机的系统进行攻击的。由于基本上每个网络系统都运行着 IDS（入侵检测系统），任何可疑的网络行为都会被打上标记，而且 IDS 是一种实时监测系统。因此，攻击者要逃过 IDS 的检测消除网络上留下的痕迹是非常困难的。

但是，如果攻击者通过一系列工具，如 Loki、Reverse www shell 或者 CovertTCP，隐藏自己的攻击或者将攻击假扮成网络上合法的通信信息，使它们看起来不那么引人注目，就有可能逃过管理员的检测。其中前两个工具是将攻击者所留下的痕迹假扮成网络合法的通信信息，第三个工具是把攻击痕迹隐藏在数据包中，以此来躲避系统管理员的检测。

3.2 网络防御技术

3.2.1 网络防御概述

3.5 网络防御概述

3.6 网络防御概述

在实际应用中，往往采用信息安全工程方法，来达到对信息系统有效保护的目的。一般包含以下四个步骤：①规划和设计信息系统安全保护方案。规划和设计的依据是国家信息安全相关标准、政策和法规；②部署和设置信息系统安全保护方案。所选择、部署和设置的信息安全产品必须是安全并且可行的；③测评信息系统安全保护方案。信息系统安全保护方案必须经过权威机构测评并达到保护要求后，才能投入运行；④信息系统安全保护方案的运行维护。信息系统安全保护方案在运行过程中，系统管理员应该实时监控其运行情况，对所发生的安全事件进行应急响应和管理，确保信息系统安全。

因此，对信息系统安全保护方案是一个系统的工程，而不是信息安全技术和产品的简单应用。其中，管理是最为重要的，通过建立和制定相关标准，规范安全系统设计、实施、测评和运维等工作，使信息系统的整体安全防护能力达到标准要求。

目前，我国关于信息安全技术的标准已达 80 多个，涵盖系统安全标准、信息安全技术标准、安全评估标准、公钥基础设施标准、系统等级保护标准以及系统分级保护标准等不同的类别，对推动和规范信息安全技术及产品的研究、开发、测评以及工程应用发挥了重要的作用。

随着信息化的发展，国内各行各业建设了大量的网络信息系统，信息安全问题变得日益突出。为此，国家制定了两种信息系统安全保护制度，分别为信息安全等级保护制度和涉密信息系统分级保护制度，并制定了一系列相关国家技术标准和法律法规，用来应对信息安全方面的挑战。在实际上，正确运用相关标准，对信息安全工程的正确实施显得尤为重要。

在我国的两种信息系统安全保护制度中，信息系统安全等级保护是一项重要的信息安全保护制度，被保护对象主要是非涉密信息系统，重点是保障信息系统安全。一共分为 5 个保护级别，其划分的主要依据是信息系统在国家安全、经济建设、社会生活中的重要程度，以及信息系统遭到破坏后对国家安全、社会秩序、公共利益以及公民、法人和其他组织的合法权益的危害程度等。其中，第 1 级为最低级，为自主保护级；第 5 级为最高级，为专控保护级。

涉密信息系统分级保护与信息安全等级保护制度相衔接，三个等级的防护水平不低于国家保护的第 3、4、5 级要求。他们两者的关系见表 3.1。

表 3.1　　我国信息安全等级保护制度与涉密信息系统分级保护制度的关系

	信息安全等级保护制度	涉密信息系统分级保护制度
保护对象不同	非涉密信息系统	涉密信息系统
管理体系不同	公安机关	国家保密工作部门
标准体系不同	国家标准（GB、GB/T）	国家保密标准（BMB，强制执行）
级别划分不同	第 1 级：自主保护级	
	第 2 级：指导保护级	
	第 3 级：监督保护级	秘密级
	第 4 级：强制保护级	机密级
	第 5 级：专控保护级	绝密级

信息安全等级保护和分级保护制度为信息安全工程的规范化和标准化提供了法规和标准依据。

3.2.2　网络安全协议

3.7 网络安全协议

3.8 网络安全协议

随着网络技术的不断发展和普及，它越来越深入人心，也正改变着人类的生活习惯，影响人们的学习、工作和生活方式。为了对网络安全进行深入的探讨，必须了解现有的网络体系结构。

根据开放系统互连（Open Systems Interconnection，OSI）参考模型，网络通信协议分为 7 层，包括物理层、数据链路层、网络层、传输层、会话层、表示层和应用层。但是根据传输控制协议 / 互联网协议（Transmission Control Protocol/Internet Protocol，TCP/IP），网络通信协议则分为四层，分别为链路层、网络层、运输层和应用层。目前也有很多专家把 OSI 和 TCP/IP 结合起来，把网络通信协议分为五层。这种划分方式既与现实中网络体系结构贴近，又利于向学生进行知识点阐述，所以本书就采取了这个观点。

此种体系结构把网络通信协议分为以下 5 层：

（1）物理层（Physical Layer）。是计算机体系结构的最底层，通过光纤、电缆、网线、无线电波等物理方式把计算机接入网络。负责完成计算机网络中最基础的任务，即通过高低电压发送二进制信息，传输 0 和 1 信号。

（2）链路层（Data Link Layer）。也称作数据链路层或网络接口层，负责将 IP 数据通过网络发送，或者从网络上接收物理帧，取出 IP 数据交给网络层。数据链路层主要有三个目的：①为 IP 模块发送和接收 IP 数据报；②为 ARP 模块发送 ARP 请求和接收 ARP 应答；③为 RARP 发送 RARP 请求和接收 RARP 应答。

（3）网络层（Network Layer）。也叫互联网层，处理分组在网络中的活动，主要负责将数据报独立地从信源发送到信宿，解决路由选择、拥塞控制和网络互联等问题。

（4）传输层（Transport Layer）。主要的任务是为两台主机上的应用程序提供端到端的通信。该层的功能包括格式化信息流和提供数据传输。

（5）应用层（Application Layer）。计算机体系结构的最高层，负责处理特定的应用程序细节，提供包括 FTP、SMTP、Telnet 等种类繁多的服务。

在现在的网络中，这五层对网络安全影响的程度不一样，有些弱到可以被视为是没有安全措施。例如，在物理层上只考虑信号，尽量保证可以在远距离进行无差错传输，所以可以视为不需要有安全措施。虽然某些链路层协议也提供较为广泛的安全手段。但是在一般情况下，网络安全的主要关注点是网络层、传输层和应用层，因为大多数的安全措施都是在这 3 层上进行的。

在这 3 层上最重要的安全措施就是各种安全协议，这些安全协议也是接下来要讨论的主要内容，包括 IPSec 协议（网络层）和 SSL/TLS 协议（传输层）。

3.2.2.1　IPSec 协议

由于所有支持 TCP/IP 协议的主机进行通信时，都要经过 IP 层的处理，所以提供了 IP 层的安全性就相当于为整个网络提供了安全通信的基础。因此为了加强互联网的安全性，IETF 于 1995 年制定了 IPSec（Internet Protocol Security）协议，通过对 IP 协议的分组进行加密和认证来保护 IP 协议的网络传输协议族的安全，从而保证 IP 层的安全。截至 1998 年 11 月主要协议已经基本制定完成。IPSec 协议可以保证局域网、专用或公用广域网以及互联网上信息传输的安全。

1. IPSec 协议提供三种不同的形式来保护数据的安全

（1）认证。可以确定所接收的数据与所发送的数据是一致的，同时可以确定申请发送者在实际上是真实发送者，而不是伪装的。

（2）数据完整。保证数据从原发地到目的地的传送过程中没有任何不可检测的数据丢失与改变。

（3）机密性。使相应的接收者能获取发送的真正内容，而无意获取数据的接收者无法获知数据的真正内容。

在 IPSec 协议中，由三个主要协议来提供以上三种保护形式：①认证头（Authentication Header，AH）协议，为 IP 数据提供无连接数据完整性、消息认证以及防重放攻击保护；

②封装安全载荷（Encapsulating Security Payload，ESP）协议，提供机密性、数据源认证、无连接完整性、防重放和有限的传输流机密性；③互联网密钥交换（Internet Key Exchange，IKE）协议，提供算法和数据包，提供 AH 协议和 ESP 协议所需要的参数。

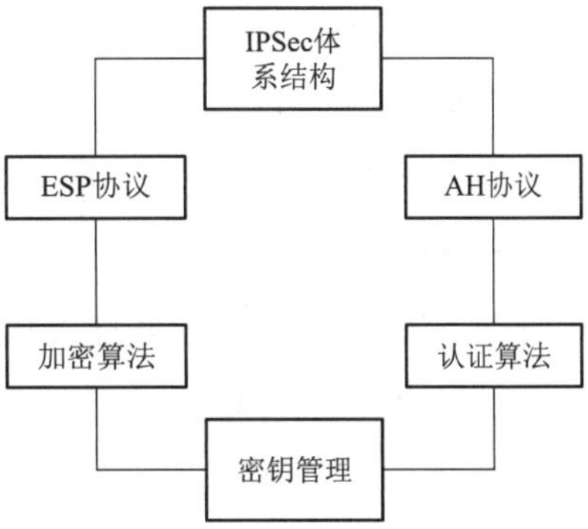

图 3.2 IPSec 体系结构

2. IPSec 协议的组成部分

IPSec 协议将几种安全协议结合在一起组成一个完整的安全体系，包括安全协议部分和密钥协商两部分。如图 3.2 所示。

（1）安全关联和安全策略。安全关联（Security Association，SA）是构成 IPSec 协议的基础，是两个通信实体经协商建立起来的一种协定，它们决定了用来保护数据安全的安全协议（AH 协议或者 ESP 协议）、转码方式、密钥及密钥的有效存在时间。

（2）IPSec 协议的运行模式。IPSec 协议的运行模式有两种，即隧道模式和传输模式。通常情况下，只要 IPSec 协议双方有一方是安全网关或路由器，就必须使用隧道模式。其特点是数据包最终的目的地不是安全的终点。通常情况下，传输模式只用于两台主机之间的安全通信。

（3）认证协议头（AH）是在所有数据包头加入一个密码。正如整个名称所示，AH 通过一个只有密钥持有人才知道的“数字签名”来对用户进行认证。这个签名是数据包通过特别的算法得出的独特结果；AH 还能维持数据的完整性，因为在传输过程中无论多小的变化被加载，数据包头的数字签名都能把它检测出来。不过由于 AH 不能加密数据包所加载的内容，因而它不保证任何的机密性。两个最普遍的 AH 标准是 MD5 和 SHA-1，MD5 使用最高到 128 位的密钥，而 SHA-1 通过最高到 160 位密钥提供更强的保护。

（4）安全加载封。装（ESP）通过对数据包的全部数据和加载内容进行全加密来严格保证传输信息的机密性，这样可以避免其他用户通过监听来打开信息交换的内容，因为只有受信任的用户拥有密钥打开内容。ESP 也能提供认证和维持数据的完整性。最主要的 ESP 标准是数据加密标准（DES），DES 最高支持 56 位的密钥，而 Triple-DES 使用三套密钥加密，那就相当于使用最高到 168 位的密钥。由于 ESP 实际上加密所有的数据，因而它比 AH 需要更多的处理时间，从而导致性能下降。

（5）密钥管理包括密钥确定和密钥分发两个方面，最多需要四个密钥：AH 和 ESP 各两个发送和接收密钥。密钥本身是一个二进制字符串，通常用十六进制表示，例如，一个 56 位的密钥可以表示为 5F39DA752E0C25B4。注意全部长度总共是 64 位，包括 8 位的奇偶校验。56 位的密钥（DES）足够满足大多数商业应用了。

因此，IPSec 协议可以为 IP 网络通信提供透明的安全服务，保护 TCP/IP 通信免遭窃听和篡改，保证数据的完整性和机密性，有效抵御网络攻击，同时保持易用性。

3.2.2.2 SSL/TLS 协议

传输层安全协议（Transport Layer Security，TLS）的前身安全套接层（Secure Socket Layer，SSL）是一种安全协议，由 Netscape 公司于 1994 年研发，它建立在 TCP 协议栈的传输层，用于保护面向连接的 TCP 通信，应用层协议可以在其上透明地使用 SSL 提供的功能。从而为互联网通信提供安全及数据完整性保障。

1999 年，因特网工程任务组（Internet Engineering Task Force，IETF）在 SSL v3.0 的基础上设计了 TLS 协议，公布了第 1 版 TLS 标准文件，即 TLS v1.0（RFC 2246）。随后又于 2008 年公布了 TLS v1.2（RFC 5246），以及 2018 年公布了 TLS v1.3（RFC 8446）。在万维网的各种网络应用程序（但不限于万维网应用程序）中广泛支持这个协议。目前已成为互联网上保密通信的工业标准。

虽然工作在传输层，SSL/TLS 协议在结构上可分为两层，上层的 SSL/TLS 握手协议和下层的 SSL/TLS 记录协议。

（1）SSL/TLS 记录协议（SSL/TLS Record Protocol）。它建立在可靠的传输层协议（如 TCP）之上，用于对传输、接收的数据或消息进行处理，包括构造或拆解 SSL 数据包、加密或解密、压缩或解压缩、数据的分段和组合等基本功能。

（2）SSL/TLS 握手协议（SSL/TLS Handshake Protocol）。它建立在 SSL/TLS 记录协议之上，允许客户端和服务器相互认证，并协商加密和 MAC 算法，以及用于保护数据使用的密钥通过 SSL 记录传送。握手协议在任何应用数据被传输之前使用。握手协议由客户端和服务器之间的一系列消息交换组成。

从协议使用方式来看，又可以分成两种类型：

（1）SSL/TLS 单向认证。即客户端会认证服务器端身份，服务器端不会对客户端进行验证。

1）客户端发起连接请求。请求包括客户端支持的最高 SSL 协议、密码套件列表、压缩算法列表、随机数和会话 ID 等。

2）服务器端返回消息。返回的消息包括 SSL 协议（客户端支持的较低版本，同时是服务器端支持的最高版本），服务器端从客户端提供的可选方案中选定唯一一组密码套件、压缩算法、随机数等，以及服务器证书。服务器证书里有服务器公钥和数字签名。

3）客户端通过本地的 CA 证书验证服务器证书的合法性。主要验证服务器证书是否过期，返回的公钥是否能解开服务器证书的数字签名以及服务器证书上的域名是否和服务器的实际域名相匹配。验证通过后通信继续，否则通信终止。

4）客户端向服务器端发送自己支持的对称加密算法列表，供服务器进行选择。

5）服务器端在客户端提供的加密方案中选择加密程度最高的算法，并将选定好的加密方案通过明文方式返回给客户端。

6）客户端接收到服务器端返回的加密方案后，生成随机码，用服务器端的公钥进行加密，然后将加密后的随机码发送至服务器端。

7）服务器端收到客户端返回的加密信息后，使用自己的私钥进行解密，获得对称加密的密钥。

在接下来的数据传输中，双方就可以使用该密钥进行对称加密，开始安全通信过程了。

（2）SSL/TLS 双向认证。客户端和服务器端都会相互认证，即双方之间要证书交换。

1）客户端发起连接请求。请求包括客户端支持的最高 SSL 协议、密码套件列表、压缩算法列表、随机数和会话 ID 等。

2）服务器端返回消息。返回的消息包括 SSL 协议（客户端支持的较低版本，同时是服务器端支持的最高版本），服务器端从客户端提供的可选方案中选定唯一一组密码套件、压缩算法、随机数等，以及服务器证书。服务器证书里有服务器公钥和数字签名。同时，服务器端向客户端请求证书。

3）客户端通过本地的 CA 证书验证服务器证书的合法性。主要验证服务器证书是否过期，返回的公钥是否能解开服务器证书的数字签名以及服务器证书上的域名是否和服务器的实际域名相匹配。验证通过后通信继续，否则通信终止。

4）客户端向服务器端发送客户证书以及客户端支持的对称加密算法列表，供服务器进行选择。

5）服务器端验证客户证书，通过验证后获得客户端公钥，否则拒绝连接。服务器在客户端提供的加密方案中选择加密程度最高的加密算法，并将选定好的加密方案通过客户端公钥加密后返回给客户端。

6）客户端接收到服务器端返回的加密方案后，使用客户端私钥进行解密，生成随机码，用服务器端的公钥进行加密，然后将加密后的随机码发送至服务器端。

7）服务器端收到客户端返回的加密信息后，使用自己的私钥进行解密，获得对称加密的密钥。

在接下来的数据传输中，双方就可以使用该密钥进行对称加密，开始安全通信过程了。

3.2.3 蜜罐主机与欺骗网络防御

3.9 ⓔ 蜜罐主机与欺骗网络防御

3.2.3.1 蜜罐（Honeypot）技术的发展背景

网络与信息安全技术的核心问题是对计算机系统和网络进行有效的防护。网络安全防护涉及面很广，有被动的方式，就是在攻击者对网络进行攻击时对系统进行被动的防护。例如防火墙技术、入侵检测技术、病毒防护技术、数据加密和认证技术等。也有主动的方式，例如蜜罐（Honeypot）技术。顾名思义，该技术就是通过一些特殊配置来引诱潜在的攻击者并捕获他们的踪迹，类似于捕鼠器。

3.10 ▶ 蜜罐主机与欺骗网络防御

3.2.3.2 蜜罐（Honeypot）的基本概念

1. Honeypot 的产生

知己知彼，百战不殆。Honeypot 设计的初衷就是为了让攻击者入侵，借此收集证据，同时隐藏真实的服务器地址。从而达到更好地防御网络攻击的目的。因此 Honeypot 系统应运而生。

2. Honeypot 的定义

实际上，Honeypot 是一个专门为了被攻击或入侵而设置的欺骗系统。它的价值在于被探测、攻击和损害。Honeypot 系统既不威胁公司机密，还可以对攻击者产生巨大的诱惑力。也就是说在网络上放置一台表面上像普通机器的计算机，但这台计算机实际上具有一些特殊的配置（其系统是包含漏洞的系统），可以用来引诱潜在的攻击者并捕获他们的踪迹，就像钓鱼的诱饵一样。但是这台计算机并不用来抓获攻击者，只是想在其不知情的情况下，观察他是如何工作的。由于 Honeypot 系统没有其他的任务，所以所有连接的尝试都被视为是可疑的。一旦攻击者进入 Honeypot，其滞留的时间越长，那么其使用的技术就暴露得越多，而这些信息可以被网络管理员用来分析攻击者的技术水平，了解他们使用的攻击工具，并且通过学习他们的攻击思路及方法，用来更好地保护自己的系统和网络。同时，Honeypot 系统还允许防护者跟踪入侵者的行动，以便在被入侵攻击之前可以及时弥补或修补系统可能存在的安全漏洞。

3. Honeypot 的设置

Honeypot 系统由一台不作任何安全防范措施且连接网络的计算机和一套网络监控系统组成。其位置应当根据具体情况而定，如果主要是抵御外部攻击，就应放在防火墙外部的非敏感（DMZ）区，如果为防御内部攻击就可分散在各子网中。使用 Honeypot 安全策略防范攻击的网络架构，如图 3.3 所示。

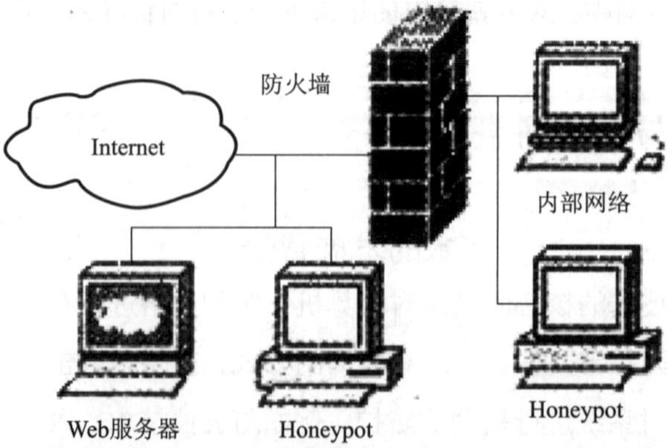

图 3.3 使用 Honeypot 安全策略防范攻击的网络架构

3.2.3.3 Honeypot 的作用

Honeypot 的作用主要有数据的收集和资源的获得。

1. 数据的收集

Honeypot 最主要的作用是数据的收集，Honeypot 收集到的数据量虽然不多，但是其所收集到的数据都是具有极高价值的。虽然也有一些软件可以收集到入侵者留下的痕迹，但是其收集的数据不如 Honeypot 所收集的全，因为 Honeypot 系统不仅能够收集到入侵者的网络活动，还可以收集到攻击者在获得一个系统的权限时的活动情况。

2. 资源的获得

Honeypot 还有另一个优势就是可以获得其他工具无法获得的资源。当一个 Honeypot 被攻击者控制后，这个系统就会发生改变。因为攻击者肯定会采取一系列措施来保证他对这个系统的拥有权。这些措施包括留下后门，或者利用其他可以威胁到系统安全的工具。这些措施会被 Honeypot 观测并且分析，具有很高的研究价值。

3.2.3.4 Honeypot 的意义

Honeypot 之所以能够监视攻击者的所有活动，主要体现在以下几个方面。

（1）Honeypot 可以把被动攻击变成主动攻击。传统意义上的信息安全都是被动防御，比如防火墙、入侵检测系统等。它们都只能对已知的攻击进行响应，不能预防未知的攻击。但是 Honeypot 与其完全相反，它可以诱惑或欺骗攻击者，让他们先攻击 Honeypot 而不是实际的工作系统。并且从捕获的数据中能够学习攻击者的工具、方法和动机，了解他们入侵一个系统后会做什么，这样就能够更好地了解所面临的威胁，而且也赢得了研究对策的时间。

（2）Honeypot 可以让人们认识到自身网络的安全风险和脆弱性。利用 Honeypot 的审计、跟踪和现场记录功能，记录并反馈网络异常事件的实例。通过对这些实例的分析，就能充分认识到网络系统中存在的安全风险和脆弱性，并能有针对性地研究解决方案，增加系统的抗攻击能力。

（3）Honeypot 可以提高事件检测、响应能力。当一个系统被入侵后，机器上的数据和它的网络连接也遭到侵害。对损害的程度进行评估并不是一件简单的事情，因为不知道攻击者都进行了哪些攻击，只能一项一项进行检测，需要花大量的人力和物力。但是通过对 Honeypot 所捕获的数据进行分析，就可以节省大量的人力和物力，也可以大大提高事件响应人员的业务水平，从而可以提高检测、响应、恢复和分析受侵害系统的能力。

（4）Honeypot 能够高效地收集攻击者犯罪证据。在实际工作网络中，正常的数据流量是很大的，要从这么大量的数据中心找到被攻击的证据是很难的。而且当系统被入侵以后，正常的网络活动还在继续，就会导致证据被污染，所以在这种环境中很难收集证据。但是

Honeypot就不一样了，因为它不提供真实的服务，就是用来收集与攻击者有关的信息，信息单纯且量不大，所以就可以很迅速地找到纯净的犯罪证据，必要时就可以对攻击者采取起诉措施。

（5）Honeypot提供了一个良好的追踪环境。一般来说，实际工作网络通常在被攻击者攻击后都会切断攻击者与系统的网络连接并恢复系统，因此，没有足够的时间去搜索攻击者的更多信息。但是由于Honeypot中没有敏感数据，如果发现有攻击者进入，不必断开连接，反而利用各种技术欺骗他，让他在系统中长时间地逗留，因为待的时间越长，就可以收集越多的信息。

3.2.3.5 Honeypot的核心技术

Honeypot技术主要包括欺骗技术、报警技术、信息捕获技术以及信息控制技术。

1. 欺骗技术

（1）欺骗空间技术。该技术是通过增加搜索空间来增加入侵者的工作量以达到安全防护的目的。这种技术能使一台主机拥有众多的IP地址，而且每个IP地址还有对应的MAC地址。这些IP地址还都放置了伪造网络服务的系统。因此攻击者要花费大量的时间和精力来判断诸多服务的真伪，而且欺骗服务更容易被扫描器扫描，因此大大减小了真正的网络服务被扫描的可能性。

（2）网络动态配置。为了不被攻击者发现Honeypot是非实际的工作网络，那么Honeypot就要模拟实际工作网络的动态改变性，因此需要动态改变网络的配置，使其能反映出真实系统的特性。例如办公室的计算机下班后会关机，Honeypot也要一样关机，还要考虑节假日等特殊时间段。这样Honeypot才不会在攻击者面前暴露。

（3）攻击行为重定向。当Honeypot发现可疑行为时，会将检测结果通知重定向子系统，当认为是攻击行为时，重定向子系统就会断开攻击者与实际工作系统的连接并把流入数据导向Honeypot。显然这种切换要快速、可靠，否则攻击者就会察觉，并造成损失。

2. 报警技术

这是Honeypot必备的功能。当系统被攻击时能够通知网络管理员，以便进行实时的监视和跟踪。

3. 信息捕获技术

即在攻击者不知情的情况下，捕获攻击者的输入/输出信息包、键击和屏幕捕获等尽可能多的信息，以便从中分析其入侵方法、策略和目的。并且这些信息不能放置在Honeypot主机上，而是放在远程安全的主机上，否则很容易被攻击者发现，进而销毁所捕获到的记录。

4. 信息控制技术

为了避免攻击者将Honeypot作为跳板去攻击其他系统，就要对攻击者的行为进行规则上的定义，规定他们能做的事情和不能做的事情。这关键在于如何控制数据流而不被攻击者怀疑。攻击者进入后往往会要求建立网络连接，以便传送工具包、建立IRC连接、发送E-mail等，这正是要分析的内容，因此必须给他做这些事情的权利，但是要对这些行为很好的控制，以免实际的工作网络被攻击。

3.2.4 虚拟专用网防御技术

3.11 虚拟专用网防御技术

3.12 虚拟专用网防御技术

3.2.4.1 虚拟专用网安全技术

虚拟专用网（Virtual Private Network，VPN），是指在公用网络上建立一个临时、安全且稳定的隧道，保证数据的安全传输。这里的公共网络主要指互联网。

顾名思义，VPN 不是真的网络，但能够实现专用网络的功能。VPN 是依靠 ISP（互联网服务供应商）和其他 NSP（网络服务供应商），在公用网络中建立专用的数据通信网络的技术。在 VPN 中，任意两个节点之间的连接并没有传统专用网所需的端到端的物理链路，而是利用某种公众网的资源动态组成的。IETF 草案理解基于 IP 的 VPN 为：使用 IP 机制仿真出一个私有的广域网是通过私有的隧道技术在公共数据网络上仿真一条点到点的专线技术。

所谓虚拟，是指用户不再需要拥有实际的长途数据线路，而是使用互联网公众数据网络的长途数据线路。所谓专用网络，是指用户可以为自己制定一个最符合自己需求的网络。

目前 VPN 主要采用以下五项技术来保证安全，分别包括隧道技术、加密解密技术、密钥管理技术、QoS 技术和身份认证技术。

1. 隧道技术

隧道技术是 VPN 的基本技术，类似于点对点的连接技术，它就是在公用网络上建立一条数据通道（隧道），让数据包通过这条隧道安全传输。

隧道是由隧道协议形成的，分为第二、三层隧道协议。第二层隧道协议是先把各种网络协议封装到 PPP 中，再把整个数据包装入隧道协议中。这种双层封装方法形成的数据包靠第二层协议进行传输。第二层隧道协议主要有 L2F、PPTP、L2TP 等。目前 IETF 的标准是 L2TP 协议，它由 PPTP 与 L2F 两种协议融合而成。

第三层隧道协议是把各种网络协议直接装入隧道协议中，形成的数据包依靠第三层协议进行传输。第三层隧道协议主要包括 VTP、IPSec 等。IPSec 在第 3.2.2.1 节已经介绍过。

2. 加密解密技术

数据加密的基本思想是通过变换信息的表示形式来伪装需要保护的敏感信息，使非授权者不能了解被保护信息的内容。

加密技术可以在协议栈的任意层进行，可以对数据或报文头进行加密。在网络层中的加密标准是 IPSec。网络层加密实现有两种方法，第一种是从终端到终端进行加密，这是最安全的加密方法；另一种是隧道模式，即加密只在路由器中进行，而终端与第一条路由之间不加密。但是这种方法不太安全，因为数据从终端系统到第一条路由时可能被截取而危及数据安全。第一种加密方法中，VPN 安全粒度可以达到个人终端系统的标准；第二种方法中，VPN 安全粒度只能达到子网标准。但是目前还没有统一的加密标准，取决于生产厂家和客户的要求。

加密技术是一种比较成熟的技术，VPN 可以直接利用现有的加密技术，有关加密技术的介绍可以看第 3.3 节。

3. 密钥管理技术

密钥管理技术的主要目的是确保在公用数据网上传递的密钥不被攻击者窃取。现行密钥管理技术又分为 SKIP 与 ISAKMP/OAKLEY 两种。SKIP 主要利用 Diffic-Hellman 的演算法则，在网络上传输密钥；在 ISAKMP/OAKLEY 中，双方都有两把密钥，分别用于公用网络和个人网络。

4. QoS 技术

通过隧道技术和加密技术，虽然已经能够建立一个具有安全性、互操作性的 VPN，但是该 VPN 缺乏稳定性。这时，就需要 QoS 技术了。实行 QoS 技术，可以确保在主机网络建立一条安全、稳定且符合用户要求的隧道。

网络资源是有限的，有时用户要求的网络资源得不到满足，通过 QoS 机制对用户的网络资源分配进行控制以满足应用的要求。

网络管理员基于一定的政策进行 QoS 机制配置。政策组成包括：政策数据，如用户名；有权使用的网络资源；政策决定点；政策加强点以及它们之间的协议。

5. 身份认证技术

身份认证技术最常用的是使用者名称与密码或卡片式认证等方式。

3.2.4.2 VPN 综合应用

1. VPN 与 Windows 防火墙

防火墙能够在可信任的内部网络和不可信任的外部网络之间架构一道安全屏障，只允许被授权的用户或数据通过，而非授权用户或非法数据将会被拒之门外。可以有两种方法在 VPN 服务器上使用防火墙。

（1）VPN 服务器位于防火墙之前。这时，用户就需要在互联网接口上添加一个报文过滤器，只允许那些到达或者来自互联网 VPN 服务器接口 IP 地址的 VPN 流量流动。对于输入流量，隧道数据被 VPN 服务器解密之后将被转发给防火墙，防火墙再利用过滤器来允许流量转发给内部网中的资源。由于在 VPN 服务器上通过的流量仅仅是被已验证的 VPN 用户所产生的流量，所以在这个过程中执行的防火墙过滤功能可以用来防止 VPN 用户访问某些特定的内部网资源。由于允许在内部网中通过的互联网流量必须经过 VPN 服务器，因此这个过程也会阻止非 VPN 互联网用户对 FTP 或者 Web 内部网资源的共享。

（2）VPN 服务器在防火墙之后。这是较为常见的方式，防火墙直接连接到互联网上，而 VPN 服务器则连接到非敏感区（Demilitarized Zone，DMZ）的另一个内部网资源上。DMZ 是一个 IP 网关，通常包含有互联网用户可以访问的网络资源。VPN 服务器有两个接口，一个在 DMZ 上，另一个在内部网上。在这种方式中，防火墙必须在配置两个过滤器，输入过滤器和输出过滤器，用来允许到达 VPN 服务器的隧道维护流量与隧道数据通过。其他的过滤器可以用来允许到达 Web 服务器、FTP 服务器以及 DMZ 上其他类型服务器流量的流通。

因为防火墙没有单独为每一个 VPN 连接提供密钥，所以它只能对隧道数据的明文头部进行过滤，也就是说所有的隧道数据都可以通过防火墙。显然这并不是一种安全通信的方法，因此 VPN 连接需要有一个验证过程来阻止对 VPN 服务器的非法访问。

2. VPN 与网络地址翻译器

网络地址翻译器（Network Address Translator，NAT）是一种能翻译报文的 IP 地址与 TCP/UDP 端口号的 IP 路由器。如果某公司想将多台计算机连接到互联网上，通常情况下，每台计算机都必须在网络上获取一个公共地址。但是如果利用 NAT，就不需要那么多个公共地址了，因为它可以在小型商务网的网段上使用专用地址，然后利用 NAT 将专用地址映射到 ISP 所分配的一个或多个 IP 地址上。

3.2.4.3 VPN 协议

1. 基于数据链路层的 VPN 协议

基于数据链路层的 VPN 技术属于强制的 VPN 封装技术，包括 PPTP 协议和 L2TP 协议。

（1）PPTP 协议。点对点隧道协议（Point-to-Point Tunneling Protocol，PPTP）是一个流行的互联网协议，它提供 PPTP 客户机与 PPTP 服务器之间的加密通信，允许公司使用专用的隧道，通过公共网络来扩展公司的网络。PPTP 对数据进行封装和加密，从而可以通过互联网实现多功能通信。换句话说，就是通过 PPTP 的封装和隧道服务，使非 IP 网络可以获得进行互联网通信的优点。

PPTP 协议数据的隧道化采用多层封装的方法：初始 PPP 有效载荷经过加密

后，添加 PPP 报头，封装形成 PPP 帧；PPP 帧再进一步添加 GRE 报头，经过第二层封装形成 GRE 报文；使任何链路层数据都可以在 IP 网络中传输，第三层封装是在 GRE 报头外再添加 IP 报头，IP 报头包含数据包源地址和目的地址；最后根据物理网络进行相应的数据链路层封装。PPTP 通过 TCP 控制连接来创建、维护和终止一条隧道。

（2）L2TP 协议。第二层隧道协议（Layer Two Tunneling Protocol，L2TP）是 PPTP 与 L2F 的一种综合，对需要在 IP、X.25、帧中继或 ATM 等网络上传送的 PPP 帧进行封装。当 L2TP 帧在 IP 互联网上发送时，L2TP 帧被封装成用户数据报协议（User Datagram Protocol，UDP）消息。可以使用 L2TP 作为互联网或者专用网络的隧道协议。L2TP 使用 IP 互联网 UDP 消息进行隧道维护与产生隧道数据。被封装后的 PPP 帧有效地载荷可以被加密或者被压缩，或者同时进行这两个动作。

PPTP 与 L2TP 最大的优点是简单易行，对于微软操作系统用户来说很方便。它们最大的缺点是安全强度差，没有强加密和认证支持，不支持外联网 VPN。

2. 基于网络层隧道的 VPN 协议

（1）GRE 协议。通用路由封装（Generic Routing Encapsulation，GRE）是通过路由封装协议，可以对某些网络层协议的数据进行封装，使这些被封装的数据能够在网络中传输。它由以下三个不同部分组成。

1）传递数据头。这是把分组从一个网络传输到另一个网络的传输工具。通常，传输数据头是一个标准的 IP 数据头。

2）GRE 数据头。这个组件传送和有效负载分组有关的信息，如是否排序、加密分组等。

3）有效负载分组。这是用于 GRE 分组的乘客协议。乘客协议可以是任何协议，比如 IPX、IP 等。

（2）IPSec 协议。此协议产生于 IPv6 的制定之中，通过把自己的安全协议头增加到每一个 IP 包来保证 IP 包所提供的数据是安全和完整的。

IPSec 的工作模式包括传输模式和隧道模式。

1）传输模式。是在两个主机之间建立 IPSec 虚拟安全通道，它并不会对原 IP 进行改变，只是在原 IP 和数据之间插入一个 IPSec 安全协议头，然后对后面的数据部分进行加密。

2）隧道模式。是对原 IP 的整个数据包进行封装和加密保护，既添加自己的安全协议头，也不暴露原 IP 信息，这种模式使得数据传输更加安全。隧道模式一般在点和点之间建立连接安全通道，两个站点下面的私有 IP 可以利用安全隧道进行通信。

（3）IPSec L2TP 协调实施。可以提供用户验证、交互计算机验证、加密、数据验证以及数据完整性保护的功能。

3.3 密钥管理技术

案例导读

恺撒的密信

加密术最早应用于古代战争，当时是靠士兵随身携带的信件来传递情报，但总是免不了被敌方俘虏，使情报落入敌手，这对作战部队而言可是生死攸关的大事。传说当时的恺撒大帝有一个能加密的办法，就在写命令前做一个对应表，明码：A B C D E F…W X Y Z，密码：D E F G H I…Z A B C，如果他想写 BABY，就用 EDEB 来表示。

当大将收到了 EDEB 这个密码后，向前推 3 个字母，就得到了明文。这个对应表的移位数是 3，当然是别的数也可以，作战前由恺撒定好移位数后通知大将们，战时就可以进行保密通信了。这种加密方式其实就是把坐标系横移了 3 格。但是，这种简单的加密方法也很容易被敌方猜到，敌人从 1 到 25 推 25 次，得到 25 组新编码，必有一种编码是真实的情报内容，把这组编码区别出来非常容易，因为其他 24 组都是毫无意义的字母组合，只有这一组是有意义的句子，找个识字的人就可以看得出来。经过一段时间的改进后，逐步形成了著名的恺撒密码。

3.3.1 基本概念

3.13 ⓔ 密钥管理技术基本概念

3.14 ▶ 密钥管理技术基本概念

密码学（Cryptology）是以研究秘密通信为目的，对所要传送的信息采取一种秘密保护，以防止第三者对信息窃取的一门学科。密码学作为数学的一个分支，包括密码编码学（Cryptography）和密码分析学（Cryptanalysis）两部分。密码编码学是研究加密原理与方法，使消息保密的技术和科学，它的目的是伪装消息内容。密码分析学则是研究破解密文的原理与方法。密码分析者（Cryptanalyst）是从事密码分析的专业人员。

采用加密的方法伪装消息，使得未授权者不可理解。被伪装的原始消息（Message）称为明文（Plaintext）。将明文转换为密文过程称为加密（Encryption），加了密的消息称为密文（Ciphertext），而把密文转变为明文的过程称为解密（Decryption）。加密解密过程如图 3.4 所示。从明文到密文转换的算法称为密码（Cipher）。把一个加密系统采用的基本工作方式叫作密码体制（Cryptosystem）。实际上在密码学中见到“系统或体制”（System），“方案”（Scheme）和“算法”（Algorithm）等术语本质上是一回事，在本书中我们也使用这些术语。加密和解密算法通常是在一组密钥（Key）控制下进行的，分别称为加密密钥和解密密钥。如果加密密钥和解密密钥相同，则密码系统为对称密码系统。

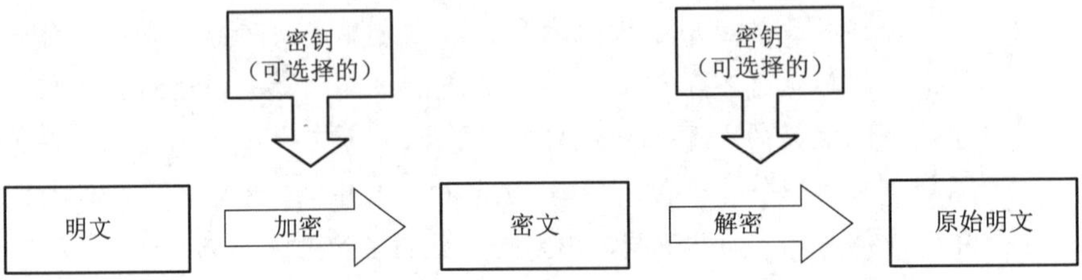

图 3.4　加密解密过程

3.3.2　数据加密标准

3.15 数据加密标准

3.16 数据加密标准

1977 年 1 月，美国政府将 IBM 研制的一种乘积密码宣布为国家的数据加密标准。这个标准的确立刺激了很大一批厂商去实现加密算法的硬件化，以提高处理速度。这种密码术的核心是乘积变换，在硬件产业中常常简称为 DES（Data Encryption Standard）。DES 算法多年来被用来保护金融、个人及企业的数据，不过随着使用时间变长，研究人员对它的质疑也越来越多。

3.3.2.1　DES 算法概述

DES 算法在 20 世纪 70 年代由 IBM 公司开发，主要提供给美国国家标准技术研究院（National lnstitule of Standards and Technology，NIST），也就是后来的美国国家标准局（National Bureau of Standard，NBS）。DES 算法将替换和置换细致而复杂地结合起来，算法的健壮性基于这两种技术的重复应用，一个紧接着一个，共 16 次循环。通过 16 次反复替换和置换追踪单独的一位，其复杂性使得普通的研究者最多能发现算法的一些一般性质。

该算法首先将明文分块，每块 64 位。密钥也是 64 位，但实际上它可以是任意 56 位数字（多余的 8 位通常作为校验位，并不影响加密）。当用户对旧密钥的安全性不确定时，可以随意地改变密钥。DES 只使用了标准的算术和逻辑运算，因此适合在目前大多数的计算机上用软件来实现。用DES加密要经过16次循环，每次包括整块分组的交换（这一步称为替换）、打乱每位数据（这一步称为重排），还有从密钥取几位进行混淆（这一步称为密钥变换）。尽管复杂，但该算法具有复用性，因此它也适合在专用芯片上实现。实际上，市面上已经有很多芯片可作为DES加密设备的基本部件。

3.3.2.2 高级加密标准 AES

随着对称密码的发展，DES数据加密标准算法由于密钥长度较小（56位），已经不适应当今分布式开放网络对数据加密安全性的要求，因此1997年NIST公开征集新的数据加密标准，即AES。经过三轮的筛选，比利时Joan Daeman和Vincent Rijmen提交的Rijndael算法被提议为AES的最终算法。此算法将成为美国新的数据加密标准而被广泛应用在各个领域中。尽管人们对AES还有不同的看法，但总体来说，AES作为新一代的数据加密标准汇聚了强安全性、高性能、高效率、易用和灵活等优点。AES设计有三个密钥长度：128、192和256位，相对而言，AES的128密钥比DES的56密钥强1021倍。AES算法主要包括三个方面：轮变化、圈数和密钥扩展。

AES是一个新的可以用于保护电子数据的加密算法。明确地说，AES是一个迭代的、对称密钥分组的密码，它可以使用128、192和256位密钥，并且用128位（16字节）分组加密和解密数据。与公共密钥密码使用密钥对不同，对称密钥密码使用相同的密钥加密和解密数据。通过分组密码返回的加密数据的位数与输入数据相同。迭代加密使用一个循环结构，在该循环中重复置换（Permutations）和替换（Substitutions）输入数据。

知识拓展

1. 门限方案

1979年，Shamir和Blakey分别独立地提出了秘密共享的概念，提供了一种解决密钥管理中密钥泄露和遗失问题的方法，为网络通信中关键信息的安全管理提供了一种新思路。具体地说，秘密共享是指多个参与者之间共享秘密的策略，设为参与者的集合，为每个参与者通过一定共享方案计算得到的信息的集合，其中由参与者秘密保存，称为一个份额或者影子，只有某些特定的子集集合能利用其掌握的份额集合重构秘密，这些子集构成的集合被称为访问结构或者存取结构。

Shamir提出秘密共享概念的同时，也分别给出了（k, n）门限秘密共享体制的概念。简单地说，设秘密通过秘密共享算法分发给每个成员共享，每一个成员特有一个子密钥也称为影子或秘密碎片，如果满足：

（1）任何不少于k个的合格成员通过所持有的正确的碎片都可以重构。

（2）任何k个以下的成员集都无法重构。

我们称这种方案为（k, n）门限秘密共享方案，简称为门限方案，

k 称为方案的门限值。作为各种秘密共享方案中最简单实用的门限秘密共享方案，(k, n) 门限秘密共享方案也是这些方案中最具有代表性和广泛应用的方案。

2. 电子货币系统

电子货币是以金融电子化网络为基础，以商用电子化机具和各类交易卡为媒介，以电子计算机技术和通信技术为手段，以电子数据（二进制数据）形式存储在银行的计算机系统中，并通过计算机网络系统以电子信息传递形式实现流通和支付功能的货币。

电子货币至少应当满足以下 3 个要求：

（1）独立性。电子货币不与其他任何物理介质绑定，可以通过网络传输。

（2）安全性。防止伪造、复制和重复使用。

（3）隐私性。包括匿名性和不可追踪性。

按照支付过程中是否需要发行者的授权，可分为在线电子货币和离线电子货币。具有离线支付能力的电子货币在支付过程中无须与发行者联系，在这种情况下，由于缺乏银行体系的审验和控制，如何防止用户在不同的商店使用同样的电子货币变成了一个复杂的问题。因此，需要使用专用的密码系统来建立电子货币的运行体系。

电子货币的使用分为发行、流通和回收三个阶段，其中流通阶段包含提款协议、支付协议，回收阶段由存款协议构成。

3.3.3 密钥保护

3.3.3.1 密钥保护要求

通常来说，在整个生命周期内（从密钥的产生到终结），都需要对密钥进行保护。如果密码运算是在多用户的系统中完成的，那么密钥就会被可以阅读内存或交换空间的人读到。密钥或其明文本身，也可以被能修改加密解密程序的人或支持工具获得。如果这些人是不可信的，那么密钥就会变得不安全。因此，除了公钥密码系统中的公钥外，所有密钥都需要保密。

在实际中，其实最安全的存储办法，是用安全的物理办法存储密钥。所谓安全的物理办法就是把密钥放在物理上安全的地方。如果一个密钥无法用物理的办法进行安全保护，那么密钥就已经不安全了。因此，为了保证密钥在整个生命周期都是安全的，就需要采用专门的安全服务器、IC卡等方式来保护密钥以及相关的PIN、口令、证书等敏感信息的安全。同时，还应考虑紧急情况下的特殊需要。

3.17 密钥保护

3.18 密钥保护

3.3.3.2 硬件密码模块

密码器件必须具有对抗物理探测和逻辑测试的具体措施，从硬件、软件等几个方面采取深度防护措施，以对抗来自物理探测、逻辑测试带来的威胁，从而保证其本身是一个安全的计算平台。主要的威胁有以下几方面。

1. 直接盗用

在以前，都使用可编程只读存储器（Programmable Read-Only Memory，PROM）模块来存储主密码，操作人员可以将 PROM 带回家并用其他普通的设备读取出来。所以，为了防止主密码被直接盗用，就采用分割方法，即把主钥匙因子分别存储到两个或三个 PROM 中，真正的主密钥是所有这些部件中主密钥因子的异或（XOR）。还有更安全的方法，就是把主钥匙设为这些因子的散列函数。

随着现代社会的发展，为了防止密钥被直接盗用，当前最通常的做法是：在商家制造出某个产品之后，在将其分发给最终用户之前，使用秘密分割方案存储那个经某个安全的设备产生出的主密钥。

2. 物理威胁

物理威胁指通过物理探测或更改，以获取集成电路卡的设计信息和操作内容。为此，可使用环氧树脂固体组件这样的物质将设备的核心部分（如篡改传感器、保密机、处理器、密钥内存、警报电路）与服务部件如电池等分隔开，用来对抗某些维修员工使用切割和打钻等物理手段对密码模块发起的攻击。

3. 逻辑威胁

逻辑威胁指通过逻辑测试，攻击者利用内存线性攻击法，通过反复插入选定的数据，分析相应的输出结果，推测内存的密钥材料，从而截获集成电路卡安全功能的信息。例如，攻击者使用探针，利用 RSA 和 DES 等计算过程中不同的使用时间和能量消耗的特点来推测内部密码。

为此，可使用报警电路来防御攻击者的内部探测行为，一般有两种模式：第一种模式是将报警电路与外壳联动，当打开某些安全硬件模块的金属外壳时，需要拉动电源开关，从而切断密钥内存的电源供应，此时，内存中的密钥内容可立即归零。另一种模式是将报警电路网嵌入到一个环氧树脂表面，当检测到攻击者有打孔、蚀刻、激光消融等破坏电路网的行为时，密钥内容就会自动清除。目前比较安全的是 IBM4753，它使用了具有更强检测性能的金属屏蔽器，金属屏蔽器上还覆盖了印有导电油墨图案的薄膜，其外部再包裹一层具有使用相似导电特性的、坚固度更强的材料，因而能达到更高的安全需要。

而对抗措施则是利用干扰检测电池，当攻击者把探针放到核心部件的总线上时，干扰检测电池就会被穿透，从而引发内部密码的破坏，这样就可以防止攻击者通过探针获取密码。

4. 电源分析

电源分析是指攻击者通过分析密码设备泄露出的电磁辐射信号来获得有用的信息。对于这种攻击的对抗措施就是增加固体铝屏蔽，对电源供应进行低通过滤，并且使用增强的干扰检测膜，使得攻击者无法获得观测设备的射频或者其他电磁信号，这样一来，攻击者也无法获得任何有意义的信息了。

5. 内存剩磁效应

一般情况下，计算机内存会保留一些曾存储过的数据痕迹，即内存剩磁效应。另外，计算机内存在低温的条件下会发生冷冻现象，即在零下20多度时可保存几秒，甚至几分钟，攻击者就会利用这一时间间隙去除干扰检测屏障。因此，可以使用RAM数据移动机制，防止数据在内存的某些地方被烧制下来。也可以对RAM中的内容用离子化辐射进行烧制，所以可以根据不同RAM芯片的特性，安装温度和辐射警报设施。

经过20年来的研究和不断发展，人们已经研制出多种具有不同安全水平，符合不同安全环境的密码模块产品，并出现了相关标准。其中，影响最大的是美国制定的FIPS 140标准。它定义了密码模块防篡改的4个级别。从低到高依次是级别1~4。其他的标准例如可信计算机系统评估准则（Trusted Computer System Evaluation Criteria，TCSEC）、可信计算组织（TCG）公布的基于开放工业标准的TPM标准等。

我们比较常见的密码器件是IC卡和POS机。其中POS机使用的是美国Dallas半导体公司的DS5002芯片，这是一款中档的安全控制器件，可以对抗密码指令搜索攻击。而IC卡的规范来自ISO 7816，它包括DES、RSA、SHA-1、MD5、RC4等多种加密算法以及卡内数字签名、数字签名认证。IC卡内的操作系统也具有极高的安全性，当IC卡与外界进行信息交换的时候，拒绝拷贝所存的密钥和个人敏感信息，所以可以保证卡内数据的安全。

3.3.3.3 密码模块的安全管理

密码模块在金融系统安全中具有广泛地应用，并出现了若干业务和管理标准。

ISO 13491-1-2007安全加密设备标准对密钥产生、录入和传输设备的安全要求做了规定，要求从设备的合法性检验、物理保护、逻辑保护设施、审计设施、安全信息保护设施、管理规则和可信功能评估等几个方面采取深度防护措施。在安全加密设备的管理过程中，需要注意的问题有以下几个方面：

（1）遵守我国有关法规，不使用进口涉密产品。

（2）对安全设备的安装和调试的过程进行安全可靠的监督和保护，并且必须保证由银行内部工作人员独立完成核心配置，避免泄密或被故意留下后门。

（3）必须对安全设备本身进行保护，并且不断提高金融机具的质量和安全系数。主要包括安全加密设备的合法性检验、物理保护、逻辑保护设施、审计设施、安全信息保护设施和可信功能评估等内容。除此之外，还要制定有效的管理规则，对安全加密设备进行有效的保护。

（4）必须对处理敏感信息的设备，其维修的场地和过程进行有效的监控和保护。例如，当犯罪分子通过安装窃取设备准备窃取密码，或拆装 ATM 读卡设备时，其内置的智能探测技术能马上启动警报。此时，银行就可以根据规定做出相应的处理，从而可以有效地消除 ATM 犯罪行为。

（5）当安全设备报废时，应当履行正式的设备报废手续，经安全管理机构认可后，用物理方法删除存储器中所有信息，避免攻击者根据残留的文件块中的数据读到原来的机密信息。

3.3.4 对称密钥管理体系

3.19 对称密钥管理体系

3.20 对称密钥管理体系

3.3.4.1 层次化密钥

ANSI X9.17-1985 标准是由美国 ANSI 组织于 1985 年完成的，提出了密钥管理体系的层次结构，规定系统可使用两层或三层密钥，最高层密钥由手工分发，而高层密钥则保护下一层密钥的分发。ANSI 密钥分层标准的一个重要思想是：通过减少适用某个密钥加密的数据量，来降低窃听者破译密文的可能性。

ANSI 标准规定的高层密钥手工分发并不适应银行业，因为银行业每天进行海量的交易，密钥使用和更新非常频繁，因而，现代银行业都采用密钥分层标准。银行密钥层次如图 3.5 所示。

1. *最高层的主密钥（MK）*

主密钥是通信双方长期建立密钥关系的基础，用于保护银行主密钥 BMK 的传输。在系统投入运行之初，必须先产生和装载 MK。MK 一般通过手工分配，但因其安全性至关重要，所以必须保证其完全随机性、不可重复性和不可预测性。

MK 可以长期不更改，但是出现以下情况时则必须进行密钥更换：

（1）开始新的年度。

（2）更换掌管密钥成分的人。

（3）密钥已经被截获或正被攻击中。

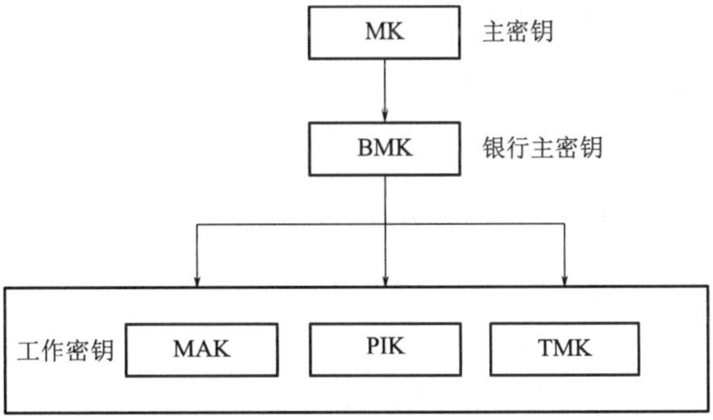

图 3.5　银行密钥层次

2. 银行主密钥（BMK）

BMK 也称密钥加密密钥，用于加密底层需要传送的数据密钥，通过这种方式远地密钥就可以在无人工干预的情况下自动进行交换。在共享网络中，为了保证安全，任意两个通信网点之间均共用不同的 BMK。BMK 一般采取以下两种分配技术。

（1）动态分配技术。在密钥分配协议中，系统内的一个成员通过安全算法、伪随机数发生器等自动产生密钥，并将它们安全地分配给其他成员，然后要求系统内两个或者多个成员在公开的信道上联合建立秘密密钥。其缺点是要求各个相关主体必须是随时在线的。

（2）静态分配技术。由于它的管理要求与主密钥类似，所以安全性好，一直被长期沿用。其分配方式是采用一种由中心以脱线方式预分配的技术，即“面对面”进行分配，保持双方的对称性。但是缺点是密钥的存储比较麻烦，必须解决其存储技术。

因为 BMK 一般都是通过 MK 进行加密或以索引方式存储在加密机中。所以如果银行主密钥泄露，必须立即更新银行主密钥，并重新发放相关的支付密码。

3. 工作密钥

工作密钥包括 MAK（MAC 密钥）、PIK（PIN 校验密钥）、CVK（卡校验密钥）以及 TMK（终端密钥）等。它通过对各种不同的数据进行处理，达到数据的保密、信息的认证以及数字签名的目的。

（1）MAK 是一个数据加密密钥，适用于共享网络。它的作用是在两个通信网点之间传送信息时，通过生成和校验一个信息认证代码（Message Authentication Code MAC），达到信息认证的目的。

（2）PIK 的作用是生成和校验 PIN 校验数据以及校验一个 PIN 的可靠性。

（3）CVK 包括两个 64 位的密钥，分别称为 CVK_A 和 CVK_B，采用美国国家安全部的 3DES 算法。其作用是计算和校验磁条卡第 2 磁道中的卡校验值（CVV），避免被非法修改或非法仿制磁条内容。

（4）TMK 是终端密钥，起作用是确保 POS 机等外部终端传输消息的机密性和完整性。

为了保证密钥的安全性，需要经常更换密钥。随机发生的、仅使用一次的会话密钥可有效地阻止重放攻击。

（1）每天或每次启动时都要申请新的密钥。

（2）当出现系统启动、交易笔数超过一定的限量或密钥失效等情况时也需要更换工作密钥。

（3）在某些特殊情况下，也需要更换密钥。例如网上银行交易，在每次不同的交易会话中都使用不同的密钥，即会话密钥。

更改密码的流程一般如下：

（1）在开机时，在前台网点执行申请密钥程序。

（2）入网机构把重置密钥请求报文发送给后台。

（3）主机接收到该请求后，立即返回应答。同时主机启动密钥更新模块，为请求方生成新密钥，并将新密钥用相应的 BMK 加密，以重置密钥请求报文发送给请求方或者入网机构。

（4）请求方或入网机构接收到该请求后把应答返回主机。

工作密钥具有不可重复性，可以保证密钥的"一次一密"的性质，因其是从主密钥和其他的密钥衍生信息中经过特定的密钥衍生函数得到的。

3.3.4.2 密钥分配协议

在对称密码系统中，因其所能配置的密钥总量和用户数量是有限的，其网络边界也是确定的，所以必须存在一个安全的、可信任的中心服务器（通常称作密钥分配中心或 KDC）。在这种环境中，每个用户不需要知道成千上万个不同的密钥，只要知道一个和 KDC 进行会话的密钥就可以了。任何用户都可以从 KDC 中申请密钥，但只有在 KDC 认证了申请用户和检查了访问控制陈述之后，那些允许具有密钥的用户才能得到密钥。并且用户和 KDC 之间的通信需要使用独立的保护通信会话进行机密性保护。

为了规范点对点以及有密钥分发中心环境下的密钥管理协议，美国发行了 ANSI X9.17 标准，该标准制定了一组密钥交换服务消息的格式，并详细地描述了 DES 密钥的生成、交换、使用、存储和管理，是密钥管理协议的完整规范。ANSI X9.17 标准被 ISO TC68 采用，成为国际标准 ISO 8732 的基础。但是 ANSI X9.17 无法支持大规模通信系统，为了解决这一问题，ANSI X9.28 对它进行了扩展，支持没有共同密钥中心的终端之间的密钥信息的传输。

在密钥分配协议中，KDC 具有即使通信双方互相不认识，也能够通过 KDC 实现间接认证和安全密钥分配的功能，即 KDC 具有认证机制。

除此之外，KDC 还具有抗重放机制，一般有以下几种方法可以防止重放攻击：

（1）密钥计数器。把传输消息密钥上的序列号附加到使用该密钥的一对用户传输的每一条消息上。

（2）密钥调整。通过把加密密钥有关的计数序列与密钥加密密钥进行异或处理后，再加密所分配的密钥。与此同时接收者在解密之前也同样用计数序列调整密钥加密密钥。

（3）时间戳。每个传输消息有一个标记它的时间戳。由此来判别消息的新旧，防止太旧（时间戳太旧）的消息被接收。

一般典型的密钥分配协议有 NSSK 协议、Kerberos 协议等。

3.3.5 公钥 / 证书管理

3.21 公钥 / 证书管理

3.22 公钥 / 证书管理

1976 年，Whitfield Diffie 和 Martin Hellman 发表了论文《密码学的新方向》，提出了公钥加密这种新的加密体制，又称为非对称加密体制。在公开密钥体制下，每个用户有两个密钥，其中一个不必保密。尽管看似不科学，但事实上该密钥的公开性并没有影响系统的安全性，也就是说，公钥加密能够在公开密钥的情况下保证解密的安全性。公钥加密体制通过使用两个密钥来达成上述目的：一个用于加密，另一个用于解密。虽然这种成对密钥是通过数学运算产生的，但局外人无法通过一把密钥有效地推导出另一把密钥。Rivest-Shamir-Adelman（RSA）加密体制是一种公开密钥体制，它的诞生基于一个难题的研究过程，并以三名发明者的名字命名（Ronald Rivest，Adi Shamir 和 Leonard Adleman）。这个算法于 1978 年被提出。RSA 一直是众多密码分析学家的研究目标，虽然他们对其进行了许多分析，但还没有发现严重的缺陷。

当分配一个公钥时，不需要机密性，但是要求完整性。要不然无法保证公钥的安全性，所以，为了保证公钥的安全性，分配时需要使用某种特定的方式进行。目前，人们通常采用证书格式进行分配。

所谓的公钥证书，就是用来绑定实体的姓名（以及有关该实体的其他属性）和相应公钥的。例如“数字证书”，它就包含证书申请者（公钥拥有者）个人信息及其公钥。其作为网上交易双方真实身份证明的依据，是一个经证书授权中心（CA）数字签名的文件。证书包括以下几种类型：X.509 公钥证书、简单 PKI 证书、PGP 证书和属性证书。但是被广泛接受的只有 X.509 公钥证书，其第 3 版本的证书结构包含以下字段：

（1）版本号。证书的版本。

（2）序列号。是分配给本证书的唯一标识符。

（3）签名算法标识符。用于说明本证书所用的数字签名算法。一般由算法标识符和相关参数组成。

（4）颁发者。证书颁发者区分名。

（5）有效期。证书有效的时间段，由“Not Valid Before”和“Not Valid After”两项组成。RFC 2459（是 RFC 分类中的试验性文档，描述了 Internet X.509 公钥基础设施证书和 CRL 方面的知识）详细说明了时间表示规则。

（6）证书主体。证书主体的可区分名。每个参与者都有一个可区分名，它包括一系列字段，每个字段有一个关键字和一个值。为了区分不同组织中的重名者，可以使用分隔符，例如字段间使用“/”分隔，关键字与值之间用“=”分隔。

（7）主体公钥信息。包括主体的公钥和算法标识符。

（8）颁发者唯一标识符。属于可选项。

（9）主体唯一标识符。属于可选项。

（10）扩展项。包括可选的标准以及专用扩展。

我国与 X.509 证书类似的标准是《中国金融集成电路（IC）卡规范》（JR/T 0025—2005）。规范所定义的金融证书标准，与国际金融 IC 卡支付组织 VISA、MasterCard 和 JCB 的 EMV 有关规范兼容。虽然格式不一样，但它所起的作用与 PKI 中的标准 X.509 证书是一样的。

3.3.6 密钥 / 证书生命周期管理

3.23 密钥 / 证书生命周期管理

3.24 密钥 / 证书生命周期管理

密钥 / 证书生命周期管理一般有三个不同的阶段，包括初始化阶段、使用阶段以及取消阶段，如图 3.6 所示。

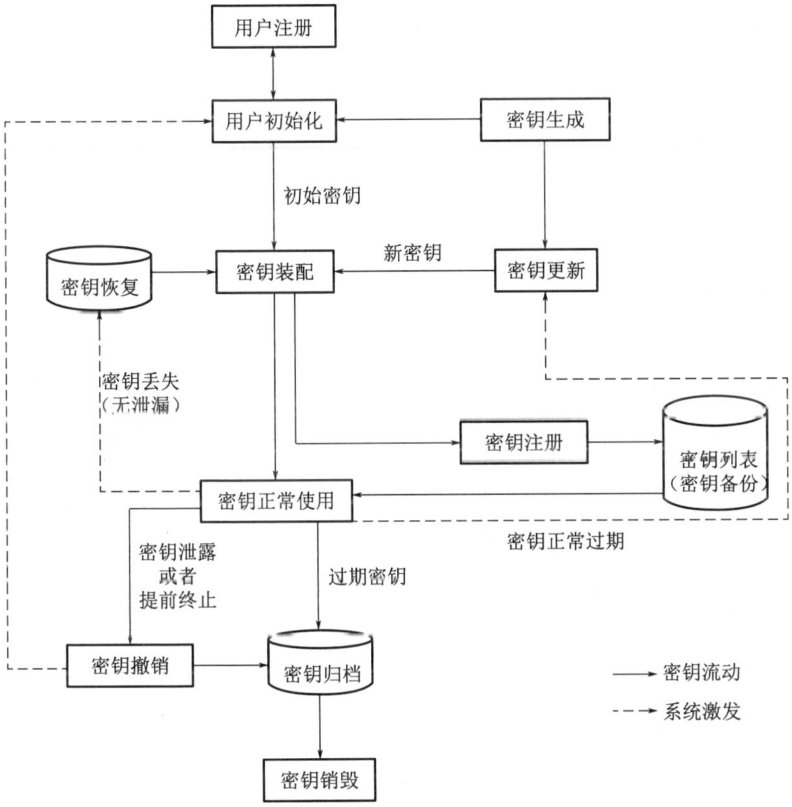

图 3.6 密钥 / 证书生命周期管理

3.3.6.1 初始化阶段

初始化阶段包括用户注册、密钥对产生、证书创建、证书发送和存储、密钥备份以及证书分发六方面的内容。

1. 用户注册

授予证书的前提，必须对用户的身份信用进行审查，只有身份信用审查合格，才能被授予证书。所以，用户首先要进行终端实体注册，然后根据用户的注册信息，验证和评定其相关的可信等级。

随着经济的快速发展，CA 的用户不会集中在某一地方，而是分散在各地。为了方便用户，CA 通过授权本地 RA（LRA）代理接收注册信息，并辅助实现审批、校对和管理功能。使其能够以一个离线实体的身份来运作，防止受到外部人员的攻击。

2. 密钥对产生

密钥对产生的时间不是唯一的，既可以在终端实体注册过程中产生，也可以在此之前产生。产生的位置也不是唯一的，既可以在 CA 中产生也可以由客户自行产生。这在目前来说仍然是一个有争议的话题，受容量、性能和担保等因素影响。

3. 证书创建

无论密钥在哪里产生，何时产生，证书创建的职责仍然落在被授权的 CA 上。CA 在公钥生成时，采用一次生成两个密钥对的技术（一个是加密证书，一个是签名证书，加密证书原则上是不能用于签名的），并为每一密钥对分配一个 ID 号，包含密钥对所处状态、使用者、用途等信息。

4. 证书发送和存储

密钥和相关的证书产生后，应当及时、安全地发送给客户。选择什么样的发送流程与密钥产生的位置、证书的用途和可操作性等因素相关。例如，只有普通用户的私钥可以被发送。

在请求证书的过程中需要使用一个安全协议机制，例如请求证书时可以使用互联网 X.509 公开证书请求报文的格式。分发密钥时，可以采用独立的、加密的 PEM（以 PBE 加密方式进行私密增强的电子邮件）格式或者 PKCS#12（个人信息交换语法标准）格式。其中，PKCS#12 个人信息交换语法标准规定了个人身份标识信息，包括私钥、证书、各种形式的秘密数据及其扩展的传递语法，允许用户在支持本标准的计算机、应用程序、浏览器、因特网服务等进行导入或导出的操作，并且所使用的个人标识信息都是统一的。

对于证书的存储，根据银行业务密钥管理（零售）第 5 部分：公开密钥密码系统的密钥生命周期 GB/T 21082.5—2007 标准，使用密码器件进行公钥密码系统密钥管理，既可以采用硬件存储方案，也可以采用基于 PBE 的方法对私钥使用限制，即利用从口令派生出来的安全密钥加密字符串的方法，采用 DES-CBC 模式加密私钥。这一操作流程在 RSA 实验室开发的 PKCS#5 标准中进行了规范。

5. 密钥备份

为了避免由于硬件故障或者用户忘记密码而造成私钥丢失，导致对终端用户实体造成沉重的负担。当丢失私钥以后，CA 必须撤销相应的公钥证书，生成新的密钥对和证书。在这段时间内所有加密的数据是不可恢复的。因此为了防止不能解密的情形发生，可根据客户要求和管理策略对私钥和证书进行备份。目前，可利用 CA 提供的密钥恢复服务器对私钥和证书进行备份，这是一种备份私钥和在以后恢复私钥的简单方式。

6. 证书分发

目前的公钥密码系统中，用户很容易获得已产生的证书。例如，当用户使用数字签名时，验证者很快就可以获得签名私钥所对应的证书，及时验证签名的合法性。

目前分发已有证书的方式有两种，带外分发和带内协议分发。

（1）带外分发。即将所有公钥存储在专用媒体（软盘、芯片等）上，一次性发放给各用户，用户在本机中就可以获得对方的公钥，协议简单且安全。

（2）带内协议分发。例如，包括带有安全 E-mail 报文（S/MIME）的适用的验证证书。

证书分发根据密钥使用的限制、密钥用途以及可扩展性等因素来具体选择。

3.3.6.2 使用阶段

使用阶段主要包括证书检索、证书验证、密钥恢复以及密钥更新四方面的内容。

1. 证书检索

客户端软件在进行解密或验证签名过程中，可以到目录服务器的数据库中检索相关证书的信息。需要访问相关实体的证书。客户端可以通过多种访问协议从数据库里查询信息。一般采用的协议是 LDAP 目录访问协议，其标准格式采用 X.500 系列。

数据库中的证书信息与实际的证书之间存在着一定的时间差。如果有特殊的要求，可以实时查询证书的信息。

2. 证书验证

证书验证的目的是确定证书是否有效。可以按照 X.509 标准进行分层验证，多个层次的 CA（可信任的第三方认证系统），形成一棵证书树，当进行认证时，在证书树上找到共同的祖先节点，即可完成认证。

3. 密钥恢复

为了避免关键信息的永久丢失，密钥就必须具有恢复能力。同时，为了降低用户的成本，在密钥使用过程中，如果发生意外，用户可以从远程可信密钥恢复中心或 CA 中自动恢复私有加密密钥。

4. 密钥更新

密钥更新是指当一个合法的密钥对将要过期时，系统会自动产生新的公私钥对，完成相应证书的颁发。一般情况下，当系统在认证证书时，都会在线自动检查有效期，如果有效期临近，如还有 15 天过期，系统就会自动启动更新程序，生成一个新证书来代替旧证书，新旧证书的序列号也不一样。

3.3.6.3 取消阶段

取消阶段主要包括证书过期、证书撤销、密钥历史和密钥档案等四方面内容。

1. 证书过期

证书自然过期。

2. 证书撤销

当用户身份姓名改变、私钥被盗或泄露、用户与其所属企业关系变更等，需要非正常中断证书，即证书撤销，证书撤销是证书生命周期管理的重点和难点。具体操作包括解除用户身份姓名和证书的捆绑关系，以及警告其他用户不能再使用这个公钥。

不同的环境，可以选择不同的发布机制，其发布机制主要包括证书撤销列表 CRL、证书撤销树和在线证书状态协议等。

3. 密钥历史

一般情况下，为了防止加密后的数据无法恢复，即使密钥资料过期了，也应该把它们安全、可靠地存储起来。并把这些过期的密钥资料与终端实体相结合，以便用户可以在该终端实体访问已过期的密钥加密的数据。

4. 密钥档案

为了解决可能出现的争议，一般都把有关密钥材料的记录放到一个安全第三方存储起来，即为密钥档案。

密钥档案提供的服务包括：公证和时间戳服务、跟踪审计和终端实体的密钥历史恢复。当局部密钥历史丢失或被破坏后，无论是来自密钥历史所有者的请求，还是来自其他无终端实体但已经被授权访问该密钥资料的人的请求，都可以启动密钥档案服务。

3.3.7 证书撤销机制

3.25 ⊜ 证书撤销机制

证书撤销机制主要包括周期性的证书撤销发布机制和实时查询机制两种类型。

3.3.7.1 周期性的证书撤销发布机制

1. 证书撤销列表（CRL）

CRL 是一种周期性的证书撤销发布机制，其包含撤销的证书列表的签名数据结构。由它本身的数字签名来保证其完整性和可靠性。一般 CRL 的签名者就是颁发证书的签名者。

证书撤销列表的结构遵循 X.509 证书标准，可以分为完全 CRL、分段 CRL 和增量 CRL 三类。

3.26 ▶ 证书撤销机制

2. 证书撤销树

证书撤销树（CRT）是另一种周期性的发布机制，由 Kocher 于 1998 年提出，能够以更加紧凑的方式来对用户的证书验证请求进行应答。CRT 是一种基于 Merkle 散列树的撤销机制，其数据基础是一个已撤销证书的有序列表。

3.3.7.2 实时查询机制

在一些重要的应用场合，需要实时查询证书的信息。这时，可使用在线验证机制，并结合时间戳服务来实现。

目前，最普遍的在线状态查询机制就是在线证书状态协议（OCSP），它是一种相对简单的请求 / 响应协议。OCSP 数据库存储证书的状态信息与 CA 数据库中的数据是同步的。OCSP 服务器直接接受来自客户端的查询请求，通过查询它自己数据库内的信息来响应查询请求，并将该响应信息返回给客户端，其处理流程是：

接收到客户端请求→检索出目标证书的信息→生成响应消息→签名→发送响应消息

OCSP 客户端的请求组成包括协议版本号、服务请求类型及一个或多个证书标识符。其中，证书标识符由证书颁发者的可识别名的散列值、颁发者公钥的散列值，以及证书的序列号组成。响应信息组成包括证书标识符、证书状态（是否撤销）以及与原请求对应的具体证书标识符的验证响应时间。

但是，OCSP 协议只能用来检测证书的撤销状态。它不能保证该证书是否被正确使用，也不能检测证书是否过期。但是在某些应用场合来说，OCSP 协议是快速有效的。

3.3.8 基于公钥密码系统的密钥分配

3.27 ▤ 基于公钥密码系统的密钥分配

在大型网络中，如果使用对称密码系统，就需要维护很多对密钥关系和配置可信在线密钥中心；而如果使用公钥密码系统，就只需要维护较少的密钥关系，而且公钥被分配时无须机密性保护，因此具有一定的优势。但公钥密码系统的缺点是处理速度较慢，其解决办法是采用公钥密码系统分配对称密钥，利用对称密钥完成实际的数据加密处理。

在使用公钥密码的密钥分配协议中，利用公钥证书对协议通信实体进行认证，并在此基础上进行密钥协商，然后在保护密钥信息的交换时，使用公钥密码技术而不是对称密码技术。目前，公钥密码系统的密钥分配协议已经发展得很成熟了，也相应出现了一系列著名的标准，例如 Diffie-Hellman 密钥交换、NSPK 协议、SSL（TLS）协议等。而且在很多重要的应用场合中，基于公钥密码系统的密钥管理方法逐渐取代基于对称密码系统的密钥管理方法。

3.28 ▶ 基于公钥密码系统的密钥分配

3.3.9 网络安全中的加密

3.29 ▤ 网络安全中的加密

3.30 ▶ 网络安全中的加密

对于网络安全专家来说，加密可能是最重要且万能的工具了。加密是一种强有力的手段，能为数据提供保密性、真实性、完整性和限制性访问。由于网络常常面临着更大的威胁，因此人们常常使用加密来保证数据的安全，有时可能还会结合其他的控制手段。

在网络应用软件中，加密既可以应用于两台主机之间（称为链路加密），也可以应用于两个应用软件之间（称为端到端加密）。加密可以在网络中以两种模式部署：链路及端到端。它们有不同的功能，也有不同的强度和弱点。两者也可以一并使用，虽然有点多余。下面我们将分别介绍这两种网络加密模式。

见表 3.2 所示，链路加密对用户而言速度更快、更容易实施，而且使用的密钥更少。端到端加密更灵活，可以有选择地使用，它是在用户层次上完成的，并且可以集成到应用软件之中。没有一种加密形式能够适用于所有的情况。在某些情况下，这两种加密方式都可以使用。如果用户不信任系统提供的链路加密质量，则可以使用端到端加密。同样，如果系统管理员担心某个应用程序中端到端加密方案的安全性，也可以安装一台链路加密设备。如果两种加密方式的速度都相当快，则重复使用这两种安全措施几乎没有负面影响。链路加密非常适用于使用公共资源实现专用网络。

表 3.2　　链路加密和端到端加密的比较

链路加密	端到端加密
主机内安全	
在发送主机暴露部分数据	在发送主机保护数据
在中间节点暴露部分数据	在中间节点保护数据
用户作用	
发送主机使用	用户应用使用

续表

链路加密	端到端加密
对用户不可见	用户应用加密
主机管理员选择加密	用户选择加密
所有用户共用一个设备	每个用户选择设备
能上软 / 硬件中执行	一般由软件执行，有时需用户扩展硬件执行
所有数据加密或所有数据不加密	用户可选加密数据项
实现逻辑	
每对主机需要一个密钥	每对用户需要一个密钥
提供节点认证	提供用户认证

3.4 身份认证

案例导读

副总统候选人 Sarah Palin 的电子邮件泄露

在 2008 年的美国总统竞选过程中，副总统候选人 Sarah Palin 的个人电子邮箱账号被盗。其电子邮件的内容和联系人列表被公开在了一个公共告知栏上。20 岁的美国田纳西大学的学生 David Kernell 因未经授权访问获取他人计算机信息被判处有期徒刑一年零一天。

一个大学生是如何访问一个政府官员的计算机的呢？而且这个官员当时不仅是阿拉斯加州州长，还是受美国特勤局保护的美国副总统候选人。很简单，他只是冒充了她的身份，成功地模仿她本人。这里只是说明身份攻击是多么容易。

州长 Palin 的邮箱账号是 gov.palin@yahoo.com。这个账号是众所周知的，因为在早期涉及 Palin 的新闻报道中公布了她的个人账号。该个人账号后来用于官方用途。即使账户名没有公开，这也是不难猜测的。

但是他是如何得知账号口令的呢？不，那个学生并没有猜测她的口令。他所做的只是冒充 Palin 的身份然后声称忘记了自己的口令。雅虎询问 Kernell（Palin 开通账号时提交的安全问题）：出生日期（从维基百科得知）、邮政编码（这是广为人知的，尤其是在她因不使用官方办公楼而广受关注之后）及她遇见她丈夫的地点（在竞选期间她的非官方传记循环播放，她是在高中认识她丈夫的）。有了这些答案之后，Kernell 能够修改 Palin 的口令（为 popcorn，这是很受大学生欢迎的一个词）。从那之后，Kernell 不仅假冒了 Palin 的身份，真正的 Palin 也无法访问她自己的邮箱，因为她也不知道新口令。

3.4.1 身份认证概述

3.31 身份认证概述

3.32 身份认证概述

身份认证，又称为身份验证，就是把实体与参与某次通信或会话的远端用户提交的身份信息进行绑定。当身份认证成功后，通常都会产生一个明确的结果，允许实体进行授权内的活动或通信过程。因此，身份认证属于系统中极为重要的安全服务。

3.4.1.1 认证系统模型

一个完整的认证系统模型通常包含以下几个部分：

（1）认证信息集合 A。用于证明实体身份信息的集合。

（2）补充信息集合 C。存储在系统中，并可以验证认证信息的信息集合。

（3）补充函数集合 F。是依据认证信息而产生的补充信息的函数集合。

（4）认证函数集合 L。验证身份的函数集合。

（5）选择函数集合 S。可以让实体创建或修改认证信息和补充信息的函数集合。

认证过程包括从实体获取认证信息、分析数据、确定信息是否与该实体相关等环节。在一般情况下，用户通过输入认证信息后，系统就比较在线存储的补充信息来认证。即 A 是可接受的认证信息的集合，$C=A$，$F=\{I\}$，$L=\{ab\}$，其中 I 是恒等函数，只有 L 的参数相同，ab 才是真的，否则就是假的。

对于上述的认证系统模型，假如攻击者能找到一个 $a \in A$，然后使得 $f \in F$，$f(a) = c \in C$，且 c 对应于某个实体。那么攻击者通过计算 $f(a)$ 或通过认证 $l(a)$，就能够确定 a 是否与某个实体关联。

因此，为了避免上述情况发生，我们需要采取措施隐藏足够多的信息使攻击者无法发现 a，c 或 f 中的任意一个；或者禁止访问认证函数 L。

根据认证系统模型，认证信息必须满足三个要求：注册性、一体性和独特性。

3.4.1.2 认证类型

在金融业务系统中，实体的层次是不一样的。最高层次一般指各类系统操作和管理人员；中等层次一般指系统中的设备或网点；再低一级，就是系统中的进程。为了对不同层次的实体（主机、网点、操作员、客户等）进行合法性的检查，就需要使用不同层级、类别和强度的身份认证。

1. *应用级*

一般情况下，为支持基于身份的访问控制或责任目的而设置的身份认证，可以直接和一个应用关联相联系，即应用级的认证类型。只要属于同一组织的成员都可以被认证。

应用级身份认证主要包括以下两种形式：

（1）操作员认证。这种身份认证一般发生有柜员参与的柜台终端系统，在客户录入数据之前，操作员输入自己的操作员代码及口令，签到自己的钱箱，才能开始对外受理业务。

如果身份认证的结果显示该操作员未授权或者级别不对，或者其他信息出错，则系统返回失败信息。若通过合法性检查，操作员就可以获得一个用户身份权能元组 IDToken，与系统中的访问控制列表进行关联，然后操作员就开始执行授权内的交易或进行授权内的活动。

（2）客户认证。一般分为两种情况：①对于柜台终端系统，所需的安全控制机制较弱，因交易地点在金融机构的控制范围之内，而且客户是在操作员引导下完成交易的；②对于自助服务系统，情况则完全相反，所需的安全控制较强，因这时客户不仅是客户，而且还是系统的直接操作员。

2. 端系统级

金融业务系统中，端系统认证的目的就是防止主机系统和网点（包括柜台终端、ATM、POS、企业 / 家庭 / 网络银行终端等）被伪造或冒充，保证它的真实合法性。认证内容包括检查机构编码表、机构类型和开户行机构编码当前的状态以及终端号是否存在等。基于不同的应用特点和使用环境，业务接入点和主机之间可以选择单向认证或双向认证。

在一般的端系统级认证流程中，开启前台系统的时候，通常需要插入 IC 卡输入其口令，向后台签到，与此同时后台也需要认证前台系统的身份。正是这种操作流程使身份认证为一个正在与另一端的正确系统通信的端系统提供了保障，它在支持基于规则的访问控制方面起了重要作用。

3. 子网络级

在这一级别中，身份认证为一端的一个子网络附着点和另一端正确的子网络附着点通信提供了一个保证。

3.4.2 口令机制

3.33 目 口令机制

口令通常作为身份的验证方式，它与特定实体相关联，且能够证明该实体身份的信息。在基于口令的认证系统中，用户的 ID 和口令必然存储在系统中，当用户在登录系统时输入用户 ID 和口令，系统就会把它与系统存储的用户 ID 和口令比较，以此来验证其合法性。在这里需要说明的是合法的口令不一定是安全的口令，例如直接使用身份证号作为口令虽然是合法的，但却是不安全的，因为这很容易被攻击者猜测出来。

3.34 口令机制

3.4.2.1 对抗口令猜测

需要注意的是，攻击者很喜欢攻击基于口令的认证系统，因为如果获取了某个系统用户的口令，那么攻击者就可以轻而易举地冒充这个用户了。而口令猜测则是攻击静态口令的常用方法。

口令猜测的主要手段是字典攻击，它是通过重复实验的方法来猜测出一个口令的攻击。当攻击者在尝试登录系统时提交了用户 ID 和口令（用户 ID 和口令都是猜测的），如果这时系统仅仅响应口令错误的信息，那么攻击者就知道用户 ID 是合法的，然后他再经过口令穷举测试的方法得到用户口令。

为了防止口令猜测，有以下（但不仅限于）措施可以用来保护认证系统。

（1）可以选用易记难猜的口令来增强口令的安全性。例如一句话的首字母、用标点符号分开的词组、把大小字母混合在一起作为口令的组成部分等。也可以利用口令选择器对新口令加以特定的限制，从而得到比较好的口令。

（2）也可以根据系统的实际情况，适当增加口令的位数。例如，一些系统拒绝长度少于 6 个字符的口令，也拒绝可在字典中找到的口令，还有一些系统可以设置任意长度的口令。

（3）为了防止攻击者无目的攻击，即目的不是某个特殊用户的口令，而是任意用户的口令。此时，可以在操作系统中应用“Salting”技术，这种技术可以增加攻击成功的难度。其基本思想是，对每个口令都随机地选择一个整数作为 Salt 以随机化相应的补充函数。正因为多了这个补充函数，攻击者就必须测试所有不同的补充函数，才能确定某个字符串是不是某个用户的口令。因此，大大增加了攻击者的工作量，从而增加了攻击成功的难度。目前，大部分版本的 UNIX 系统中，都含有“Salting”技术。

（4）限制使用认证函数，增加攻击者使用认证函数的难度。或者使得认证函数以非常规的方式进行交互，令攻击者很难猜测到认证函数的规律。

3.4.2.2 对抗线路窃听

口令以明文形式在通信信道上传输容易被窃取。目前，网络监听软件不仅可以监听在网络上传输的所有数据，还可以监听指定源地址、指定目标地址、指定端口和协议的数据，除此之外，攻击者甚至可以将它们保存下来仔细分析，从而得到某种特定系统的认证数据，并在认证数据中提取出以明文方式传输的用户名和口令。因此可以采取以下几种措施来防止线路窃听。

1. 采用密文形式传输

采用密文形式传输是实际系统中比较常用的一种方法，即按照远程用户拨号认证服务（RADIUS）协议规定，在网络访问服务器（Network Access Server，NAS）和集中存放认证信息的 RADIUS 服务器之间传输认证、授权和配置信息时，要以对称密钥算法加密拨号用户的用户名、口令，访问端口等信息。

2. 使用散列函数

还有另一种方法是使用散列函数，即用口令的散列函数代替真实的口令在网上进行传输。同时也要把 ID 号作为散列函数的输入，以进行 ID 号和口令之间的绑定。为了避免攻击者通过获得验证者的口令文件或数据库来达到冒充验证者的目的，口令的存储也要以类似的散列函数代替真实的口令。

3. 使用密码器件

密码器件有很多，例如密码键盘，为了证明交易实体的合法性，要求用户只有使用密码键盘输入的密码才能通过柜台或柜员机的身份校验。因为密码键盘是属于系统内的一个可信器件，所以能够确保传输到系统时密码不会泄露给未授权的人。

4. 使用管理和控制过程

因为明码在通信信道上传输很容易被窃听，所以发卡机构发卡时产生的个人身份认证号（PIN）应该通过密码信封递交给持卡人，同时为了避免内部职员趁客户换领卡之际窃取客户密码等资料，必须始终保证这一过程是在严密控制管理之下进行的。另外，为避免不法分子利用 ATM 机套取银行卡密码以及使用窥视、安装带无线电发射装置的摄像探头、使用假键盘等非法手段获得 PIN，必须对 ATM 机的使用环境加强监控。

3.4.2.3 动态口令

仅仅通过上述的口令加固措施并不能完全防御攻击者对口令的攻击。因为攻击者的攻击手段日新月异，防不胜防。例如，木马程序，用户的电脑一旦被植入木马程序，只要用户在电脑上输入账户密码，木马程序就启用键盘记录，屏幕“录像”等手段来记录用户的一举一动，此时用户 ID 和密码就已经泄露了。

还有一种，就是口令重放攻击。在认证系统中，这种攻击是最基本、最常用、危害性最大的一种攻击形式。在重放攻击中，重放消息既可以重新定向，发送给不同于原接收者的第三方，也可以通过延时的方法将消息再次传送给原接收者。重放的消息可以是任何消息。

此时，就可以使用动态口令机制来对抗以上两种威胁，因为动态口令是随着所设定的时间或事件等变量自动变化的，且任一时刻产生的动态口令在其失效前只能使用一次，否则，系统报警并认定其为非法行为。同时，动态口令是随机且毫无规律可循的，即使本次口令被窃取成功，也无法根据此次的口令猜出下次的口令。

动态口令根据算法中变量的不同而不同，因此形成了不同的技术模式。主要包括挑战—应答机制、时间同步机制以及事件同步技术。

1. 挑战—应答机制

挑战—应答机制以挑战数作为变量，由验证者向证明方发送一个随机的挑战值，证明方看到后，必须返回看到这一挑战值的证据。这种机制可以扩张基于口令的方案，能大大提高抵抗重放攻击的能力。同时，由于挑战数是由认证系统提出，客户端设备将挑战数输入后产生应答数，因此可以设计较为丰富的应用模式，用以支持不同的应用需求，如双向认证、数字签名等。

例如，银行发给客户的口令卡，卡上数十个密码是以矩阵的形式排列，并且所有密码都用刮刮膜覆盖保护。当客户进行支付交易时，电子银行系统就会随机给出一组口令卡坐标，客户只有根据坐标从口令卡片中找到正确的口令组合并输入电子银行系统，才能完成相关的交易。

2. 时间同步机制

时间同步机制以时间作为变量，通过使用时间同步的安全标志符，使用户的个人认证器件（用户的个人认证器件被植入一个秘密的特定器件值 dsv）和使用该器件的一个或多个验证系统保持时钟同步。但是时间同步机制的认证形式多种多样，这仅仅是一种可能的认证形式。

3. 事件同步技术

事件同步机制以事件（次数 / 序列数）作为变量，通过同步认证算法产生“动态口令”。事件同步认证技术的代表是 S/Key 系统，在实际运用中，可以把口令机制和密码技术相结合。

首先使用口令向 IC 卡认证自己，然后使用密码技术产生动态密码，向最终的验证者认证自己。由于生成的口令具有时间无关性，无法预测、跟踪截取和破译，因此事件同步机制是比较安全的一次性动态口令，同时，也不用担心网络或者操作延时会对密码的认证产生影响。

目前已有基于事件同步认证技术的密码编码器，其大小与 U 盘类似，靠右侧的按键触发产生不同的密码，每次密码都由一个随机数发生器产生，验证双方都使用这样的随机数发生器，并且保持初态同步。但这种编码器的安全弱点是，产生动态密码的算法都被生产厂家掌握，如果厂家泄密或被攻破，将对用户带来灾难性的后果。

3.4.3 基于对称密码技术的认证

3.35 基于对称密码技术的认证

3.4.3.1 基于 MAC 码的身份认证

在端系统和子网络级，可以通过数据起源认证消息起源方的主体身份。在联机认证中，身份连同数据项一起发送给接收者，身份由发送某个数据项的实体所提交，其目的是确定被认证的实体与一些特定数据项有着静态的不可分割的联系。这种身份认证过程可以通过对称密码技术来实现。换句话说，就是证明方要向验证者证明它知道所需要的秘密的对称密钥，可以通过消息认证码（MAC）来完成这种身份验证过程。

3.36 ▶ 基于对称密码技术的认证

美国银行业标准 ANSIX9.26 定义了特征编码消息，以传输基于认证交换、传输口令更换通知和错误通知。还推荐银行业务使用 DES 算法作为 MAC 的算法，确保通过用户唯一的密钥对用户认证、通过节点唯一的密钥进行节点认证。例如由 Europay、Mastercard、VISA 三大国际信用卡组织联合制定的金融集成电路（IC）卡金融支付应用标准（EMV 规范）中联机交易中的认证，就是金融系统使用对称密钥进行认证的一个例子。

EMV 联机认证的具体过程如图 3.7 所示，当 IC 卡通过 POS 终端进行交易时，需要向发卡行发起授权请求，发卡行对卡片的授权响应密文（ARPC）、卡片对发卡行的授权请求密文（ARQC）以及发卡行脚本中安全报文的验证。

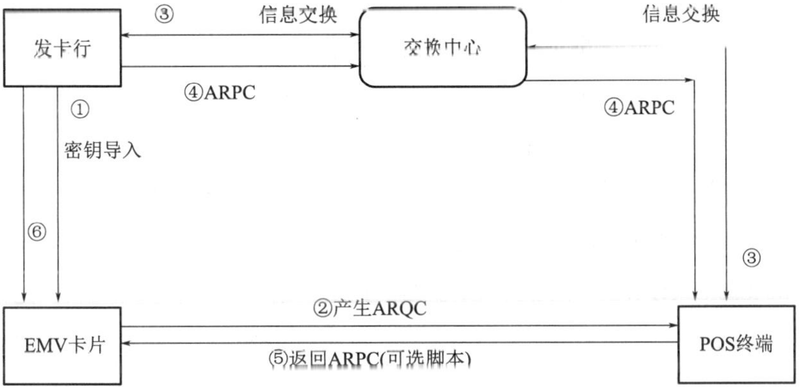

图 3.7　EMV 联机认证

（1）密钥导入。在初始化过程中，发卡行产生安全报文认证（MAC）密钥和应用密文密码，并分散下载到卡片中。

（2）产生应用请求密文（ARQC）。在 EMV 联机交易中，卡片采用应用密文密钥加密授权请求信息，产生 ARQC。在进行加密之前，应使用 MAC 密钥计算消息明文的认证码附加发送给终端。

（3）信息交换。POS 终端接收 ARQC，并经交换中心上传给发卡行。

（4）产生应用响应密文（ARPC）。发卡行接收、解密并验证 ARQC 后，产生 ARPC，用 MAC 密钥产生认证码，用应用密文密钥加密 ARPC，返回给 POS 终端。

（5）返回 ARPC（可选脚本）。POS 终端将 ARPC 返回给卡片，卡片验证 ARPC，完成与发卡行的双向认证。

（6）在联机交易返回时，发卡行可以将发卡行脚本（个人化信息）传送至卡片。发卡行脚本可以用来对客户卡片内的部分数据进行更新，如 PIN 的解锁修改，连续脱机交易次数以及金额的限制等，以方便发卡行对卡片进行管理。脚本中的重要信息由安全报文加密密钥加密，其合法性验证由安全报文认证密钥计算的安全报文认证码（MAC）保证。

但是 MAC 身份认证只可用于无连接的通信模式。在存在主动攻击的情况下，研究如何确保在连续的信息交换过程中身份认证是有意义的。特别是，维持认证的唯一办法是同时使用连接完整性服务，即使用会话过程中建立起来的密钥，连接完整性服务对一个连接上的所有数据进行完整性校验。

3.4.3.2　合法性校验值

在金融业务中，对业务凭证及其拥有者的认证，使用较多的是合法性验证值。以银行磁条卡为例，有两种校验机制，简单的主账号校验和磁条卡合法校验值（cvv），前者用于检查磁条卡错误，后者用于检查是否伪造。随后，持卡人在系统提供界面上输入身份认证 ID/PIN 等安全信息，系统就会通过联机计算持卡人合法校验值（PVV）进行确认该用户是该银行卡号码的持有者，并完成相应支付交易。

按照 ISO 7813—1995 识别卡金融交易卡、GB/T 15120 卡记录技术等标准的规定，银行卡磁条可分为以下 3 个磁道：

（1）第 1 磁道。一般暂不使用，将来根据具体情况使用。

（2）第 2 磁道。必须使用，各发卡机构在进行识别和信息交换时以第 2 磁道（作为交换磁道）为准。其数据组成遵循 ISO 7811—1985 标准，从开始符后的第一个字符开始，数据包含域的分隔符，但不包含卡起始、结束符、LRC 等。

（3）第 3 磁道。不一定使用，一般由各发卡机构自行规定。其数据组成遵循 ISO 4909 标准，从开始符后的第一个字符开始，数据包含域分隔符，但不包含卡起始、结束符、LRC 等。

在校验磁条卡时，重点需要进行主账号校验和合法性校验，但是首先要验证磁条磁道的数据是否符合本机构的编码规则和记录技术。同时为防止银行卡的冒用，提高在线交易的安全性，电子交易系统界面需要把有关持卡人的用户 ID/PIN 等安全信息转发给发卡机构，由发卡机构来认证持卡人的合法性并完成相应支付交易。在这些过程中，合法性验证值的产生和验证都采用了对称密钥技术。

3.4.4　基于公钥技术的认证

3.37 基于公钥技术的认证

对消息认证以及对消息起源方的身份证明，可以采用公钥密码机制。2005 年实施的《电子签名法》规定，如果接收方对签名验证成功，可以达到如下效果：该电子文件确实是签名方发出的（认证身份真实性），即电子签名制作数据用于电子签名时，属于签名人专有。典型的公钥密码认证机制包括 ISO/IEC 9798 协议标准、EMV 卡的脱机认证、可信平台证明以及基于生物特征的身份认证。

3.38 ▶ 基于公钥技术的认证

3.4.4.1 ISO/IEC 9798 协议标准

目录检索服务标准由 OSI 于 1988 年公布，这也是 ISO/IEC 9798 协议标准的前身。以 ISO/IEC 9798-3 为例，它的三向认证交换，就是在开始认证前，证明方和验证方通过访问目录服务和（或）直接交换获得公钥证书。

ISO/IEC 9798-3 虽然克服了 Kerberos 协议需要依赖于时间戳的缺陷，但与 Kerberos 协议一样，只要协议中的密钥或其解密私钥不安全，则会危及任何会话过程中所交换的密钥。

还有另一种使用公钥密码技术进行身份认证的实用标准，即 SSL 握手协议，通常用于 Web 应用中。在 SSL 握手协议中，客户端与服务器端通过证书交换，互相验证对方的身份，同时在客户端浏览器软件与 Web 服务器之间建立一条安全通道，实现 Internet 上信息传送的保密性和可靠性。

3.4.4.2 EMV 卡的脱机认证

使用公钥密码机制，也可以进行 EMV 卡的脱机认证。当消费者在使用金融 IC 卡进行消费的时候，商家的 POS 终端会与 IC 卡交互，完成脱机数据认证工作，判断该卡的合法性。

在 EMV 认证规范中，为了进行脱机认证，发卡系统在开卡时就生成 IC 卡的公私钥对，并将私钥 S_{IC} 存储在客户端卡片中。在进行认证前，终端从卡片取出发卡行证书及 IC 卡证书，使用根 CA 公钥 P_{CA} 验证发卡行公钥 P_I，使用 P_I 验证 IC 卡公钥 P_{IC}。

EMV 卡脱机数据认证的方式包括静态数据认证和动态数据认证两种，因篇幅有限，这里就不再展开叙述。

3.4.4.3 可信平台证明

按照可信计算组织（TCG）发布的规范，使用可信平台模块（TPM）的系统可以通过代表其身份的匿名身份密钥（AIK）对来取代由制造商规定，且唯一的身份证书，并可使用它达到可信平台身份的证明。这种高安全性的认证机制广泛用于具有较高安全需求的个人计算机系统中（例如网上银行系统的客户端）。

3.4.5 基于生物学特征的身份认证

3.39 ▤ 基于生物学特征的身份认证

生物学特征是与他人不同的唯一表征，包括解剖学、物理和行为特征。生物学特征是可以测量、自动识别和验证的。基于生物学特征的身份认证系统对生物学特征进行取样，提取其唯一的特征进行数字化处理，转换成数字代码，并进一步将这些代码组成特征模板存于数据库中，用户与识别系统交互进行身份认证时，识别系统获取其特征并与数据库中的特征模板进行比对，以确定是否匹配，从而决定确定或否认此人。目前，应用比较广泛的生物识别技术包括指纹识别、手形识别、虹膜识别、视网膜识别、面部识别、发音识别以及签名识别等。

3.40 ▶ 基于生物学特征的身份认证

知识拓展

基于令牌的身份鉴别

1. 主动令牌和被动令牌

正如其名，被动令牌（Passive Tokens）什么也不做，而主动令牌则会进行一些操作。当令牌稳定不变时，照片或钥匙就是一个被动令牌的例子（当然，使用永久不变的照片会带来一个问题，因为人会改变头发的造型或颜色，并且人们的脸部也会随着时间的变化而变化）。

主动令牌（Active Token）可以随着环境变化并与环境互动。例如，一些公共交通系统使用的磁条卡。当把卡插入读卡器时，机器读取卡上当前的余额，扣除旅途开销，并更新余额以继续使用在这种情况下，令牌的作用仅仅是用来存放当前的值。另一种形式的主动令牌通常会通过无线信号与读卡器之间发起一个双边会话。这些令牌包括了静态令牌和动态令牌，我们可以根据他们不同的特点来了解他们之间的相互作用。

2. 静态令牌和动态令牌

一个静态令牌（Static Token）的值是固定的。钥匙、身份证、护照、信用卡和其他磁条卡和无线电广播发射机卡（称为 RFID 设备）都是静态令牌。

为了避免对物理令牌和口令的复制，我们可以使用动态令牌。动态令牌有计算能力，可以改变它们的内部状态。动态令牌（Dynamic Token）的值是变化的。虽然有几种不同的形式，但动态身份验证本质上是一个产生不可预测值的装置，我们可以称之为验证码（Pass Number）。动态令牌生成器对远程身份验证有效，特别是当一个人访问一台计算机时。

动态令牌的一个例子是从 RSA 实验室产生的 SecurID 令牌，如图 3.8 所示。为了使用 SecurID 令牌，你需要在身份验证时输入当前的数字。每个令牌生成器都会生成一系列不同的且几乎不可预测的数字，每分钟改变一次，因此鉴别系统知道你什么时候应该输入什么号码。通过这种方式，两个人都可以使用 SecurID 令牌，但是每个令牌验证只识别它指定的主人。

从别的令牌输入数字，并不会让你通过验证。因为令牌生成器每分钟都会生成一个新的号码，所以输入一个先前使用过的数字同样会鉴别失败。

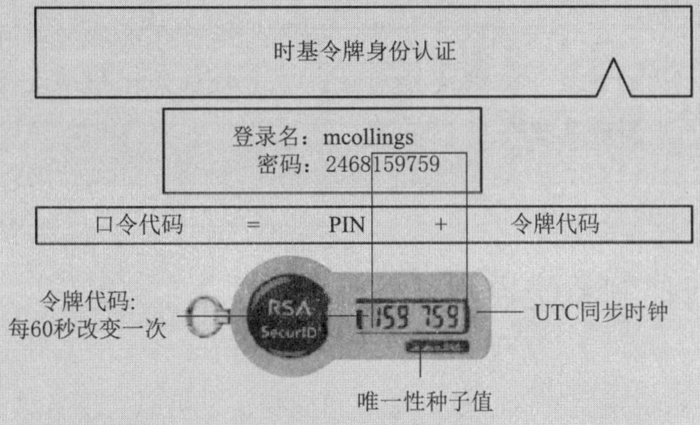

图 3.8 SecurID 令牌（照片门）

（RBA 的 EMS 安全部门提供版权，RSA 公司保留所有权利）

3.5 访问控制 //

案例导读

商业银行访问控制

随着业务的拓展，某市商业银行在全市已经建立起 8 个支行和多家储蓄所，相应的安全问题也被提到了日程上。通过调研分析，安全软件公司将用户的安全需求划分为：确保机密信息在租用通信线路上传输时的安全性；确认柜台操作员身份的真实性；确保使用者操作的不可否认性；对于所有的操作有详细日志记录。针对该用户的安全需求，安全软件公司提供了以下解决方案。

（1）在中央机房安装 EverLink SRAC 服务器作为管理端，通过详细的控制策略设置实现对下端 EverLink DSAE 产品的管理。经过基于数字证书的身份验证后，实现对用户的身份确认和访问权限的控制。

（2）在储蓄所中配备 C01A 型号的 EverLink DSAE。C01A 型号的 EverLink DSAE 与 EverLink SRAC 服务器结合使用，可以完成基于数字证书的身份认证以及细粒度的权限控制；通过身份认证后可以建立起从 EverLink DSAE 到 EverLink SRAC 服务器之间的安全数据传输通道，完成储蓄所与中心机房的通信数据的密文传输。

（3）在支行安装 C01M08/16 型号的 EverLink DSAE。该型号产品集成了终端服务器功能，可以直接与 EverLink DSAE 产品连接，可以对终端设备提交的信息进行加密。

通过实施以上方案，该商业银行在不改动现有的应用系统和网络结构的前提下，解决应用系统中身份伪造、信息在传输过程被恶意截获、中断和篡改等安全问题。

3.5.1 访问控制系统模型概述

3.41 访问控制系统模型概述

3.42 访问控制系统模型概述

访问控制系统模型的核心技术是访问控制，它可以实现各种安全属性，也是安全工程与计算机科学的结合点。访问控制是按事先确定的规则决定主体对客体的访问是否合法。访问请求，包含访问者信息，访问请求信息，目标信息，上下文信息。

通常有以下两种方法来阻止非授权用户访问目标：

（1）访问请求过滤器。访问请求过滤器包含访问控制机制，即当一个发起者试图访问一个目标时，需要检查发起者是否被批准以请求的方式访问目标。

（2）分离。包含物理安全、个人安全、硬件安全和操作系统安全，防止非授权用户有机会去访问敏感的目标。如流模型和路由控制。

图 3.9 为访问请求过滤器的访问控制系统，其中主体是访问者，想要访问目标是客体。在安全策略的控制下，系统对访问请求进行处理，验证访问者的权限、控制受保护的目标。

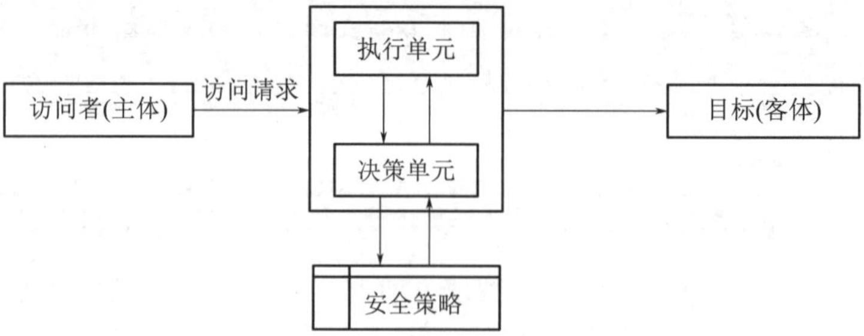

图 3.9　访问控制系统

在访问控制模型中，最重要的决策因素是安全策略。在一个应用安全域内，各实体在进行与对象相关的活动时，安全机构要根据安全策略对其进行管理。安全策略是访问控制框架中随应用变化的部分，不同的应用域安全策略完全不同。

3.5.2 策略的有效实施

3.43 策略的有效实施

3.44 策略的有效实施

策略是独立于机制的，它的实施点是描述了对系统中实体和行为的约束。例如一个系统接入到 Internet，用户启动了 Web 浏览器，Web 浏览器从远程站点下载程序并在本地执行，本地系统的策略会约束下载程序的功能范围。策略是应用内实现访问控制的一段代码或者监听程序。它截获访问者发出对某一目标的访问请示，对请求进行处理，根据用户信息、操作请求和目标形成决策请求，发给决策点。

策略的决策点是一个判断逻辑，如访问控制代码中的判断函数。决策单元和执行单元不必是分开的模块。它根据用户权限，策略规则对决策请求进行判断，并将决策结果返回给策略执行点，允许/拒绝策略执行点根据决策结果执行访问或拒绝访问系统。决策单元中包含访问控制信息，能够提示攻击者哪些用户具有访问权限。为了防止攻击者获得这些信息，访问控制文件的内容应该是保密的。

访问控制实现有三种方式：访问控制代码，服务器插件和代理服务器。访问控制实现部件可以位于通路两端，如 VPN 机，加密路由器，加密防火墙等。

访问控制策略主要分为以下几种类型：自主式策略（DAC）、强制式策略（MAC）、基于客体的策略和基于角色的策略等。在使用这些策略时，可能需要某些附加控制，例如使用基于上下文的控制，允许访问控制策略在确定一个目标时依靠外部因素，例如时间、用户的位置、通信路径、认证强度等。

实施适当的策略并不意味着访问管理的结束。有时管理员需要重新测试访问策略以确定它是否能够正常工作。

3.5.2.1 粒度

粒度是指访问控制的精细度或特异性。它是一个范围：在一端可以控制对每个单独的位、字节、文档中的每个字、电子表格中的每个数字及集合中的每个照片的访问。该水平的特异性通常是过度的并且不易实现。粒度越精细，要做的访问控制决策的数量就越多，因此有一个性能损失。通常文件、程序或数据空间是访问控制的最小单位。在具体应用中，硬件设备、存储块、程序代码存储的磁盘空间、特定的应用程序等对象都可能是访问控制的对象。

3.5.2.2 访问日志

在作出访问决策后，系统允许该种决策的访问，并允许用户和对象完成通信。系统还记录被允许的访问，形成所谓的审计日志（Audit Log）审计日志由系统创建和维护，并被保存用于以后的分析。作为访问控制活动的一部分，该系统建立并保护这种审计日志。显然，粒度有很重要的作用，记录了每个内存字节的访问日志，如果太长就没有太大的实用价值，但一个写着“8:01 用户升启系统，17:21 用户关闭系统”的日志可能包含很多有帮助的小细节。

3.5.3 实施访问控制

3.45 实施访问控制

3.46 实施访问控制

访问控制通常是由操作系统执行的。只有操作系统可以访问原始对象（如文件），并对其进行控制。此外，操作系统能够创建和终止代表用户（主体）的进程。然而，目前的硬件设计并不一定能满足操作系统对划分或细粒度进行访问控制的要求。例如，操作系统通常不看内部文件或数据对象，因此它不能在数据库中执行以行为单位或以数据项为单位的访问控制。同样，操作系统不能轻易区分网络流量的种类。在这些情况下，操作系统在执行一些访问控制方面借鉴了数据库管理器或网络设备的方法。有了有限种类的权限分配，操作系统不能既轻易控制一个数据库管理器，又允许数据库管理器来控制用户。因此，当前的硬件设计限制了某些操作系统的设计。

3.5.3.1 引用监视器

一种保持调用、防篡改、可验证的访问控制机制。引用监视器是一个概念，而不是你可以购买到的插入一个端口的工具。它可以被嵌入应用程序（用于控制应用程序的对象）、操作系统（系统管理对象）的部分或装置的部分。为了有一个有效的引用监视器，我们需要考虑有效和高效的手段，把策略和基础验证付诸行动。

3.5.3.2 访问控制目录

最简单的保护对象的方法是使用像文件目录一样的保护机制。假如我们想保护文件（对象集），使其不被计算系统的用户（主体集）破坏。每个文件有唯一的所有者，它既可以控制访问权限（包括定义其他用户的访问权限），也可以随时撤销任何一个用户的访问权限。每个用户有一个文件目录，该目录用于记录当前用户可访问的所有文件。

3.5.3.3 访问控制矩阵

使用访问控制矩阵（Access Control Matrix）来保护对象，如图 3.10 所示。访问控制矩阵是一张表格，每一行代表一个主体，每一列代表一个对象，表中的每个元素都用来表示

对象

	文件A	打印机	系统时钟
用户W	读/写/拥有	写	读
管理员		写/控制	控制

主体

图 3.10 访问控制矩阵

该行主体对该列对象的访问权限。

表 3.3 是访问控制矩阵的一个实例。该表中所示的访问权限符号约定如下：O 代表自己；R 代表读取；W 代表写；X 代表执行。总的来说，访问控制矩阵是稀疏矩阵（即大多数格子是空的），许多主体对大多数对象没有访问权。访问控制矩阵可以用一个形式为（主体，对象，权限）的三元组表示，每个三元组具有见表 3.4 的（主体，对象，权限）的形式。

表 3.3　　访问控制矩阵

主体	目录	临时文件	文件	Help.txt	C_Comp	关联文件	时钟	打印件
用户 A	ORW	ORW	ORW	R	X	X	R	W
用户 B	R	—	—	R	X	X	R	W
用户 S	RW	—	R	R	X	X	R	W
用户 T	—	—	R	X	X	X	R	W
管理员	—	—	—	RW	OX	OX	ORW	O
用户服务	—	—		O	X	X	R	W

表 3.4　　访问控制三元组列表

主体	对象	权限	主体	对象	权限
用户 A	Bibliog	ORW	用户 A	F	ORW
用户 B	Bibliog	R	用户 S	F	R
用户 S	Bibliog	RW	等等		
用户 A	Temp	ORW			

因为不用为矩阵的空单元进行三元组表示［如（用户 T，Bibliog，-）］，因此这种表示可能比访问控制矩阵更加高效。尽管三元组可以根据需要按照主体或对象进行排序，但是查找大量的三元组效率太低，因此很少使用。

3.5.3.4 访问控制列表

另一种保护对象的表示方法是访问控制列表（Access Control List），如图 3.11 所示。每个对象都有这样一个列表，列表中包含将访问该对象的所有主体，以及主体具有的访问权限。与目录列表不同的是，每个对象具有一张访问控制列表，而目录是根据每个主体创建的。这个不同点似乎很小，但却有巨大的优点。

	文件A	打印机	系统时钟
用户W	读 写 拥有	写	读
管理员		写 控制	控制

图 3.11 访问控制列表

3.5.3.5 访问权能

访问权能仅仅是一个主体、对象、访问权限的三元组，如图 3.12 所示。理论上，主体可以产生新的对象，并指明在这些对象上允许的操作。例如，用户可以生成对象，包括文件、数据段或子进程，也可以指明各个对象允许的操作，如读、写和执行。但是用户也可以生成一个完整的新对象，如一个新的数据结构，并定义新的访问权限类型。

	文件A	打印机	系统时钟
用户W	读 写 拥有	写	读
管理员		写 控制	控制

图 3.12 访问权能

3.5.4 访问控制策略

3.5.4.1 自主访问控制策略

3.47 访问控制策略

3.48 访问控制策略

自主访问控制（Discretionary Access Control，DAC）是指对某个客体具有拥有权（或控制权）的主体能够将对该客体的一种访问权或多种访问权自主地授予其他主体，并在随后的任何时刻将这些权限回收。这种控制是自主的，也就是指具有授予某种访问权力的主体（用户）能够自己决定是否将访问控制权限的某个子集授予其他的主体或从其他主体那里收回他所授予的访问权限。

通常数据库中的数据可以是由各个不同的用户存入进去的，这些用户可以代表个人也可以代表某个团体或一级组织，存入某个数据的用户，他被称为该数据的拥有者。也就是说，在自主访问控制中，数据的拥有者有权决定系统中的哪些用户对他的数据具有访问权，以及具有什么样的访问权，系统中的用户要对某个数据进行某种方式的访问时，必须是经过该数据的拥有者授权了的。

例如，假设某所大学使用计算机系统进行学生信息的管理。教务处在系统中建立了一张表，存入了每个学生的有关信息，如姓名、年龄、年级、专业、系别、成绩、受过哪些奖励和处分等。教务处不允许每个学生都能看到所有这些信息，他可能按这样一个原则来控制，每个学生可以看到自己的有关信息，但不允许看别人的，每个班的老师可以随时查看自己班的学生的有关信息，但不能查看其他班学生的信息。并且教务处可限制教务处以外的所有用户不得修改这些信息，也不能插入和删除表中的信息，这些信息的拥有者是教务处。教务处可按照上述原则对系统中的用户（该大学的所有老师和学生）进行授权。于是其他用户只能根据教务处的授权来对这张表进行访问。

在计算机中如何实现上述要求呢？根据教务处的授权规则，计算机中相应存放有一张表，将教务处的授权情况记录下来，我们称它为授权表，以后当任何用户对教务处的数据要进行访问时，系统首先查这张表，检查教务处是否对他进行了授权，如果有授权，计算机就执行其操作；若没有，则拒绝执行。

自主访问控制中，用户可以针对被保护对象制定自己的保护策略。因此自主访问控制是一种比较宽松的访问控制，可以非常灵活地对策略进行调整。由于其易用性与可扩展性，自主访问控制机制经常被用于商业系统。比如在很多操作系统和数据库系统中通常都采用自主访问控制，来规定访问资源的用户或应用的权限。虽然自主访问控制是保护计算机系统资源不被非法访问的一种有效手段，但是，它有一个明显的缺点，这种控制是自主的，虽然这种自主性为用户提供了很大的灵活性，但同时也带来了严重的安全问题。

3.5.4.2 强制访问控制策略

强制访问控制（Mandatory Access Control，MAC）是指计算机系统根据使用系统的机构事先确定的安全策略，对用户的访问权限进行强制性的控制。强制访问控制用来保护系统确定的对象，对此对象用户不能进行更改。也就是说，系统独立于用户行为强制执行访问控制，用户不能改变他们的安全级别或对象的安全属性。这样的访问控制规则通常对数据和用户按照安全等级划分标签，访问控制机制通过比较安全标签来确定接受还是拒绝用户对资源的访问。强制访问控制进行了很强的等级划分，所以经常用于军事用途。

计算机系统对系统中每一个主体（用户或代表用户的进程）分配一个安全级（或称安全属性），主体的安全等级标志着用户不会将信息透露给未经授权的用户；对用户访问的对象（亦称客体），如数据、存储器段、目录和网络节点等，也分配一个安全级，给予客体的安全等级能反映出客体本身的敏感程度。当主体对某客体进行访问时，系统要对这个主体和客体的安全级别进行比较，来决定用户能否访问该客体。主、客体的安全级别由两部分组成：密级和部门属性。其访问规则可简单地描述为“向下读，向上写”。即：

（1）仅当主体的安全级别不小于客体的安全级别时，主体可读访问客体。

（2）仅当主体的安全级别不大于客体的安全级别时，主体可写访问客体。

也就是说，主体安全级别必须高于被读取对象的级别，同时主体安全级别必须低于被写入对象的级别。这个策略的安全原则是信息只能由低安全级流向高安全级，而不能由高安全级流向低安全级。这一安全策略特别适合于军事部门和政府办公部门。

强制访问控制在自主访问控制的基础上，增加了对网络资源的属性划分，规定不同属性下的访问权限。一般安全属性可分为 4 个级别：最高秘密级（Top Secret）、机密级（Secret）、秘密级（Confidential）以及无级别级（Unclassified）。其级别顺序为 T、S、C、U，规定如下的 4 种强制访问控制策略：

（1）下读。用户级别大于文件级别的读操作。

（2）上写。用户级别低于文件级别的写操作。

（3）下写。用户级别大于文件级别的写操作。

（4）上读。用户级别低于文件级别的读操作。

这些策略保证了信息流的单向性，上读下写方式保证了数据的完整性，上写下读方式则保证了信息的安全性。强制访问控制技术引入了安全管理员机制，增加了安全保护层，可防止用户无意或有意使用自主访问的权利。使用强制访问控制的安全性比自主访问控制的安全性有了提高，但灵活性却要差一些。例如，某些高安全等级的操作系统规定了强制访问控制策略，通过给系统用户和文件分配安全属性，强制性地规定该属性下的权限，低安全级别不能访问高安全级别的信息，不同组别间的信息不能互访等。

强制访问控制和自主访问控制有时会结合使用。在一个既具有自主访问控制，又具有强制访问控制的计算机系统中，当一个主体要访问某个客体时，他必须既通过自主访问控制的检查，又要通过强制访问控制的检查，只有这两道检查都通过了，他才能对这个客体进行访问。例如，系统可能首先执行强制访问控制来检查用户是否有权限访问一个文件组（这种保护是强制的，也就是说这些策略不能被用户更改），然后再针对该组中的各个文件制定相关的访问控制列表（自主访问控制策略）。

3.5.4.3 BMA 模型访问控制策略

在金融系统中，信息处理系统的重要组成部分是对于顾客的个人隐私信息保护。但是顾客的个人隐私信息（如银行账户信息、保险信息等）在商业公司中往往具有分散化的特征，因此安全类别和安全等级是分散建立的，如果一个特定个人需要了解特定的信息，他就能得到所需要的信息。另外，如果使用多级安全模型，就需要定义大量的数据类别和安全等级，这增加了建模的复杂性，同时难以对系统规模的增长做出有效控制。在个人隐私信息保护领域，利益冲突并不是关键问题，因此，为了避免记录被非法访问，确保客户信息的机密性、完整性等，可以通过 BMA 访问控制策略来达到这个目的。

BMA 模型用于对数据的利用、再加工、发布和交流实施管理，并且建立审计跟踪机制，防止泄密或侵犯客户隐私。商业公司通常允许限量、无害的信息公开，而对大量的敏感信息保密，但是另一方面，在金融信息系统中，由于核心业务系统中的交易信息需要与在二级应用中（如决策分析、成本控制和审计等）共享，通过采集无害信息，许多敏感信息很有可能被推导出来。要避免这种情况发生，就要求模型能够跟踪哪些问题曾被问及，对数据本身采取相应的技术手段，以处理敏感客户信息通过隐蔽通道泄露出去的问题。

3.5.4.4 基于角色的访问控制

基于角色的访问控制（RBAC）可以根据用户的特权属性为其指派适当的角色，以及应用程序或过程的访问权限，有效管理数量巨大、高度分散的雇员、应用及其关联关系。

RBAC 本质上是决策中立的，但可以与 DAC，MAC 共存。它可在应用层上实现，并直接支持最小特权策略。相对用户和授权之间直接关联的方法，RBAC 系统能够以简单的方式向最终用户提供语义更为丰富、得到完整控制的存取功能，便于实现系统的安全管理和评估。基于 RBAC 的优势，银行或类似银行这样的组织已经把它广泛用在访问控制的管理中。

3.6 应用安全协议

案例导读

旧金山地铁黑客事件

2016 年 11 月，旧金山的 Municipal 地铁站的电脑票价系统遭到黑客攻击，黑客索要 100 比特币作为赎金。尽管旧金山地铁没有公布案件调查进展信息，但我们能从中看出这是一次恶意的黑客勒索软件攻击事件，若要恢复地铁票价系统就需要进行比特币赎金交易。尽管黑客已经开设好比特币钱包等待旧金山地铁的支付，但旧金山地铁并未向黑客支付任何费用，在所有地铁购票机器工作失常后，旧金山地铁干脆开放地铁，允许乘客免费乘坐。

3.6.1 安全服务及实现机制

3.49 ▤ 安全服务及实现机制

3.50 ▶ 安全服务及实现机制

3.6.1.1 安全服务

安全协议是以密码学为基础的应用层协议，在网络和分布式系统中提供各种安全服务（指网络应用中的主要的安全防护措施），在信息安全系统中起着桥梁作用。

根据 ISO 7498-2 标准，一个协议中的安全服务和安全机制及其映射关系见表 3.5。

1. 安全服务的相关要求

（1）机密性。机密性隐含着信息不能被泄露给某些特定实体集合的事实。根据所保护对象粒度大小的不同，机密性可细分为选择字段机密性、连接机密性、无连接机密性、业务流机密性。在商业系统中，机密性也包括隐私性的要求，如银行中储户的个人资料和账目往来情况等敏感性信息不能被其他人所获取，否则，会给储户带来一系列的危险，并且导致银行和储户间法律上的纠纷。在商业数据交换环境中，有两种基本方法可以提供机密性，即路由控制和加密。

表 3.5　　　　　　　　　　ISO 安全服务与安全机制

服务 \ 机制		加密	签名	访问控制	数据完整性	认证交换	业务流填充	路由控制	公正
认证	对等实体认证	Y	Y			Y			
	数据起源认证	Y	Y						
访问控制	访问控制			Y					
机密性	选择字段机密性	Y							
	连接机密性	Y						Y	
	无连接机密性	Y						Y	
	业务流机密性	Y					Y	Y	
完整性	可恢复连接完整性	Y			Y				
	选择字段的连接完整性	Y			Y				
	无恢复连接完整性	Y			Y				
	无连接完整性	Y	Y		Y				
	选择字段的无连接完整性	Y	Y		Y				
非否认	数据起源的非否认		Y		Y				Y
	传递过程的非否认		Y		Y				Y

（2）完整性。完整性的目的是保护系统以防止未授权的改变、删除或替代。与机密性类似，完整性也可细分为多种，如序列完整性、可恢复完整性。一个完整性服务可以应用于完全连接、无连接数据单元和选择字段等。这些服务只能保护数据在该应用粒度上不被创建或修改。具体的完整性机制包括加密、签名和数据完整性机制（如测试字、封装等）。损坏—检测方法是保证数据的完整性的基本方法。

（3）非否认。非否认服务包括数据起源的非否认和传递过程的非否认两个方面，前者可使用数字签名、令牌等完整性机制实现，后者可使用公证机制等实现。

（4）其他服务。事件检测、安全审计追踪和安全恢复等一些普遍的安全机制可用于实现金融系统中的安全审计和责任、服务可用性要求，在开放系统互联 OSI 安全体系结构并没有考虑服务可用性要求。同时，表 3.5 中的数据起源和传递过程中的非否认反映了安全审计和责任的部分要求，但并不完整。

2. *应用层的目的*

应用层是唯一一个可以实现表中所列的所有安全服务的协议层次。在应用层提供安全服务是为了达到以下目的：

（1）满足只对特定应用有意义的安全需求，例如，对应用内部资源的访问控制或非否认。

（2）保护应用层协议内的某些字段，例如，金融交易中的 PIN 字段。

（3）保护需经过多个终端系统的信息，例如，应用层的存储—转发。

（4）提供端系统及保护，使应用无须依赖于特定的下层协议。

3.6.1.2 实现机制

1. 完整性服务实现机制

在实现数据完整性服务时，主要可以采用以下手段：

（1）测试字。发送者通过一个双方认同的算法将信息转化成一个字符串，称为测试字。发送者将所得到的测试字附加在交易数据中，接收者用接收到的交易数据重复同样的步骤，从而能够验证交易的完整性。

当前，会计系统中的密押器在进行资金汇划等业务时，对大额支付交易报文，会计人员将票据数据要素录入密押器，密押器使用内置的封装算法产生一个密押值，操作人员将其一同填写在相应的报单或者汇票上。交易报文接收方也用密押器进行同样的运算，两个密押值比对一致后，才允许进行交易。

（2）封装。用于保证交易数据的完整性，与测试字一样，封装包含着用加密方法产生一个作为明文附件传送的值。当需要特定的数据完整性时，这样一个附件通常称为完整性校验值（ICV）。

前面用于认证的 MAC 码是一种重要的封装机制，经常用于协议的消息完整性实现。在 SWIFT、IS08583 报文格式标准中，都要求在消息传输时，需要将加密的数据和 MAC 码一起作为报文上传主机，以便主机可以用 MAC 码来校验加密数据。一旦交易要素如账号、终端的标识、交易货币代码、金额、交易日期等遭到任何修改，修改后的数据必定和“MAC 消息鉴别码”不符，这样就可以立即检验出原始的数据信息已经被篡改，从而保证数据完整性。

（3）签名。目前，RSA 和 DSS 签名都已用于协议的数据起源认证过程。相关的标准有 IS011166 和美国联邦信息处理标准 FIPS PUB I86-1 等。在金融系统中，签名除了广泛用于客户交易数据完整性，也可用于会计系统的编押 / 核验。目前，世界上的许多银行、国际金融组织（如环球银行金融电信协会 SWIFT、金融服务技术联盟 FSTC）和中国人民银行的现代支付系统，都越来越倾向于采用数字证书来开发电子支票等票据认证和支付标准。为了适应传统业务经营需要，在编押 / 核验过程中，还可以将电子签名与传统的手工签名或印章结合，做成安全电子印章，保证其不被非法伪造和滥用。

（4）加密。类似于封装和签名，假定被保护的数据项拥有一些冗余，加密传输冗余能保证数据完整性的效果。这就使得如果一个入侵者不知道加密的密钥而修改了密文的一部分，会导致在解密的过程中产生不正确的信息。

（5）序列封装。为了确保序列的完整性，使用的方法。

2. 非否认性服务实现机制

与非否认相联系的事件序列可分为以下不同的行动阶段：服务请求、证据产生、证据

传递 / 存储、证据验证和纠纷解决。

非否认机制具体有以下几种：

（1）可信第三方令牌。令牌由第三方生成，使用对称算法将数据项或其摘要、发起者身份和其他需要的信息如时间戳进行封装，只有可信第三方知道所使用的对称密钥。接收者不能直接验证令牌，但可送回到可信第三方处验证。发起者、接收者和可信第三方之间的通信交换都需要完整性和数据起源的认证保护。

（2）数字签名。数字签名提供了一种将实体的身份信息和一段信息绑定在一起的手段，它不仅可以实现消息起源认证和数据完整性，而且可以提供非否认性。《电子签名法》规定，签署时电子签名制作数据仅由签名人控制。一旦签名验证通过，则可认定被签名的数据文件确实是签名方所签发。可靠的电子签名与手写签名或盖章具有同等的法律效力。

在应用协议中，一方（或作为其担保的第三方代理）对数据项（或其散列函数值）、本身身份和所有其他必需的信息、进行串联产生一个数据签名，这个签名成为证据，被传递给接收者用于验证和存储。其中，使用第三方代理签名可以减少验证方对证书获得、核实和存储的需求。

（3）新鲜性证据。为了防止否认在规定的时间内收到或发送消息，协议需要增加一种新鲜性的概念，保证所接收的数据不仅起源于某个期望的实体，而且需要保证这一数据绑定于当前协议回合而不是重放的旧消息。为此，需要使用交易时间、序列号、随机数等变量对两个不同协议回合的执行空间进行分离，达到无干扰性，以抵抗重放和交叉攻击。在很多应用中使用了安全时间戳服务。

（4）渐进传递与报告。为了防止一个接收者在看了被传递数据内容后不去向对方确认的问题，达到接收非否认性，可以对传递过程进行控制。一种方法是引入一个可信第三方作为传递代理。另一种方法是使用两阶段传递。

（5）非否认机制的联合使用。此外，非否认一直都依赖于可信第三方的参与，因为仲裁者不可能在没有支持的由争执双方提交的声明的基础上作出判决。在一般的应用环境中，金融机构或者其代理可以用来承担可信第三方的功能。

3.6.2 应用层安全协议

3.51 应用层安全协议

如图 3.13 所示，ISO/IEC 10745 提供了高层安全协议的通用构建工具和协议组件的模型，根据该模型，为实现应用层安全，协议需要提供以下两类组件。

3.6.2.1 系统安全组件

待保护的用户数据协议项首先传递给系统安全组件，进行与安

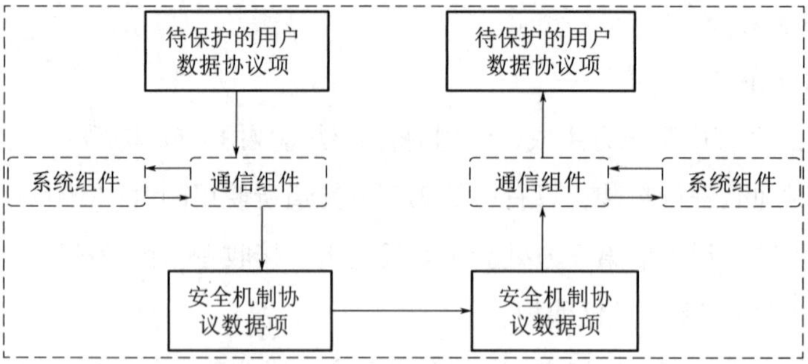

图 3.13　高层安全协议模型

3.52 应用层安全协议

全有关的处理，如加密 / 解密、数据签名的生成 / 验证或认证令牌的生成 / 验证，然后进行产生安全协议中的消息值。它实现为各个具体模块，以定义应用层 PDU 和它们的使用规则。

3.6.2.2　安全通信组件

负责与安全相关的信息在系统间的传输。在接收到系统安全组件处理过的各个消息项后，一个安全消息中的各个字段如何进行排列、接收者怎样分析和抽取这些字段由安全通信组件来完成。它限定了不同的 PDU 之间，及它们与表示不同服务之间相互关联的方式。

为实现安全性质或原来的假设，应用层安全协议可以对消息级和协议级两个不同层次上的内容进行处理，要求建立安全关联，并在此基础上逐步实现安全变换和安全交换。

1. 安全关联

对逻辑相关的一系列数据，可能需要进行相同的数据保护。这时有必要对整个序列保留一些属性值（如密钥、算法）和动态状态信息（如完整性序列号等）。如果两个（或多个）系统之间共同维护着一些规则、状态信息、（实体 ID，选用的算法、密钥、其他参数）等属性，就称它们之间有安全关联。

安全关联可用于通过一个应用关联直接互联的情况，也可以用于不直接互联的情况，例如通过应用层转发系统互联的情况，其类型包括以下几种：

（1）外部安全关联。在其他外部过程建立的安全关联。以 SSL 协议为例，其握手协议用于建立应用之间的安全关联，包括会话标识符、对等实体证书、压缩方法、加密算法及参数、双方共享的 48 字节值主控密钥、用于加密、MAC 及其初始向量的三对对称密钥材料。

（2）显式（单项）安全关联。描述编码 / 解码过程的信息显式地随编码后的表示数据值一同传输。

（3）显式（表示上下文）安全关联。一一对应于协商好的表示上下文。描述编码 / 解码过程的信息显式地随第一个编码后的表示数据值一同传输。

在 ISO 标准体系中，为了在关联建立时进行单向或双向认证信息交换，可以使用一个用于关联控制的应用服务元素，称为 ACSE。ISO/IEC 8649、ISO/IEC 8650 是关于 ACSE 的标准，它定义了一组应用 PDU，在建立 / 终止表示连接的同时建立终止应用关联。但是，安全交换元素（SESE，ISO/IEC 11588）的使用更加常见，因为它可用于描述协议数据项的一般形式，它不限制认证的次数，也可以不在关联建立的时候进行。

2. 安全变换

安全变换包括填充、加密、签名、完整性校验值和完整性序列号等的各种变体和组合。它不局限于通信环境，而是同样可以用来保护存储的数据。在理想情况下，它应该适用于各种应用和各种通信 / 存储环境。

安全变换可实现用于各类安全需求。以 SSL 协议为例，为实现数据传输的机密性和完整性，其记录协议完成对应用数据的分片、压缩、加密、封装等编码过程或进行反向操作。

安全变换规范由安全机制设计者定义。安全变换的描述包括如下内容：

（1）说明安全变换所使用的编解码过程。

（2）列出编解码过程所需要的输入、输出的数据类型。

（3）说明解码过程中错误发生的条件和处理办法。

（4）说明需要传输的所有静态 / 动态参数的数据类型和语义。

（5）该类安全变换的全局唯一的标识符。

3. 安全交换

安全交换是在安全机制的直接支持下，两个系统间传输一系列与安全相关的信息。在安全交换的情况下，系统安全组件是协议信息的源方和收方。在实际过程中，安全交换需要与安全变换进行结合，共同实现安全需求。一个安全交换规范应包括几方面的内容，如要交换的信息项的数据类型、交换目的、交换进行过程以及相关的错误指示。

总结回顾

第 3.1 节讲述了网络安全隐患，包括信息安全面临的威胁、网络不安全的原因、网络信息安全的模型。然后讲述了网络攻击技术，包括网络攻击概述，信息收集、网络入侵以及网络后面与网络隐身对网络的攻击。

第 3.2 节讲述网络防御技术，包括网络防御概述、网络安全协议、蜜罐技术以及虚拟专用网防御技术。

第 3.3 节讲述了密码学基础知识，包括数据加密标准、密钥周期、密钥保护等。讲述了对称密钥管理体系，包括层次化密钥及密钥分配协议。然后讲述了非对称密钥管理即公钥 / 证书管理，包括证书、PKI 系统结构及密钥 / 证书周期管理、证书撤销机制。最后讲述了基于公钥密码系统管理及网络安全中的密码学知识。

第 3.4 节讲述了不同应用环境下的身份认证技术，包括认证系统模型、性质、类型，认证设施及模式，了解可插入式的认证模块机制，了解包括口令机制、基于对称密码技术的认证、基于公钥技术的认证、基于生物特征的身份认证等常见认证方法。

第 3.5 节讲述了访问控制的基本概念，实施访问控制过程包括了引用监视器，访问控制目录，访问控制矩阵，访问控制列表，访问全能等。讲述了访问控制策略的四种类型，包括自主访问控制策略、强制访问控制策略、BMA 模型访问控制策略、基于角色的访问控制追踪，掌握访问控制实施的过程，了解面向程序的访问控制、基于角色的访问控制的点。最后讲述了访问控制的实现方式以及程序设计中的域问题。

第 3.6 节讲述了安全服务的概念，完整性服务实现机制及非否认性服务实现机制。应用安全协议的结构模型，消息模型，并讲述了需求检验方法，高级安全协议结构。讲述了安全表示法的目录认证服务框架、通用高层安全标准、表示层操作及编解码，了解协议设计的构造保护性传输语法及强制访问控制策略选择合适的安全变换模式。

3.53 Ⓟ 项目 3
知识拓展案例

课后实践

选择题

1. 可以认为数据的加密和解密是对数据进行的某种变换，加密和解密的过程都是在（　　）的控制下进行的。

A. 明文　　B. 密文
C. 信息　　D. 密钥

2. 为了避免冒名发送数据或发送后不承认的情况出现，可以采取的办法是（　　）。

A. 数字水印　　B. 数字签名
C. 访问控制　　D. 发电子邮件确认

3. 数字签名技术是公开密钥算法的一个典型应用，在发送端，采用（　　）对要发送的信息进行数字签名；在接收端，采用（　　）进行签名验证。

A. 发送者的公钥　　B. 发送者的私钥

C. 接收者的公钥　　D. 接收者的私钥

4. 以下关于加密说法正确的是（　　）。

A. 加密包括对称加密和非对称加密两种

B. 信息隐蔽是加密的一种方法

C. 如果没有信息加密的密钥，只要知道加密程序的细节就可以对信息进行解密

D. 密钥的位数越多，信息的安全性越高

5. 数字签名为保证其不可更改性，双方约定使用（　　）。

A. Hash 算法　　B. RSA 算法

C. CAP 算法　　D. ACR 算法

6. （　　）是网络通信中标志通信各方身份信息的一系列数据，提供一种在 Internet 上验证身份的方式。

A. 数字认证　　B. 数字证书

C. 电子证书　　D. 电子认证

7. 数字证书采用公钥体制时，每个用户设定一把公钥，由本人公开，用其进行（　　）。

A. 加密和验证签名　　B. 解密和签名

C. 加密　　D. 解密

8. 在公开密钥体制中，加密密钥即（　　）。

A. 解密密钥　　B. 私密密钥

C. 公开密钥　　D. 私有密钥

9. 用于实现身份鉴别的安全机制是（　　）。

A. 加密机制和数字签名机制　　B. 加密机制和访问控制机制

C. 数字签名机制和路由控制机制　　D. 访问控制机制和路由控制机制

10. 身份鉴别是安全服务中的重要一环，以下关于身份鉴别叙述不正确的是（　　）。

A. 身份鉴别是授权控制的基础

B. 身份鉴别一般不用提供双向的认证

C. 目前一般采用基于对称密钥加密或公开密钥加密的方法

D. 数字签名机制是实现身份鉴别的重要机制

11. 基于通信双方共同拥有的但是不为别人知道的秘密，利用计算机强大的计算能力，以该秘密作为加密和解密的密钥的认证是（　　）。

A. 公钥认证　　B. 零知识认证

C. 共享密钥认证　　D. 口令认证

12. 身份认证的含义是（　　）。

A. 注册一个用户　　B. 标识一个用户

C. 验证一个用户　　D. 授权一个用户

13. 身份认证中的证书由（　　）。

A. 政府机构发行　　B. 银行发行

C. 企业团体或行业协会发行　　D. 认证授权机构发行

14. 在网络中身份认证时可以采用的鉴别方法有（　　）。

A. 采用用户本身特征进行鉴别　　B. 采用用户所知道的事进行鉴别

C. 采用第三方介绍方法进行鉴别　　D. 使用用户拥有的物品进行鉴别

15. 通常为保证信息处理对象的认证性采用的手段是（　　）。

A. 信息加密和解密　　B. 信息隐匿

C. 数字签名和身份认证技术　　D. 数字水印

16. 避免对系统非法访问的主要方法是（　　）。

A. 加强管理　　B. 身份认证

C. 访问控制　　D. 访问分配权限

17. 访问控制是指确定（　　）以及实施访问权限的过程。

A. 用户权限　　B. 可给予哪些主体访问权利

C. 可被用户访问的资源　　D. 系统是否遭受入侵

18. 在信息安全管理中进行（　　），可以有效解决人员安全意识薄弱问题。

A. 内容监控　　B. 责任追查和惩处

C. 安全教育和培训　　D. 访问控制

19. 数据库访问控制的粒度可能有（　　）。

A. 数据库级　　B. 表级

C. 记录级（行级）　　D. 属性级（字段级）

E. 字符级

20. 关于用户角色，下面说法正确的是（　　）。

A. SQL Server 中，数据访问权限只能赋予角色，而不能直接赋予用户

B. 角色与身份认证无关

C. 角色与访问控制无关

D. 角色与用户之间是一对一的映射关系

填空题

1. 在实际应用中，一般将对称加密算法和公开密钥算法混合起来使用，使用（　　）算法对要发送的数据进行加密，其密钥则使用（　　）算法进行加密，这样可以综合发挥两种加密算法的优点。

2. 典型的基于 PKI 技术的常见技术包括（　　）、（　　）和（　　）等。

3. 很多企业采用 VPN 技术实现远程安全接入和管理，保证了传输数据的机密性、（　　）、身份验证和（　　）。

4. 企业信息化就是（　　）的信息化。

5. 系统漏洞就是系统（　　），黑客可以利用（　　）攻击系统。

简答题

1. 在层次化密钥管理体系中，不同层次的密钥分配方式和更新频率有何不同？

2. 银行体系中的工作密钥包括哪几种？简述其分配要求和过程。

3. 简述密钥 / 证书生命周期管理各阶段的主要内容。

4. 以口令系统为例，剖析身份认证系统应该包括哪些部分？各部分的保护要求有哪些？

5. 动态口令可以对抗哪些攻击？各种实现机制的工作原理及其优缺点有哪些？

6. 身份认证有哪些实现模式？各模式的特点是什么？

7. 如何理解应用安全协议的完整性服务？它有哪些实现手段？

3.54 Ⓣ 项目 3
习题答案

项目 4 数字货币安全

学习目标

通过课堂讲解和讨论，学生应了解数字货币和数字货币技术——区块链技术的含义、主要特征、种类，正确理解数字货币的利弊，了解数字货币面临的挑战，以及我国对数字货币监督管理的情况。

4.1 数字货币概述

案例导读

"让每个人钱包里都有数字货币"

一位名叫 Jenny 的游客出发之前在 Monaco 卡充值了 1 枚以太币（ETH），在法国度假的时候点了一份 16 欧元的午餐，Monaco 卡计算出 16 欧元等于 17.7410 美元，根据每日交易量最高的美元和 ETH 之间汇率，16 欧元约等于 0.19068368 个以太币（ETH）。最后，Jenny 选择刷 Monaco 卡支付午餐费。这是用户使用 Monaco 卡支付的一个场景。

2018 年 8 月 17 日比特币价格突破 3 万元人民币，全球数字货币价值也已超过万亿美元，当数字货币交易逐渐成为一种投资方式，数字货币支付也逐渐走入公众视野。资金账户里存储着一定量的数字货币，用户除了投资，还会有使用这些数字货币进行支付的愿望，Monaco 解决的正是这部分用户希望使用数字货币进行支付、跨境换汇、转账支付等问题。

Monaco 首席执行官 Kris Marszalek 在采访中表示，Monaco 的愿景是希望每个人的钱包里都拥有一张卡，实现数字货币支付与跨境换汇的便捷化。

思考题：

（1）数字货币支付的优势有哪些？

（2）分析数字货币支付与传统支付的区别。

4.1.1　数字货币的界定

4.1.1.1　关于数字货币含义的讨论

各国政府机构都相继出台关于数字货币有针对性的法规，但是都不能对其定义清晰。但由于这些定论不具有技术前瞻性，因此变得不伦不类。于是，就有了“虚拟货币”“电子货币”“数字货币”等名称的出现，而它们之间的定义范畴也不尽相同。

4.1 数字货币的界定

2008 年，中本聪在网络上发表了《比特币：一种点对点的电子现金系统》，文中阐述了基于区块链（Blockchain）技术、能够实现点对点交易的比特币。随后，以比特币、以太币为代表的虚拟货币（Virtual Currency）因其匿名、低成本的特性，引发了全球范围的广泛追捧。

虚拟货币是数字货币的一种，数字货币包括数字形式的虚拟货币和电子货币。虚拟货币不同于法定货币和电子货币。电子货币（Electronic Money or E-Money），是数字形式的法定货币，是用电子方式转移以法定货币计价的价值。虚拟货币本质上是数字数据，而不是其赖以存储的媒介。数字形式的虚拟货币可以被转移、复制或转账到另一存储介质，但是虚拟货币价值的固有形式是数字形式。虚拟货币既不由国家发行，也不被国家担保，只能在虚拟货币用户社区内、在协议之下发挥以上的功能。

4.2 数字货币的界定

虚拟货币因其特性导致其适用范围广，形式也是不规范的和不严格的，在不同的语境下所指的对象存在天壤之别。它既可包括传统货币概念中由银行监管的信用资产，也可由企业凭借自身信用在限定范围内发行，与法定货币存在绝对联系的特定支付工具，如游戏币、Q 币等。因此，如何界定虚拟货币的概念和使用，在理论上变得十分困难。

电子货币也存在类似的问题，在实际应用上电子货币已经以数字信息形式存在于支付手段中，不过在发行主体、发行方式、法律地位和监管规则等基本属性上仍然存在很大的区别，尽管这些区别在特定表述中并不会产生难以区分的问题。

据此，符合主流的数字货币概念主要是指基于区块链技术，符合去中心化、全球化、总量恒定或微小增长、总账本数据不可篡改、工作量证明等本质特性，并以承载交换或储值功能的加密货币。

4.1.1.2 数字货币的理论内涵与实践概念

1. 理论内涵

目前，在理论的层面上数字货币尚未定性，但对数字货币的基本认识已经形成：

（1）数字货币等同于电子货币。

（2）数字货币是电子货币的一种。

（3）数字货币是一种独立的支付工具。

形成不同认识的原因有两方面：

（1）数字货币是主要是依托于信息网络技术的发展而逐步形成的新兴事物，专业性和独特性使其被蒙上了一层神秘的“面纱”。

（2）在早期数字货币的创立者只提供了一种全新的思维方式，技术长期的发展让数字货币展现于世人面前，显现出其蕴藏的巨大能量。

2. 实践概念

从最早的 Bit Gold、B-money 等数字货币实验，到将数字货币概念首次引入大众视野的比特币，显现出数字货币发展的速度非常快。基于此，数字货币的定义是依靠密码技术来创建、发行和实现流通的电子货币，它是电子货币形式的替代货币。

目前，流行于世界各国的数字货币有上百种，如比特币、莱特币、无限币、夸克币、泽塔币、元宝币等。

4.1.2 数字货币的主要特征

4.1.2.1 去中心化

数字货币与传统货币不同点在于去中心化特征十分突出。

一是数字货币运行、发行不依赖于中央银行、政府、企业等机构组织的支持或信用担保，而是依赖信息技术、密码算法、网络协议等来实现，理论上确保了任何个人、机构、政府等都不可能操控数字货币总量或制造人为通货膨胀。以比特币为例，它的货币总量按照预定设计的速率逐年增长，并在2140年达到2100万个的上限。

4.3 数字货币的主要特征

二是数字货币没有一个集中的发行方，而是通过网络节点的计算产生，理论上任何人在任何时间、地点都可以参与制造数字货币，如一开始向网络中释放比特币的速度为 20 个 /10min（后调整为 25 个 /10min），并逐步减半。

4.4 ▶ 数字货币的主要特征

4.1.2.2　强匿名性

数字货币不同于以法定货币为基础的电子交易时身份的验证，具有较强的匿名性特征。

（1）数字货币交易可以在购买初期就实现匿名，用户仅需提供资金或通过信用就可以购买数字货币，交易过程中较少涉及用户的身份信息。

（2）数字货币的匿名性还在于其有不同于传统电子交易的替代支付方式，使得整个交易过程中外人无法辨认用户身份信息。

如在 Ukash 支付平台，用户申请时不需拥有银行卡或账户，也不需要注册和提供任何个人信息，即可将现金兑换成 19 位编码的代金券，在所有支持 Ukash 支付系统的国际网站上均可以使用，使得数字货币交易过程中能较好地实现匿名性。

4.1.2.3　便捷支付

数字货币在支付的过程中不受时间和空间的限制，能够快捷方便且低成本地实现境内外资金的快速转移，使得整个支付过程更加便捷有效。

以货币跨境转汇为例，传统货币转汇境外需要通过银行机构进行较为复杂的手续，如金融电信协会的业务识别码、特定收款地的国际银行账户号码等，同时，完成整个资金转移过程耗时较长，一般为 1~8 个工作日，并且需要支付较高的手续费。

而数字货币则能实现境外转汇的低成本便捷化服务，如通过 PayPal 办理境外转汇业务时，可以在接受支付命令后即时将转汇金额记入到收款人的 PayPal 账户，实现业务交易的即时性。

4.1.3　数字货币的种类

4.5 ▤ 数字货币的种类与支付

虚拟货币种类在全球高达 1300 种。数字货币是互联网上的虚拟货币，不依托于实体网络服务商成立，甚至在一定的区域范围内允许其在现实中可以直接使用。

4.6 ▶ 数字货币的种类与支付

网络虚拟货币如比特币（BTC）、以太币（ETH）、比特币现金（BCH）、瑞波币（XRP）、莱特币（LTC）、福源币（FTC）等，主要用于互联网金融投资。

4.1.4 数字货币支付与各类支付的比较

4.1.4.1 数字货币支付与传统支付的差异

数字货币以分布式支付系统为基础，试图构建一个完全开放的支付体系，与传统支付较为明显的差异体现在以下几个方面。

（1）支付系统。数字货币支付是基于一个完全开放的系统平台运作，能够在全球范围进行支付，不受时间、区域的限制。而传统支付是在较为封闭的系统中运行，支付行为多以境内为主，且易受时间和空间的限制，不提供全天候、跨境的一些支付服务。

（2）交易媒介。从流转媒介来看，数字货币支付是利用信息技术以数字化的方式进行交易支付，而传统支付是通过现金、票据、银行卡等物理实体流转来完成款项支付。从支付媒介来看，数字货币支付以网络为基础，而传统支付则是由通信媒介实现。

（3）支付效率。数字货币支付流程较为简单，用户只需要一台可以连接网络的PC机，就能够方便、快捷、高效地完成支付行为。而传统的支付受时间、空间以及操作流程等多重限制，难以实时完成资金支付流转，尤其是应对跨境交易和支付的时候。以比特币跨境支付为例，它可以实现实时到账，而使用 VISA 和 Master 卡等支付工具则需 1~3 天甚至更长的时间才能到账，同时比特币在提现时间上也有优越性，能够从 5~7 天缩短到 2~3 天。

（4）支付成本。数字货币支付的流程简单、操作便捷以及支付的实时性、跨区域等特点，使得数字货币的运作成本、交易成本等都比较低，因此，整个支付成本也会相应大幅度降低。而传统支付由于依赖传统银行及支付网络，需要缴纳由银行及其他支付网络收取的跨境费，支付成本相对较高。仍以比特币跨境支付来看，发送比特币只需要支付 0.001 个比特币（折合人民币仅需几毛钱，且与支付额度大小无关），而使用 VISA 和 Master 卡等则需要支付总金额 5%~8% 的高额手续费。

4.1.4.2 数字货币支付与网络支付的差异

网络支付尤其是第三方支付的兴起与发展，是现代支付体系的一个重要补充，其在支付体系、交易媒介、支付效率等方面有着与传统支付不可比拟的优越性，某些属性特征与数字货币支付较为相似。对比来看，数字货币支付与网络支付最大的差异集中在支付成本与跨境支付两个方面。

（1）支付成本。数字货币是通过互联进行的，支付的过程中避开了传统银行体系与国家边界的资金流动障碍，尤其是在进行跨境贸易的时候，资金流转与支付仅承担少量的费用，为商家与客户节省了手续费。然而网络支付，尽管相较传统支付已经节约了很大的支付成本，但与数字货币比较费用的节省仍然相对有限。

（2）跨境支付。数字货币支付不受时间、区域、金额限制的优势，能够实时完成跨国贸易和跨境支付，显示出其在跨境支付中的优越性。

4.1.5 数字货币的利弊

4.1.5.1 数字货币的利端

数字货币作为一个新生事物，其生命力正在展现，并逐渐得到政府和企业的高度重视。简单地讲，其主要的有利之处包括以下几个方面。

（1）有利于降低纸币管理成本。我国目前每年流通的纸币为 6 万亿元左右，虽然这个数字在逐年降低，但每年都有超过约千亿元人民币的管理成本，其包括了印制、发行、更换、销毁，以及银行自动取款机和柜台的现金服务和企业、商户的现金管理等，如果采用数字货币，将大大降低管理成本。

（2）有利于货币监管。数字货币体系数据维度丰富，数据完整准确，可以及时统计宏观经济数据。央行可以及时掌握金融市场情况，根据完整和全面的数据及时制定相关货币政策，及时实施到消费者和企业，达到货币监管的主要目的。

（3）有利于提高金融市场信息传导速度。数字货币能提高跨境支付效率和经济数据统计效率。数字货币系统体系中，参与者能及时掌握和统计得到数字货币的交易去向和用途，可以帮助企业和机构从中找到具有价值的统计信息，在一定程度上提升社会交易的公平和效率，调节资源配置，避免不必要的浪费。

（4）有利于政府监控货币资金的流向。在数字货币体系下，货币流转信息完整透明，货币的支付环节被完整记录下来，关键支付信息会被记录、存储、统计上传。财政可以依据这些信息来监控货币流向，确保货币流向计划领域。另外从技术手段上来看，数字货币可以被停用，当数字货币流向错误时，可以利用技术手段进行控制，让其回到正确流通方向，帮助需要帮助的人。

4.1.5.2 数字货币的弊端

（1）发展不成熟。数字货币衍生进化速度较快，在技术和管理方面发展还不成熟，在成本、效率、存储、安全等方面都还有很多问题没有解决。

（2）基础设施投入大。如果数字货币投入使用，将涉及包括收单系统和商户收单设备在内的所有金融支付系统的改造。其数据计算和存储系统的投入巨大，估计其基础投入将在千亿元人民币之上，这还不包括国家之间数字货币体系的建设。

4.7 数字货币面临的挑战

（3）系统风险大。相对于现在的货币支付系统，数字货币系统很可能会面临更多的风险，特别是来自互联网的危险，例如黑客的入侵、数据混淆等。

4.1.6 数字货币面临的挑战

4.8 数字货币面临的挑战

虽说从很多方面来讲，数字货币比纸币具有更大的优越性，但数字货币的实际应用仍面临不少挑战，诸如法律问题、对经济金融体系的影响、数字货币本身的安全技术、数字货币如何调节流动性等。不过关于数字货币面临的法律问题和对经济金融体系的影响，现在已经不成什么问题了，因为在很多的大城市，由于移动支付的普及，越来越多的人开始“无现金”生活，纸币的电子化给数字货币的实际应用提供了良好的借鉴。

实际上，最为关键的是如何处理法定数字货币与私人发行数字货币的关系，目前还没有任何一个国家能够创造出一套独立发行数字货币的技术，因此对私人技术形成强大的隔绝或壁垒。美国已经明确了比特币属于大宗商品，也就是说，以后在美国，无论私人发行的数字货币影响力多大，依然要用美元去计价，这就为法定数字货币推出之后，处理法定数字货币与私人数字货币之间的关系提供了方向。

另外一个挑战在于，在多中心化的条件下，如何调节数字货币的流动性和对其实施有效的监管。从近几年的数字货币发展情况看，由于区块链技术等领域的发展，数字货币在提升交易活动的便捷性和透明度方面有了质的飞跃，但同时也存在如何监控洗钱、资金跨境流动、逃税漏税等方面的违法犯罪行为。

如果多中心化之下的数字货币想要达到未来的监管要求，还需要攻克两点技术难题：

（1）数字货币的锚如何基于实体经济，而不仅仅是互联网技术，在经济周期变化的过程中，数字货币如何利用价格工具或量化工具来调节货币的流动性，技术方面如何实现。

（2）交易的可逆性，以及交易数据的可追踪、可追回，且要有非常畅通的查询和公布渠道，以达到纠正和惩罚违法犯罪行为的目的，目前比特币市场加密和交易的不可逆，导致没有任何一个组织可以终止比特币的交易，除非出于交易者的自愿。

4.2 数字货币技术——区块链技术

4.2.1 区块链技术的含义及特点

4.9 区块链技术的含义及特点

4.2.1.1 区块链技术的含义

区块链技术又被称为分布式账本技术，本质上是一个去中心化的分布式数据库。每一个区块都是整个区块链中的一个数据单元，相当于数据库中的一条记录。从数据结构看，区块链是一个典型的反向单向数据链表，每个节点都被分成两个部分：①指针（对应chain），指向上一个节点；②数据，包含头部信息和一段时间内整个网络的全部交易记录。

4.10 ▶ 区块链技术的含义及特点

4.2.1.2 区块链技术的特点

（1）去中心化。从模式设计看，区块链采用了分布存储、网格计算等方式完成业务流程的处理模式，它脱离客户端或服务器模式的集中存储和控制。区块链技术基于对等计算机网络（P2P 网络），允许单个节点与其他节点直接共享资源，每个用户可直接与其他用户交易，每个区块都在维护整个区块链的完整性和一致性。

一笔交易结束后，需对全网广播交易信息，产生的若干个新区块要共同记录这一信息，形成确认后最终完成一次交易。

（2）数量恒定，种类繁多。基于区块链技术的虚拟货币发行量是固定的，由运行于对等客户端上的开源代码规定。以比特币为例，其货币单位 BTC 最小分割单元是一万亿分之一，因此理论上改变其发行总量的方法是只要有超过全网 51% 的节点同一时间统一修改源代码即可。目前网络运行的区块链虚拟货币系统只有 600 余种，就是在对等客户端较少的初创阶段，通过修改客户端开源代码的关键字段创建而来的。

"挖矿机制"，通过"挖矿"产生基于区块链技术的虚拟货币。"矿工"使用"矿机"或"矿池"技术运行特定的客户端代码就是"挖矿"，争夺一段时间内整个网络的交易记账权，并按照特定规则将这些交易记录打包成块并添加到区块链的过程。参与者得到的虚拟货币则是该过程中提供能源和算力产生新块以维系整个区块链完整性与一致性的奖励。随着挖矿难度的增加和奖励数量的减少，获得虚拟货币需要消耗更多的能源和算力。

4.2.2 区块链技术理念的兴起

2014 年，区块链技术的逐渐兴起成为数字货币界最重大的变化。区块链（blockchain）源自比特币的基础架构和底层技术，区块链实际的产生来源于比特币工作量证明机制的庞大计算系统，即所谓挖矿过程的节点结果，而不是比特币本身。每个区块链被赋予承载 50 个或 25 个比特币是"被设定"的数据，只是"被设定"的数据不可逆，一旦设定便成既定常数，比特币作为货币属性的供给信用机制就来自于此，但提供技术保证却是区块链的技术定性，因此，实际

4.11 🗐 区块链技术理念的兴起

上区块链才是比特币系统真正的核心。

随着数字货币实践的不断发展和延伸，数字货币的去中心化特征被不断概述出的基本特殊性，包括分布式结构、加密性、去中心化结构、货币供给的自动信用提供等。尽管争议很多，但人们逐渐认识到数字货币异质性最大的特点，是数据存储、传输、论证方法这些基于区块链特性实现的且无可取代的特质，所有关于比特币的特殊性均与此有关。

4.12 ▶ 区块链技术理念的兴起

简单地说，比特币架构上区块链承载的是比特币的数据，当其承载其他数据时，区块链应用的内容范围将会有大大的不同，而这些被承载的数据由于区块链技术特质，其数据意涵内容的存在方式，借助数据实现的组织范式、过程结果，甚至是目标体系都将会发生改变。

首先，区块链是建立在特定技术架构上的组织范式，其本质是“去中心化且寓于分布式结构的数据储存、传输和证明的方法，用数据块链（Block）取代目前互联网对中心服务器的依赖，在云系统之上记录所有数据变更或者交易项目，理论上实现了数据传输中对数据的自我证明”。

其次，区块链点对点验证的基础协议，实际上是“分布式人工智能的新形式，将建立人脑智能和机器智能全新接口和共享界面”。

最后，区块链技术的广泛和深刻的运用前景将带来巨大的创新机会和社会变革。

4.2.3 区块链技术与数字货币

4.2.3.1 区块链技术与数字货币的关联性

在区块链技术被认可后，大家都把关注的重点放在讨论比特币与区块链技术的关联性上来了，这个问题如果站在区块链技术方面来看，变成了作为货币应用的区块链技术和更广泛意义上的去中心化普遍应用的区块链技术两个方面。而站在数字货币立场上看，变成了应用区块链技术的数字货币问题和由比特币应用形成了超越数字货币的区块链延伸应用的问题。

4.13 ▤ 区块链技术与数字货币

在已认知区块链技术是比特币架构核心技术的情况下，区块链所承载的被认定是“货币”的设定数据在被人们认知后，就是货币吗？多大程度上依据区块链规则运行的设定数据理所当然地就能获得价值效应？

4.14 ▶ 区块链技术与数字货币

在区块链技术和规则被广泛认知的时候，人们提出这些问题是很自然的。特别是当人们将区块链技术从比特币概念中抽离出来时，试图将区块链承载其他数据时，比特币的意义就被架空了。

4.2.3.2 区块链技术应用于数字货币的弊端

（1）“去中心化”没有流通管理机构。区块链技术本质上是个分布式数据库系统，逻辑结构为单向链表，设计模式基于 P2P 网络，这就决定了基于区块链技术的虚拟货币没有统一的中心管控系统。

对主权货币国家来说，实现对经济发展的干预和调节主要通过对货币的控制，即便是非主权货币的欧元也有欧洲央行制定和执行货币政策并积极协调欧元区各国配合实施相关财政政策。因此，若“去中心化”的区块链虚拟货币替代现行货币，容易带来经济发展的剧烈动荡。

（2）数量供给难以有效调控。基于区块链技术的虚拟货币发行量是固定的，而根据费雪方程，全社会一定时期一定价格水平下的总交易量与所需要的名义货币量具有一定的比例关系，而恒定的货币量显然不能满足不断增长的社会商品价格总额要求。

虽然由于区块链技术的开放性，允许基于 P2P 网络产生新的虚拟货币系统，但人们对货币的认识是“能够固定地充当一般等价物的商品”，虚拟货币种类的无限扩张无法满足货币基本属性，供给量也无法有效调控。

（3）“挖矿机制”难以创造公认价值。比特币本身没有价值，也没有国家信用支撑。有观点认为，“通过不断消耗算力与能源为虚拟货币注入价值”，但为寻找一个符合要求的 hash 值而消耗百万亿次计算，这显然不是最有效率的选择。

而如果虚拟货币与现行货币同时流通，那么当持有者认为现行货币更有价值时，虚拟货币就不可能成为主流货币，而根据“劣币驱逐良币”法则，当持有者认为虚拟货币更有价值时，虚拟货币就会被大量收藏而退出流通领域。

（4）生产者和初期持有者易获高额“铸币税”。任何一种基于区块链技术的虚拟货币，在其发展的初始阶段都为少数人持有。以比特币为例，最初比特币只是少数人游戏的产物，2010 年 5 月发生的第一次比特币购物是 1 万 BTC 购买了 25 美元的比萨饼，同年的 7 月完成的第一笔比特币交易是 0.04 美元 /BTC。而到 2013 年底，每个比特币的价格在 3 年多的时间里涨到 1200 美元。初期的比特币生产者和持有者向后来的比特币持有者征收了高额铸币税。

4.2.3.3 从“二代币”视角思考区块链对数字货币的影响

区块链对数字货币本身的影响，或许可以解答数字货币界中关于“二代币”的争议和讨论。

到目前为止没有人能准确定义和概括“二代币”的定义，在这个概念上的共识也是逐渐形成的，但对它的内涵仍然存在很大的争议。目前的共识认为“二代币”是对比特币的币种架构体系的升级，由一个相对简单的架构，逐渐变成相对复杂的架构，注入了“彩色币”、POS（权益证明机制）等新内容功能的多层次架构的运行系统。

“一代币”实现了支付功能，“二代币”扩展了应用功能，如众筹、扭转、资产登记、交易等。“二代币”交易机制也得到了改善，如以太坊，在智能合约和对语言的支持方面有更大的进步。

区块链承载的数据内容从本质上已经发生了变化，这一变化导致已经引起的变化和可能引起的变化才是值得关注的。

基于目前“二代币”架构已知的变化，有以下三项：①数字货币将以此获得现实资产的价值背书，使之具有价值恒定意义上的价值比较预期；②区块链方式使得交易本身变得可靠和安全；③理论上基于一个市场系统的价值转移和低成本运转，将使得交易成本下降。

由于“二代币”试图打造一个区块链金融市场、金融系统本身的运行规律和信用法则会产生多种套利冲动和机制，“二代币”系统提供的是市场上交易形式的转变和现实资产市场化形式的转变，这些形式还不能直接体现资产本身的价值冲动。

“二代币”系统能将区块链承载的资产权益数字化和基于区块链的交易转让，且这种资产权益数字化本身和交易都实现了高效率、低成本和安全性，但资产权益意图实现增值的内在要求，是不能通过这些直接体现出来的，只是在交易性增值和易套利上获得更多的低成本机会。

要直接反映资产权益的内在性增值要求，理论上只有两种途径：①权益所代表的资产本身的价值升值，传统上这代表着资产经过自己的价值创造实现的价值增长；②金融机制直接作用下的价值扩充。前者是内在的，后者是外延的。现实中更多的是两种途径的结合。

“二代币”除了系统所代表资产权益外，其本身就是数字货币“资产”，资产本身的内在性增值，与系统是没有直接关系的，系统只能对各种资产存在理论上的选择权，在数字货币系统当中强调开放性和去中心化原则，原则上和技术设置上多将选择放弃。

那么剩下的就是机制化金融的作用了，“二代币”系统实现了资产数字化的区块链方式，具有附加信用提供效能，或者说也是一种增信机制，在理论和技术架构上具有承载更复杂金融产品的可能性。多数情况下，“二代币”系统依据现实交易机制和资产价值的优势，具有系统金融化的冲动，价值扩充需求始终存在。

因此，“二代币”初始实验一旦获得可验证的稳定性，产品化的价值杠杆机制极有可能成为新的扩充点。在此情况下，区块链技术的延伸将是大势所趋。

2014 年以来，包括微软、IBM、花旗等大企业机构，公开表达了其以不同方式利用区块链技术，为了解决现有支付结算系统高昂的成本和效率的低下，尝试改进货币支付系统的意愿和行动计划，理论上区块链系统的高效率和低成本，能够为现有的银行支付结算系统的升级带来极佳机会。除了现有制度系统难以很快为其提供适应性支持外，对区块链的使用与金融系统内在的制度建构本身还是一个挑战。

“二代币”系统目前尚不能清晰地展现在基于系统本身完整的制度形式，其全部制度要素，大部分来源于区块链本身的特质，也基本依赖区块链的优势。但区块链不能天然地使其所需要承载的信息具有链接金融资产的功能，它仍然以人的制度设计为前提，当区块链数据与其对应的资产实现了无缝对接，且与资产本身实现完全的可验证的互动关系，区块链系统的资产表征功能才能在无监管的情况下完全实现。

假定“二代币”系统依然秉承数字货币的完全去中心化，那么“二代币”也是一个无中心化利益的全开放系统，完全依赖区块链信息实现透明、公开，达成信息的可靠性和完整性。但在金融系统中，信息的可靠性与信息是否有意义完全不是一个概念，可靠的信息也可能是无意义信息，其所表征的资产，仍然可能是负资产。

因此，在坚持无中心化权力的架构中，真实维系系统效率的方式就是无限延长区块链系统承载信息之间的相互关系的约束限定。这在技术上是可行的，但在实际运行中将不可避免地被现行经济运行方式阻碍，当区块链长度越来越长，其承载信息之间相互关系越来越复杂，理论上所需要的专业服务和配长机制也会越来越多，其运行成本将会不可避免地增加，这就产生了制度之间的成本比较，而技术理性决定的制度因素，如同区块链信息同样是不可逆的。

区块链打造的商业系统（如果还能这样定位的话）在一开始所做的自我限定，就将制度规制让渡于技术理性，等于是制度变异，制度对资源配置的保障、监管、促效等作用都将发生变异，制度也将失去自我调整自我更替的内生特质，这种变异的最大后果是制度固化，与区块链技术革新的本意背道而驰。

总体来说，区块链技术被凸显出来之后，数字货币可能会面临一个“问题”。大部分包括比特币在内的“一代币”，在商业应用上尚未有实质性的进展，这其中相对成功的狗狗币也渐趋边缘化。“二代币”的兴起虽然只是个开头，却为数字货币的升级发展拓展了新的空间，所开启的趋势性进程是数字货币的资产化，从创意到技术支持层面上，这一进程的表面问题并不多，且在技术理性框架下解决了诸多风险成本约束问题，但它成功与否或者实际效果的不确定性，仍然来自非技术层面的人自身的问题。

4.2.3.4 对我国数字货币发行的启示

目前，网络流行的基于区块链技术的各类虚拟货币，受限于特有技术约束，都不符合成为我国流通货币的条件。作为法定货币，数字货币的发行、流通必须由央行主导，并在管理上与传统货币遵循同一原则。

2016 年 1 月 20 日，人民银行召开数字货币研讨会，提出我国发行数字货币的基本原则：①提供便利性和安全性；②做到保护隐私与维护社会秩序、打击违法犯罪行为的平衡；③要有利于货币政策的有效运行和传导；④要保留货币主权的控制力。

针对区块链技术的特点和弊端，如果采用区块链技术发行我国数字货币还存在较多难以克服的问题，不仅不利于货币政策的制定和执行，更无法适应当代金融经济发展的需要。与区块链技术相比，基于账户的数字货币是一个队列结构，标识和头部信息确定其人民币的合法地位，功能字段则为人民币数字货币流通中实现各种职能预留了空间。因此，我国可在充分借鉴区块链技术基础上，选择基于账户系统的数字货币体系为主的技术路线。在生成方式上，由人民银行采用特定的加密算法统一生成，不以普通用户在计算机上运行开源代码的方式。

虽然同样基于现行“中央银行－商业银行机构”的二元体系，但货币的运送方式从物理运送变成电子传送，保存方式从央行发行库和银行机构业务库变成了储存数字货币的云计算空间。因此，要建立完善的与数字货币发行相适应的配套措施，以法律手段维护数字货币流通秩序，实现数字货币到实体货币的无缝衔接。此外，为增强数字货币易用性和安全性，人民银行可将个人身份证信息、企事业单位基本户信息作为开立人民币数字货币账户的唯一凭证，其载体可为国际通用的芯片卡，并不断完成数字货币更新换代，重点关注移动支付、安全芯片技术和密码算法，有效应对和化解可能发生的各种风险。

4.3 数字货币风险与安全

4.3.1 数字货币存在的问题

4.15 数字货币存在的问题

4.16 数字货币存在的问题

尽管数字货币已经得到了一定程度的应用并具有诸多优点，但其带来的风险也是不容忽视的，作为金融市场“新生儿”的数字货币，发展不成熟，仍然具有诸多缺陷。

4.3.1.1 数字货币的法律性质模糊

目前所有的数字货币均属于非法定货币，它们属于金融创新和技术发展相结合的产物，其作为一种价值载体在法律上难以确定其性质和地位。比如，在美国法律中笼统地称之为资产，但资产作为一种财产权，必然有其明确的权利边界、权能和相应的义务，非法定数字货币对以上的内容较难明确。

在 2013 年中国人民银行等五部委联合下发了有关防范比特币风

险的文件，其中提到比特币被定性为特殊虚拟商品而不属于货币，禁止金融和支付机构以任何方式提供与比特币相关的服务业务。比特币等社区币乃是一种相对于法定数字货币的非法定数字货币，具有金融产品的性质和特征，将之定性为虚拟商品可能会掩盖其最为重要的货币特征。

4.3.1.2 匿名交易加大了信息不对称的风险

因数字货币可以匿名的方式持有，普通的交易者难以获知对方的身份信息，加大了信息不对称的程度，被用作进行违法犯罪行为的概率可能增加。数字货币匿名性和不受地域限制的特点让数字货币可能被用于恐怖融资和洗钱活动。

“去中心化”数字货币实际上不是完全匿名的，它的每一笔交易的参与方的信息都被记录在总账上，但交易参与者所提供的信息类似于“笔名”，无法将其与在现实中的真实身份一一对应，这就使得数字货币有可能被用于洗钱和恐怖融资。目前，已有观点认为 ISIS 可能利用数字货币进行融资。

4.3.1.3 存在安全性问题

迄今为止，安全性一直是制约数字货币发展的最重要的瓶颈因素之一。数字货币的使用者一般将其储存在移动设备、计算机或在线钱包中。如果其设备丢失或损坏，用户就会丢失其拥有的数字货币。美国《卫报》就曾报道，一名男子因误扔其存有比特币的硬盘而损失了 7500 个比特币。

此外，存放在在线钱包中也有可能被黑客攻击而窃取，交易平台也有卷款“跑路”的风险。2014 年 3 月，日本最大的比特币交易平台 Mt.Gox 宣称受到黑客攻击，损失了超过 75 万枚比特币，当时市值约 3.65 亿美元。2017 年 7 月 20 日，Parity 钱包漏洞导致超过 15 万枚以太币被盗，Edgeless Caino 等基于以太坊创建的 ICO 项目可能深受损失。

4.3.1.4 数字货币交易危及金融稳定

数字货币理论上可能会对传统货币体系造成冲击，不仅影响中央银行的宏观调控能力，还影响到政府的财政收入。如果数字货币被广泛使用，因为其货币供给的总规模不变且货币供应速度不断降低，将不可避免地引起通货紧缩。

部分数字货币因人为炒作，导致其价格波动剧烈，持有者的信心将受损，阻碍其发挥价值尺度、支付、流通等职能，须在不阻碍非法定数字货币发展应用的前提下，加强对人为操纵行为的监管。

除了少数国家如美国和德国，对比特币等非法定数字货币交易持有态度积极，并考虑将其纳入金融监管范畴以外，大多数国家仍持谨慎观望态度，还有少数国家完全限制数字货币的交易，当作虚拟商品对待已经是较高的接受度了。

4.3.1.5 汇率动荡影响消费的便利

数字货币种类过多，汇率动荡，存在消费上的不便利。比如当消费者进行小额现金交易时，消费者的手机里放着不能通用的各种数字货币，如果某商场不承认这些数字货币，消费者就只好放弃从该商场买东西的念头，因此很不方便。

此外，由于很多数字货币基于算法固定解，社区数字货币由于总量受限导致其不可能成为主流国家货币如按照算法的设计，每四年产生的比特币数量会减半，比特币的最高上限为 2100 万个。随着社区的不断扩大和持有者的增多以及交易行为的多样化，比特币的币值一直在通货紧缩中，价格上涨趋势明显。

另外，一些类似于比特币的非法定的数字货币交易平台在运行规则、设立标准、安全性以及从业人员的准入资质方面，均无明确法律标准，缺乏相应的治理规则以及商业道德，导致恶性竞争、人为操纵的现象频频发生，加剧了非法定货币的价格震荡。

4.3.1.6　能源消耗成本太高

开放网络环境下，由于多个节点都可以记录新的区块，这就需要解决区块冲突和数据一致性问题，即“拜占庭将军问题”。要维持区块链数据的安全性与可靠性，就必须保证全球多个节点同时参与记账，但实际上多个节点的数据共享过程也是一个高耗能的过程。

目前，比特币提供的“挖矿”方案计算成本极高，由此带来实际的能耗已经超过爱尔兰用电量，每年经济成本达数亿美元，很难被广泛使用。尽管比特币采用的区块链技术节约了中心化成本，但又带来了电能消耗成本，这也将成为影响其推广的一大阻碍。

4.3.2　数字货币风险

因为两类数字货币面临的风险点存在不同，所以需要对数字货币的风险进行分类分析，分类分析有利于制定针对性的措施。

4.17 数字货币风险

4.3.2.1　私人部门数字货币风险

（1）价格易发生巨幅震荡。近年来，随着互联网飞速发展，以计算机技术为基础的虚拟货币迅速蹿红，特别是以比特币为代表的虚拟货币，成为许多投资者的追捧对象。从比特币诞生到现在的几年时间里，比特币价格涨了 1000 多万倍，远远超过了 17 世纪荷兰的郁金香泡沫。

4.18 数字货币风险

2017 年 12 月 1 日，芝加哥商品交易所集团（CME）宣布，计划于 12 月 18 日推出比特币期货合约。12 月 4 日，芝加哥期权交易所（CBOE）宣布，将于美国东部时间 12 月 10 日 18 时推出比特币期货，要抢在 CME 之前。这两条消息一出来，比特币价格在短短半个月内，从 1 万美元左右直接跃升至 2 万美元左右，几乎呈直线上涨。

比特币价格从 0 美元至 1 万美元，用了超过 9 年的时间，可是从 1 万美元左右升至 2 万美元左右，却只用了 17 天。全球数字货币的投机者超过半数以上是中国人，面对如此庞大的市场，一个泛滥成灾的币圈环境蕴含着巨大的风险。

由于数字货币本身缺乏实际兑换价值，且自身价值不以“货币锚”为基准，容易受到监管政策变化的影响，数字货币价格易发生巨幅震荡，普通投资者盲目跟风容易遭受重大损失。

（2）类似网络传销隐含非法集资风险。不法分子打着虚拟货币的旗号，集中控制少数个人或公司账户吸纳、转移资金，又通过互联网媒介建立传销网络扩大集资规模。

自 2016 年以来，裁判文书网所公示的以虚拟货币为幌子的传销诈骗案件多达 180 余件，涉案总金额高达上千亿元人民币。“万福币”“恒星币”“利物币”等虚拟货币传销案屡屡爆出。

2017 年，四川省绵阳市游仙分局破获一起特大网络传销案，打掉一个以投资网络虚拟币“利物币”为名，涉案金额高达 1 亿余元的网络传销组织，移送审查起诉犯罪嫌疑人 30 多名。

经查，自 2016 年以来，该传销组织大肆对外宣传，“利物币”为德国磐石基金打造的 4 代虚拟货币，具有流通、保值的功能，共诱骗数千名群众参与传销。依托比特币不断走热的“福”，各种数字货币层出不穷，高举虚拟货币旗号的“山寨币”传销骗局越来越多。仅 2017 年各地公安机关依法查处的一批重大案件中，涉及币种就达 107 个，涉案金额通常过亿元。

在海南省海口市警方破获的亚欧币传销案中，以“国家首家合法加密虚拟数字货币”、5 毛钱买入不到一年涨 5 倍等为诱饵，亚欧币短短一年间就吸引了 4 万多名参与者，吸纳资金 40 多亿元。

（3）洗钱和恐怖融资风险。现实生活中，虚拟数字货币的交易平台服务器往往放置在境外，即境内行骗、境外数钱，为提前“跑路”做好准备。在利用虚拟货币向社会公众募集大量资金后，幕后实际控制人利用地下钱庄等非法手段将资金转移出境，手法隐蔽，十分不利于监管。虚拟数字货币的匿名性、不可撤销性及快捷性使得虚拟货币成为犯罪分子青睐的洗钱手段。

根据对福源币投资人的相关调查，投资人的资金大多通过第三方支付机构转到交易平台进行交易，其中仅一名投资账户涉及的第三方支付机构就多达 6 家。通过第三方支付机构进行交易，通常是第三方支付机构每天将所有客户当日交易汇总后发给收单银行，银行按照其指令，将资金划入目标账户。

对银行来说，原本完整的“付款人—收款人”交易链条，被割裂为“付款人—收款机构”和“支付机构—收款人”交易记录，不利于银行资金交易监测。数字货币本身的匿名性以及通过第三方支付机构交易的便利性和隐蔽性，极易被不法分子利用进行洗钱，潜存较大的洗钱风险。

4.3.2.2 央行数字货币风险

（1）信息技术安全风险。央行数字货币的实质就是分散化的虚拟清算和资产登记，即“分布式记账”，这种依赖于区块链技术的分布式记账，在目前区块链技术面前具有安全性的挑战风险。

IT 市场调研公司 Ovum 驻伦敦的金融服务与技术支持分析师大卫·班尼斯特称区块链技术只进行编码，想攻击区块链系统的人所要做的是找到代码本，对其进行解码，解码后区块链系统就会被控制。同时，在高度互链接的区块链系统就会被控制，并且，在高度互链接的区块链系统中，目前还没有一个高级别的加密算法可供利用，任何一个脆弱的切入点都会危及整个结构。

（2）网络安全风险。在货币非实体化的情况下，数字货币发行和流通均通过网络进行，而近年来，网络安全风险形势愈加严峻，各类木马病毒等恶意程序、伪基站诈骗、黑客攻击等案件频发。

据国家计算机网络应急技术处理协调中心统计，2015 年捕获移动互联网恶意程序近 148 万个，针对境内网站的仿冒页面数量达 18 万余个，其中针对金融支付的仿冒页面数量上升最快，较 2014 年增长 6.37 倍，可见我国的网络安全形势严峻。

在央行发行数字货币的情况下，不仅面临国内不法分子出于谋取经济利益而带来的各类网络安全威胁，还面临来自国外一些出于政治目的的网络攻击，央行发行数字货币的一个重大风险是网络安全风险。

（3）存储介质安全风险。数字货币没有实物货币与之相对应，按照目前数字货币的存储形式，推测央行发行的数字货币可能通过 U 盘、计算机硬盘或者使用云存储等方式进行存储。

在这些存储方式下，U 盘、计算机硬盘等实物存储介质存在被盗、损坏、丢失等风险，而云存储由于借助网络，同样存在网络安全风险问题，比如利用大规模僵尸网络进行拒绝服务攻击、针对操作系统或者应用服务协议漏洞进行攻击，或者云端存储的信息遭受恶意攻击、窃取。

另外，组成云的各种系统和应用还面临各种木马、病毒和其他恶意软件的威胁，频频曝光的苹果公司 Cloud 账号被盗事件也暴露出云存储确实存在安全风险。

4.3.3 中国数字货币的监督管理

数字货币作为金融科技领域的新事物，其监管既要有助于创业创新，又要把握监管时机和监管程度；既要注重防范风险，又要建立合法合规、创新友好的监管环境。借鉴国际经验，结合我国具体国情，展开科学有效的监督管理。

4.19 中国数字货币的监督管理

4.20 中国数字货币的监督管理

4.3.3.1 我国出台的各项监管措施

2013 年 12 月，人民银行等五部委联合发布《关于防范比特币风险的通知》，认可民众有参与比特币交易的自由，同时要求交易平台履行反洗钱义务。

2017 年 9 月，监管已经开始整顿虚拟货币交易。央行等七部委联合发布《关于防范代币发行融资风险的公告》，明确指出任何个人和组织不得非法从事代币发行融资活动，任何所谓的代币融资交易平台不得从事法定货币与代币、虚拟货币之间相互兑换业务，不得买卖或作为中央对手方买卖代币或虚拟货币，不得为代币或虚拟货币提供定价、信息中介等服务。

首次代币发行（Initial Coin Offering，ICO）是区块链技术与比特币等数字资产在众筹领域的最新应用和发展。其依托区块链项目募集资金，通过众筹方式交换比特币、以太币（以太坊区块链的原生货币）等主流数字加密货币来达到融资目的。

北京市互联网金融风险专项整治工作领导小组办公室发布关于《北京地区虚拟货币交易场所清理整治工作要求》，要求各交易场所最晚应于 2017 年 9 月 15 日 24 时前发布公告，明确停止所有虚拟货币交易的最终时间，并宣布立即停止新用户注册。这两份监管文件发布之后，国内第三方虚拟货币交易平台火币中国、OKCoin、国交网等纷纷宣布停止数字资产兑换人民币的交易业务。

2018 年 1 月 12 日，中国互联网金融协会发布《关于防范变相 ICO 活动的风险提示》，指出一种名为“以矿机为核心发行虚拟数字资产”（IMO）的模式值得警惕，存在风险隐患。

2018 年 1 月 26 日，中国互联网金融协会又发布了《关于防范境外 ICO 与“虚拟货币”交易风险的提示》，再次警告代币发行融资的风险。

2018 年 1 月召开的全国公安机关、工商部门网络传销违法犯罪活动联合整治工作部署会上，包含“虚拟货币”等为幌子的网络传销活动被列为重点整治对象。在监管压力越来越大的同时，主要社交媒体平台也开始拒绝比特币等虚拟货币。在此之前，谷歌和脸书已经作出了类似的决定，开始禁止虚拟货币的广告投放。

2018 年 3 月 28 日，央行召开 2018 年全国货币金银工作电视电话会议。会议提到，2018 年将开展对各类虚拟货币的整顿清理，扎实推进央行数字货币研发。当日，交易平台

Bitstamp 和 GDAX 的数据都显示，比特币跌破 8000 美元整数位的心理关口，3 月份的跌幅接近 25%。除了比特币，其他数字货币也集体下跌，瑞波币大跌 6.61%，以太币大跌 7%，比特币现金大跌 7%，莱特币跌 9.5%。

4.3.3.2 数字货币的监管对策

（1）建立健全数字货币监管框架。首先，监管态度选择上，把握好金融监管、金融创新与金融风险之间的关系，对数字货币进行适度监管。其次，监管主体上，明确数字货币监管部门及职能；监管客体上，明确数字货币在市场上的不同角色，如数字货币交易平台、数字货币创业公司和投资者等。最后，监管方式上，根据数字货币的发展变化，选择有针对性的监管措施，比如确立数字货币行业标准，从源头上降低行业风险隐患；修改《反洗钱法》，将数字货币纳入反洗钱监管范畴。

（2）建立健全数字货币交易平台的准入制度。对数字货币交易平台采用许可证制度，保护投资者权益，防止洗钱、欺诈、恐怖主义融资等活动。对交易平台的监管采用许可证制度；对备案管理、许可准入、反洗钱职责和流程、用户实名、大额交易限制等方面作出具体规定。在比特币交易与银行机构、支付机构间建立必要的风险防护屏障。

（3）对数字货币企业采取“监管沙盒”。英国政府于 2015 年 3 月率先提出“监管沙盒”（Regulatory Sandbox）的概念。按照英国金融行为监管局（FCA）的定义，“监管沙盒”是一个“安全空间”，在这个安全空间内，金融科技企业可以测试其创新的金融产品、服务、商业模式和营销方式，而不用在相关活动碰到问题时立即受到监管规则的约束。

也就是说，监管者在保护消费者和投资者权益、严防风险外溢的前提下通过主动合理地放宽监管规定，减少金融科技创新的规则障碍，鼓励更多的创新方案积极主动地由想法变成现实，在此过程中，能够实现金融科技创新与有效管控风险的双赢局面。

（4）注重保护投资者的权益。做好对 ICO 的监管，重点保护投资者权益。明确 ICO 这种新型融资方式的法律规制，发布对参与 ICO 项目的数字货币交易平台的规范性指引、政策性建议和强制性法规，对发行人施行持续性信息披露和反欺诈责任条款，完善投资者权益保护等基础性法律规范。

对于 ICO，也可引入“监管沙盒”，解决 ICO 监管相对滞后的问题。同时，加大数字货币、区块链等相关知识的普及，使投资者了解 ICO 产业及投资风险，理性对待 ICO 项目的融资需求，减少非理性的投资行为和投机行为。

（5）防范数字货币传销、诈骗。采取多种措施防范数字货币传销、诈骗。对以数字货币之名从事传销的行为，建议修订或加强禁止传销条例的司法解释；对数字货币交易平台进一步规范，明确其对交易货币是否承担监督义务；建立向社会公众发布数字货币交易潜在风险提示的常态化机制及数字货币投诉处理机制，进一步完善投资者权益保护。

（6）大力发展监管科技。利用大数据、云计算、机器学习、人工智能、区块链等技术，对反洗钱、数字货币交易平台、ICO 等进行合规性监管，提升监管效率。

（7）加强国际监管合作。数字货币去中心化的特点要求各国监管机构协同监管。成员国之间应制定原则性监管法规，建立统一的数字货币国际纠纷解决机制，加强信息共享与交流，共同打击数字货币跨国犯罪活动。

总结回顾

第 4.1 节主要讲述了数字货币的界定、主要特征以及所面临的挑战。数字货币主要是指基于区块链技术，符合去中心化、全球化、总量恒定或微小增长、总账本数据不可篡改、工作量证明等本质特性，并以承载交换或储值功能的加密货币。其主要特征包括去中心化、便捷支付和匿名性强。数字货币是电子货币形式的替代货币，包括数字金币和密码货币等种类。数字货币所面临的挑战比如数字货币本身的安全技术、法律问题、对经济金融体系的影响、数字货币如何调节流动性等。

第 4.2 节主要讲述了区块链技术的含义及特点。区块链技术理念的兴起以及区块链技术与数字货币的关系。区块链技术本质上是一个去中心化的分布式数据库。具有去中心化，数量恒定、种类繁多，“挖矿机制”的特点。区块链技术是比特币架构核心技术。

第 4.3 节主要讲述了数字货币的风险与安全。其存在的问题与风险以及我国对数字货币的监督管理。数字货币的法律性质模糊，匿名交易加大了信息不对称的风险，存在安全性问题，数字货币交易危及金融稳定。私人部门面临虚假宣传隐含欺诈风险、类似网络传销隐含非法集资风险、滥用第三方支付工具隐含洗钱风险，以及央行数字货币面临信息技术安全风险、网络安全风险、存储介质安全风险。目前，我国不断加强对数字货币的监督管理。

4.21 Ⓟ 项目 4
知识拓展案例

课后实践

选择题

1. 数字货币是（　　）形式的替代货币。

A. 实物货币　　B. 纸币

C. 信用货币　　D. 电子货币

2. 以下不是数字货币特征的是（　　）。

A. 去中心化　　B. 强监管性

C. 强匿名性　　D. 便捷支付

3. 以下不是数字货币的是（　　）。

A. Q 币　　B. 比特币

C. 银行卡　　D. 莱特币

4. （　　）又被称为分布式账本技术，本质上是一个去中心化的分布式数据库。

A. 区块链技术　　B. 互联网技术

C. 大数据技术　　D. 云计算技术

5. 以下不属于私人部门数字货币风险的是（　　）。

A. 虚假宣传隐含欺诈风险

B. 类似网络传销

C. 滥用第三方支付工具隐含洗钱风险

D. 信息技术安全风险

简答题

1. 简述数字货币的主要特征。
2. 简述数字货币支付与传统支付的差异。
3. 简述数字货币的利弊。
4. 简述区块链技术的特点。

4.22 Ⓣ 项目 4
习题答案

项目 5
互联网金融消费者行为安全

学习目标

通过课堂讲解和讨论，学生应掌握互联网金融消费者的概念，了解互联网金融消费者所面临的风险，包括隐私权受到侵害、知情权难以实现、保障权风险、公平交易权遭遇挑战、受教育权有待完善、信用风险以及技术操作风险等。学生应了解互联网金融消费者保护的必要性，并掌握如何进行互联网金融安全管理以及了解投诉受理与处理机制。

5.1 互联网金融消费者风险

案例导读

全国首个互联网金融消费者权益保护
指导意见出台：不得强买强卖

“不得强买强卖，不得违背客户意愿搭售产品和服务，不得附加其他不合理条件，不得采用引人误解的手段诱使客户购买其他产品……”目前，天津制定了全国首个互联网金融消费者权益保护自律规则，对互联网金融从业机构制定了多达 21 条规则。

2017 年 11 月 9 日，天津市互联网金融协会印发《关于加强互联网金融消费者权益保护工作的指导意见》，结合当前互联网金融风险专项整治工作的有关要求，从建立健全互联网金融消费者权益保护机制“加强账户资金保护”“加强个人信息保护”“落实投资者适当性制度”“依法合规开展产品营销活动”“履行信息披露义务”“采取适当方式追讨债务”“加强 IT 基础设施”和“技术安全保障设施建设”八个方面对从业机构提出了指导性意见，并完善了互联网金融消费者投诉的受理和处理流程。

实际上，这也是互联网金融消费者的概念首次被明确定义。该指导意见将互联网金融消费者定义为“购买、使用互联网金融从业机构销售的互联网金融产品或者接受互联网金融从业机构提供的相关服务的自然人”。

思考题：

互联网金融消费者权益保护指导意见的出台有何意义？

5.1.1 互联网金融消费者的概念界定

5.1 互联网金融消费者概念及保护的必要性

5.2 互联网金融消费者保护的必要性

对互联网金融消费者进行定义应当包含以下三个因素：

（1）行为目的应当是一般性的金融消费需求，金融消费与生活消费需求一致，是通过合理配置财产来满足生活消费需求，是更高层次生活消费的表现。

（2）行为内容是使用和获得互联网金融商品或者服务，包括网络借贷、网络融资、网上支付等所有通过互联网平台提供的金融产品或者服务，并且这种金融消费行为不仅包括有偿购买金融商品或服务，也包括无偿。

（3）从消费实现媒介来看，应该是运用互联网技术、依托互联网金融交易平台来进行的消费行为，交易媒介具有特殊性。综上所述，互联网金融消费者是指与互联网金融经营者建立金融服务合同关系，通过互联网技术或平台购买金融商品或服务的法人或自然人。

金融产品服务供给的基础是金融消费需求，金融市场发展的基础要素是金融消费者，金融监管如果只关注金融经营者的经营，而对金融消费者的利益缺乏考量，金融行业的发展将会丧失消费者的支撑，就难以实现金融监管的目标。

国际金融危机的经验教训说明应当重新对金融监管价值进行选择，平衡金融行业的发展与风险，实现金融风险防控与金融消费者保护的适度平衡。传统金融行业并没有明确金融消费者的概念，基本按照民事行为规则进行法律规范，即按照合同自由、平等协商的一般民法原则，金融交易主体自行承担市场交易的风险，即“买者自负”。

资产证券化等金融创新的不断发展，导致金融监管相对滞后或者缺位，金融创新受到鼓励的同时，消费者保护相对欠缺。“买者自负”原则适用的基础条件已经发生变化，金融经营者信息披露相对不足，金融消费者获取交易信息的难度加大，甚至采取误导或者欺骗的手法诱导交易，金融消费者的金融知识水平、经济实力无法与之抗衡。

随着互联网金融的风起云涌，进一步加剧了这种信息不对等的格局，再按照民法交易原则保护金融消费者权益已经有失公平。为应对金融创新导致的金融消费者保护不力的现状，各国金融监管当局开始进一步调整监管理念，从注重双峰监管过渡到更加注重金融消费者权益倾斜保护。

5.1.2 互联网金融消费者保护的必要性

互联网金融消费者保护的根本目的是通过对互联网金融创新来调整交易双方的权利义务，使处于交易弱势的消费者权利得以补足，而处于交易优势的经营者义务得以增加，从而实现二者权利义务对等和实力的均衡。

从 2008 年以来的美国次贷危机对金融消费者权益的严重损害可以得到充分印证，金融经营者和消费者交易地位失衡会导致严重后果。互联网金融消费者与普通金融消费者对比，其弱势地位更加突出。

因为互联网金融行业的特殊性，我们要加强保护消费者。互联网金融行业不同于一般行业，其产品本身对金融知识素养要求较高，加剧了参与金融交易双方信息的不对称性，进而导致消费者与金融者在交易地位上更加不对等，这些行业领域的特殊性对加强互联网金融消费者的保护提出更高的要求。

1. 互联网金融产品本身的专业性和复杂性

互联网金融产品或者服务涵盖了许多类别，不管是互联网理财、互联网支付，还是 P2P 网络贷款、股权众筹等，这些金融产品与一般商品相比具有更加专业化的特点，即使是与传统金融机构提供的金融产品相比，也体现出更加复杂的产品特点。

一般商品更多体现的是价值与使用价值的交换，经营者转让商品所有权，消费者支付对价，在面对面交易后将商品收归己有。金融商品自然较普通商品表现出一定的专业性，譬如银行汇款、银行贷款、股票买卖等，对金融消费者的金融知识水平要求较一般消费者有所提高，但由于金融机构柜台交易，金融经营者通过面对面地履行说明义务可大大降低金融产品的交易难度。

而在互联网金融背景下，其产品或者服务的专业性和复杂性更加凸显，除了对金融消费者金融专业知识提出较高要求外，互联网金融产品所蕴含的互联网因素还要求消费者具有良好的互联网操作水平。例如，一些互联网金融平台推出“秒标”“天标”等 P2P 网络贷款产品概念，消费者需要通过网络抢购才能达成交易，这让许多消费者无所适从。

2015 年 7 月，中国人民银行将其制定的《非银行支付机构网络支付业务管理办法》向社会公开征求意见，这本来是实现政务公开、尊重金融消费者权利的有益举措。但是因为金融消费者对互联网支付专业知识的欠缺，所以社会上许多消费者对其中支付账户累计金额的条款并不理解，认为金融监管部门是在偏向保护传统金融机构。

2. *互联网金融交易双方的信息不对称性*

互联网金融交易双方的不对称性与互联网产品的专业性、复杂性密切相关，正是由于互联网产品具有更强的专业性和复杂性，导致金融创新交易双方的信息不对称性进一步地加剧。

（1）国外学者研究指出，由于金融产品的复杂性，使得金融消费者难以对不同卖方的金融产品的质量进行比较，所以需要广泛的信息披露来加强对消费者的保护。在互联网金融市场中，产品信息是进行交易的决策基础，金融经营者对其产品的价格、质量等信息理解程度远远高于金融消费者，互联网平台去中介化的特点对此有所缓解，金融交易双方可以直接达成交易，增加了达成交易的可能性，也降低了交易成本。

但是传统金融机构一般设有专门的风险控制部门，配备大量专业人员进行信用审核，互联网金融虽然一定程度上解决了交易双方直接交易的问题，但同时也可能加剧交易双方交易信息的不对称程度。

（2）信息不对称在股权众筹中表现得尤为明显。在股权众筹模式下存在投资者与项目发起者两个交易主体，投资者是资金供给者，项目发起者是资金需求者，二者在资金供需方面存在明显的不对称。

从投资者角度来看，股权投资者本质上就是普通消费者，如果其不参与股权众筹，就是普通金融消费者甚至一般商品交易的消费者，投资者对项目发起人及其发起的融资项目并不了解，仅仅通过互联网平台公布的项目信息并不足以作出对其有利的决策。同时，众筹投资者一般是高度分散的，而搜集和获取企业信息的成本与地理距离成正比，这就意味着众筹投资者面临高昂的信息成本，或者根本无法进行调研核实。此外，投资者投资金额一般比较小，导致进行尽职调查、后续监督的意愿比较弱，风险控制需要很高的成本，由此使得投资者更愿意“搭便车”，而不愿自己承担信息成本。

如果从项目发起者角度来看，整个信息占有的格局就会发生天壤之别，项目发起者作为项目的设计、实施者，显然对整个项目的运营模式、风险级别以及未来发展走势做过充分的可行性研究。在互联网平台交易的条件下，投资消费者更加无从清楚知晓所发起项目的准确信息，并且投资者一般也不会采取传统金融中实地调研、尽职调查等措施。

因此，将项目发起者与投资者二者进行比较，信息不对称情况就凸显出来，信息优势完全偏向项目发起人这一侧。按照信息不对称理论进行分析，投资者面对互联网众筹平台上众多发起项目，在不能根据充分信息进行风险干预的情况下，倾向于支付一个平均价格，选择一个中等水平的股权众筹项目，我们知道优秀的众筹项目并不会与平均价格相对应，从而有可能放弃投资者的平均价格，甚至可能离开股权众筹市场，于是逆向选择情形就出现了。

类似的，股权众筹发起者在成功融资后，由于缺乏投资人的必要监督，可能出现经营懈怠或者抽资出逃等道德风险。因此，从互联网交易双方信息不对称角度来看，亟待加强互联网金融消费者保护来实现两者势力权衡。

3. 互联网金融交易双方地位的不平等性

由于互联网金融产品的复杂性以及交易双方信息不对称，自然就导致互联网金融交易双方出现地位不平等。互联网金融经营者以其在该行业的专业水准与金融素养，在知识掌握上占据优势地位。

互联网金融消费者面对专业的金融经营者，在整个交易过程中，无论在专业知识、信息占有，还是谈判能力等多方面均处于弱势地位。金融消费者与提供金融产品的金融机构相比，在专业知识上存在明显的匮乏，甚至对最基本的金融知识的掌握也不足。

年轻金融消费者群体中掌握一定金融知识水平的比例只有 25% 左右，中老年金融消费者掌握基本金融知识的比例更低。互联网金融交易双方除了在交易信息方面不对称之外，其弱势地位还体现在群体结构和交易媒介特点上。

在互联网时代，金融消费者散落在国内甚至全球的不同角落，在交易前彼此之间没有任何沟通，在交易时也只是一对一地与经营者形成法律关系，交易完成后又各归其位，处于中间位置的互联网金融平台只负责信息沟通，一旦出现法律纠纷，互联网金融消费者天然的随机性、松散性就转化为弱势地位，无法与形成团队作战的金融经营者相抗衡。

从交易平台的特点上看，互联网金融经营者通过大数据可以实现对消费者的精准聚焦，运用事先准备好的交易合同来规避风险，将社会征信体系不完善的风险转移到消费者身上，而消费者表面上具有进行交易的选择权，实际上金融消费者只有选择与哪家互联网金融经营者进行交易的自由，却没有在整体上有效保护自身利益的自由。因此，互联网金融消费者无法摆脱的交易弱势地位亟待法律予以调整与纠正。

5.1.3 互联网金融消费者面临的风险和问题

5.3 互联网金融消费者面临的风险和问题

互联网金融消费者是消费者的有机组成部分，互联网金融消费者也应当享有《消费者权益保护法》赋予普通消费者的各项权利。2015 年 11 月，国务院办公厅发布《关于加强金融消费者权益保护工作的指导意见》，这是在互联网金融行业历经十余年发展之后，我国政府监管层首次提出对互联网金融消费者权益保护的指导性文件。

该指导意见针对当前我国金融消费纠纷频发现状，提出要对金融消费者的八大权利进行保障，具体包括财产安全权、知情权、公平交易权、自主选择权、依法求偿权、受尊重权、受教育权和信息安全权等。互联网金融的特点决定了其消费者权利具有特殊性，因此互联网金融消费者保护必须区别于传统金融消费者保护。

5.4 ▶ 互联网金融消费者面临的风险和问题

从互联网金融消费者的群体构成分析结果来看，与传统金融消费群体精英化倾向不同，以前中产阶级、中高端收入者是银行等金融机构的座上宾，而互联网金融时代消费者日益呈现平民化倾向，社会草根阶层、普通中小民营企业是金融创新的目标群体，但是新金融消费群体的消费习惯、经济实力、金融经验都与传统金融消费群体不可同日而语。

从互联网金融经营模式看，互联网支付、众筹、P2P 网贷、互联网理财以及互联网货币等发展业态纷繁复杂，不同于传统金融体系提供的存款、转账、理财等金融技术含量较低的业务。虽然消费者体验性更好、便捷度更高，但互联网金融产品内生的风险性也大大提高，互联网经营者合规经营意识相对降低，这都需要消费者能够熟练运用互联网技术，树立创新的互联网思维。

从金融消费者权利实现情况来看，互联网金融在消费者安全权、公平交易权以及受教育权方面表现得较为突出。

5.1.3.1 金融消费者权益保护具有滞后性

从商品交易的演变看，先有了交易，才有了金融；有了消费，才有消费者。从这个角度上，金融消费者权益保护本身就具有先天的滞后效应。

而具体到我国实际，2006 年银保监会颁布的《商业银行金融创新指引》中首次出现了金融消费者概念，2013 年，银保监会出台了《银行业消费者权益保护工作指引》，成立金融消费者的保护机构，开展了富有中国特色的金融消费者保护工作的探索。

可见，金融消费者权益保护进入实质阶段也是近几年的事，由于银行先试的特点，而对于新生的互联网金融消费者权益保护，除了银行主导型的纳入其中外，其他大多数仍处于理论探讨研究和业界呼声阶段。

5.1.3.2 技术操作风险

互联网金融的技术风险主要表现在三个方面：

（1）计算机系统、认证系统或者互联网金融软件存在缺陷。所谓“道高一尺，魔高一丈”，互联网金融软件需要足够的“防火墙”和防御体系，来抵挡病毒或者其他不法分子所攻击而造成技术性风险。此外，计算机硬件也容易受自然灾害和人为破坏，软件和数据信息易受计算机病毒的侵扰以及非授权用户的复制、篡改和毁坏。

（2）伪造交易客户身份。虽然互联网金融软件和硬件足够强大，没有漏洞和缺陷，但互联网金融时代突出的特点就是计算机的硬件和软件的技术是在不断地发展优化过程中的，尤其是当互联网金融面临伪造者的技术性风险时，即攻击者盗用合法用户身份信息，以假冒的身份交易，实施金融诈骗。如果客户身份信息在客户操作使用环节或通过互联网传输时安全保密措施不力，或身份认证体系存在安全漏洞可能导致不法分子伪造身份进入系统进行金融欺诈或恶意攻击。

（3）未经授权的访问。互联网金融的技术性风险还包括黑客和病毒程序对网上银行的攻击的未经授权访问。特别是目前针对网上银行的木马程序、密码嗅探程序等病毒不断更新，通过盗取客户资料，直接威胁网银安全。

5.1.3.3 互联网金融消费者的知情权难以实现

互联网金融消费者的知情权是指，消费者在互联网金融交易全过程中有权要求经营者向其披露与交易有关的所有信息，并且有关信息披露应当全面、及时、准确、透明。

知情权是互联网金融消费者的一项重要权利，它与经营者的说明义务相对应，旨在促进双方的交易公平，弥补消费者的交易信息弱势，以有效维护消费者的合法权益。知情权这一概念首先在美国提出，美国先后制定《情报自由法》和《阳光下的政府法》，确认每个人都有得到其应知道的信息资料的平等权利。

知情权首先是人权，从某种意义上可以理解为是公民其他基本权利实现的基础权利，因为无论社会对信息价值的认知与界定如何，获取信息的权利在自由社会中都是基本前提。

我国现有消费者保护法律并未区别对待金融产品或服务交易，也未对金融消费者予以倾斜保护，而是与一般商品交易行为一视同仁。

（1）互联网金融交易显然与一般商品交易不同，法律规定的抽象平等地位在实践中难以实现，互联网金融消费者显然居于不利的弱势地位，与金融经营者相比较处于严重的权利义务不对等状态。

我国《消费者权益保护法》第八条规定消费者享有知情权，虽然并没有明确是否包括互联网金融消费者，但互联网金融消费者与泛指的消费者是从属关系，自然应依法享有该条所指的知情权。

（2）从信息不对称原理而言，互联网金融交易双方对交易信息的地位是不对等的。互联网金融产品与普通商品不同，具体表现为其往往是金融专业人士精心设计的结构，缺乏专业知识的一般消费者难以充分理解所交易产品的原理与风险，因此互联网金融消费者要作出投资消费决策，某种意义上是依赖于金融经营者的介绍与提示，离开了知情权的保护，消费者在金融交易中将明显地居于劣势地位。

即使是对于具备专业知识的金融消费者，虽然对一般金融知识和风险防范具有一定能力，但对于某些金融产品本身的构成和原理也依赖于金融经营者进行适当说明。

（3）互联网金融产品的特殊性还表现在价格波动具有复杂性、即时性。金融市场毕竟不同于普通商品市场，经营者营业状况、国家财税等宏观调控政策对金融产品的价格影响比较大，消费者难以掌控，需要经营者进行必要的说明。

因此，金融经营者说明义务的履行可以有效缓解严重的信息不对称带来的利益失衡，加强信息披露可以部分解决金融市场上信息不对称的格局，金融经营者的说明义务对应的是社会公众的知情权，金融消费者作为合同签订与履行的一方当事人，其权利实现的程度自然依赖于经营者说明义务的履行程度。

5.1.3.4 互联网金融部分监管法规空白

当前，互联网金融在我国还属于新鲜事物，在此领域的法律建设还存在很多漏洞和空白，加之法律制定的滞后性很难完全满足互联网金融的法律保障需求，因为难以找到一些关于金融产品销售具体的法律规定和条款，消费者在受到侵害后想通过法律渠道开展维权活动很难。

而在通过互联网购买金融产品过程中，用户能接触到的各种资料十分有限，在维权过程中很难提供完整、有效的诉讼材料，一旦出现消费纠纷，消费者将会十分被动。同时，当前互联网诈骗现象十分普遍，很多网站打着买卖金融产品的旗号，却做着传销的活动，当这些网站积累一定资金之后，就会突然消失，使消费者难以找到，出现诉求无门的状况。

互联网金融中，交易主体权益保护存在三类较为突出的具体缺陷。

（1）对平台商家监管不完善。在互联网金融交易模式下，电子商务平台上活跃的卖方大量为中小企业主及个体工商户。根据《民法》规定，个体工商户必须在国家工商行政登记机构登记注册并取得营业资格才能营业。但目前此类个体工商户在网上进行资金借贷还没有经过任何行政审批，只需向平台备案，从而产生商家信用和交易安全的问题。

（2）卖方在提供交易后的信息和服务方面也存在困难。一方面由于互联网不征税可以逃避税款征收，另一方面也使得消费者享受不到应有的售后服务。

（3）平台退出时的消费者资金处理制度缺位。互联网金融平台在经营过程中，可能因为经营失败、政策变动或者战略原因发生破产、兼并、重组等。

5.1.3.5 互联网金融消费者承受力有限

以投资理财金融产品为例，互联网金融和传统的投资理财产品有两大不同：①前者可以持续扩张，后者却有额度限制；②前者是零门槛、可以销售给任何人，后者却有“适当性”原则，强调把产品销售给有相应风险承受力的投资者。

不加任何条件给所有消费者充分的选择权，容易造成金融消费者选择了与自身风险承受能力不相匹配的金融产品。以余额宝为例，5000 亿元的资金规模只相当于中小型银行，但 8100 万的用户数却堪比大中型银行。而且，这其中的大多数消费者对理财知识了解较少，且风险承受力较低。一旦出现问题，容易酿成群体性的纠纷事件。

5.1.3.6 互联网金融消费者隐私权受到侵害

一些互联网金融企业在经营中对内部管控并不严格，缺乏管理制度或制度不健全，并没有对企业消费者的各种信息进行保护，很容易出现信息泄露现象，且发生泄露之后消费者很难知晓。因为金融企业不能够积极主动保护消费者的各种信息数据，进一步增加了信息被泄露、使用的风险因素。

在当前互联网金融企业当中，一些第三方支付组织在审查用户各项信息的时候并不严格，使得一些企业通过对各种数据的深度挖掘很容易得到企业和个人的信用信息，导致企业和个人的信息被滥用。

例如当前流行的淘宝网刷单行为，淘宝网商家会为刷单者提供查看淘宝信用网站的服务，以便于刷单，在该网站上能够查找任意淘宝号的交易信用以及用户等级等信息，且这些信息与淘宝网信息实时更新，即使新注册淘宝网账号的用户信息也能够立即在这些网站上查找到，严重侵害了用户的权益。

我国工业和信息化部发布的数据显示，2015 年我国 80% 以上的网民都遭到过个人信息泄露侵权行为，一般表现为有针对性的宣传短信、电话诈骗等。

5.1.3.7 互联网金融消费者保障权的风险

保障权的风险主要来自两个方面。

一方面，涉及金融交易的安全性，互联网平台是否安全？安全保护手段和措施是否充分？互联网上一旦数字密码泄露，将会危及金融消费者的财产权，所以在以往的财产安全权、人身安全权之外，产生了信息安全权问题。

另一方面，涉及金融消费者个人信息的安全性，即金融消费者的隐私权保护，在互联网金融交易中，往往需要用到消费者的个人身份、联系方式、家庭情况等相关信息，一旦泄露，有可能对消费者带来无尽的麻烦，甚至带来财产的损失。

互联网金融交易过程中产生了大量的数据，目前对这些数据的产权和使用没有明确的限定，极大地增加了个人信息被泄露的风险。

5.1.3.8 互联网金融消费者公平交易权遭遇严峻挑战

所谓公平交易权是指互联网金融经营者在与消费者进行互联网金融交易时应该做到诚实信用，尊重消费者的自主选择，不得强买强卖、不合理搭售，合同的制定应该合法合理，费用标准制定应该严格按照国家相关规定，不得违反公平条款，不能不承担违约责任。

我国社会主义市场经济需要的现代契约精神包括三大元素，分别是契约自由、契约正义与契约严守。

首先在格式合同上，互联网金融消费者公平交易权遭遇到严峻挑战。消费者要在互联网上与经营者达成交易，必须按照互联网金融经营者设定的合同签署程序和格式条款内容进行，这无疑影响到消费者契约自由的实现。

例如，消费者在参与 P2P 网贷交易时，必须点击 P2P 平台制定的格式合同，包括《充值代扣委托书通用版》《定向委托投资管理协议》和《平台免责声明》，需表示完全理解和接受上述文件的全部内容，并声明投资决策完全基于本人的独立自主判断，自愿承担投资该项目所产生的相关风险和全部后果，这样的格式合同和免责声明显然有失公平。

互联网金融经营者本应当根据公平原则合理确定经营者与消费者的权利义务，然而实践中不仅没有合理提示金融交易包含的风险，反而单方面免除自己责任，并让消费者自己承担风险和损失，消费者形式上可以拒绝签订合同，但实质上已经丧失了公平交易权。

从金融交易信息不对称方面看，互联网金融经营者依靠其优势地位，设置复杂的金融产品，对消费者不履行或者不当履行说明义务，夸大金融产品的收益率，回避金融产品高风险性，而消费者也无法通过互联网平台进行充分的咨询，只能被动阅读平台的产品介绍，缺乏传统金融机构与消费者面对面的充分沟通与风险提醒，这也自然会影响到互联网金融消费者公平交易权的实现。

从上述分析可以看出，互联网金融消费者的公平交易权所面临的影响比普通金融消费者更为严峻。

5.1.3.9 互联网金融信用风险

信用风险是指互联网金融交易者在合约到期日不完全履行其义务的风险。网络交易由于交易信息的传递、支付结算等业务活动在虚拟世界进行，交易双方只通过互联网联系而互不见面，交易者之间在身份确认、信用评价方面就会存在严重的信息不对称问题。当互联网金融拥有大数据资源和数据处理技术时，信息不对称和信用问题就能有效解决，从而降低互联网金融的信用风险。

我国的互联网金融发展程度不高，大数据资源和大数据技术都没有跟上模式创新，有多种模式偏离“互联网金融”核心。社会信用体系还处于有待完善阶段，较难依靠外界和第三方力量对交易双方的信用状况进行准确的评价。

以 P2P 为例，P2P 平台一般强制要求借款人提供基础资料，自愿提供财产证明、学历证明等详细信息。一方面，此类信息极易造假，给信用评价提供错误依据，交易者也可能故意隐瞒不利于自己的信息，导致 P2P 平台在选择客户时处于不利地位。另一方面，P2P 平台所获取的资料存在滞后性、片面性，不能构成“大数据资源”。

5.1.3.10 互联网金融消费者受教育权亟待增强

受教育权是互联网金融消费者享有的另一项特殊权利。“消费是深层次结构性暴力、压迫和滥用权力”，消费实际上是在深层次意识形态支配下对有限资源进行分配和流转的过程。

按照行为经济学的观点，消费者在判断和决策过程中可能由于心理因素的影响产生认知偏差，在互联网金融交易中可能产生的认知偏差往往是因为金融消费者自身金融知识匮乏引起的。

互联网金融交易的达成依赖于交易双方的共同努力，互联网金融消费者权益保护不力，如果仅仅依靠给互联网金融经营者施加义务是不够的，一方面是因为金融经营者的行为造成的，另一方面往往是由于消费者自身存在的一些不足导致的，互联网金融消费具有一定的专业性和复杂性，金融知识是否完备直接影响消费者对交易的理解。

在理想的情况下，互联网金融经营者依法履行其说明义务和适当性义务，充分披露其待交易的金融产品或者服务的收益及风险情况，然而互联网金融消费者依然可能不能充分领会经营者所说明的内容和风险提示。要实现二者权利义务的真正均衡，最终还有赖于金融消费者自身能力的提高，通过自身专业素养和交易能力的提升实现交易的公平。

从国外经验上看，各国一直高度重视金融消费者教育，加拿大金融消费权益保护署设立专门机构通过互联网向公众普及金融知识，提高消费者金融知识能力和技能水平。英国通过《金融服务法案》将消费者金融教育局独立出来专门开展金融消费者教育。美国改革后的消费者金融保护局的重要职责就是开展金融消费者教育，制订了专门计划帮助年轻人启动金融教育计划。世界银行在多个国家倡导金融扫盲和消费者自我能力提升计划。

虽然目前尚难以判断全球范围内这些金融消费者教育的尝试效果如何，但各国普遍认为应将金融消费者教育作为长期投资开展，消费者如果能够通过充分理解金融知识并依此作出正确的金融交易决策，也将推动互联网金融市场效率的提高。

我国也开始意识到互联网金融消费者教育的重要性，通过立法、政策制定等来推动消费者受教育权的保护。修改后的《消费者权益保护法》明确规定了消费者的受教育权，为提高保护消费者权益的意识，要求消费者应当努力掌握商品或者服务的知识和使用技能。最近国家在《推进普惠金融发展规划（2016—2020 年）》中明确提出，要深入推进金融知识普及教育，培育公众的金融风险意识，提高金融消费者维权意识和能力。

从以上立法和指导性文件可以看出，国家已经设定了消费者受教育权，这既是一种权利同时也是一种义务，不过更多的是倾向于权利倡导，在相关条文中并没有强制规定不履行受教育权的惩罚性措施。

目前，我国对于互联网金融消费者的教育主要通过运动式宣教，金融消费教育活动缺乏规划和协调。对互联网金融消费者教育的根本是要改变消费者的思维范式和行为模式，牢固树立起风险防范意识，而目前金融监管机构在消费者教育上并没有做到以消费者为中心，并且教育形式和内容都有待改进，在金融教育的实施上也缺乏统一协调。导致一方面金融消费者对金融知识需求强烈，而另一方面金融机构出现人力、物力的浪费。因此，互联网金融消费者独特的受教育权并没有得到有效落实，亟须引起金融监管部门的重视。

5.2 消费者金融信息安全

5.2.1 消费者安全权的概念

5.5 消费者金融信息安全

5.6 消费者安全权的认定

一般意义上，消费者安全权指的是消费者在购买、使用商品和接受服务时，享有要求经营者保障其人身、财产安全不受损害的权利。从《消费者权益保护法》的立法意图来看，消费者的安全权首先指的是人身安全权，其次才是财产安全权，这一原则在传统意义上的大多数线下行业都适用。

但是互联网金融行业却并非如此，财产安全权在互联网金融行业内消费者的安全权中排在首位，人身安全权应当排在第二位，甚至在互联网金融领域内基本不涉及人身安全权问题。除了人身安全权和财产安全权外，互联网金融消费者安全权还应衍生出信息安全权和交易安全权两项内容。

（1）我们先从消费者应有的基本的财产安全权和人身安全权来看，互联网金融领域消费者的财产安全权不是传统行业商品使用权、所有权的安全，而是指消费者用于金融消费或者金融投资的资金安全，消费者参与互联网金融交易最基本的需求是保证所投资资金本金的安全，并在此基础上获得较高的收益。然而互联网是一个复杂的平台，资金安全不是轻易能够得到保障的，各类资金安全受到侵害的案例层出不穷。

例如支付宝时常爆出消费者资金被盗新闻，有些 P2P 网络借贷平台通过虚构项目非法集资，近来爆发的“e 租宝”庞氏骗局引起消费者普遍关注。人身安全权在互联网金融消费者权利中并不突出，毕竟消费者是通过互联网与经营者发生交易，与传统金融下需要亲自到金融机构柜台办理金融业务有较大区别，互联网金融背景下一般不会出现消费者人身安全受到侵害，当然线下互联网业务推广不在此列。

（2）从消费者信息安全与交易安全方面看，消费者金融交易信息在互联网平台自然会留下痕迹，互联网金融经营者开展业务的过程也就是获取信息的过程，这些信息如果不刻意进行销毁，就会留存在互联网经营者数据库中，即在金融交易信息的获取方面经营者具有一定合理性，但是如果从我国目前《征信业管理条例》的规定来看，互联网金融经营者采集个人信息应当事先经消费者本人同意，而实际上互联网金融经营者对消费者的信息采集大多没有经过消费者授权，存在合法性问题。

在消费者信息使用方面，侵害消费者权益的情形更是屡见不鲜，互联网金融经营者没有履行保密义务，把一些消费者个人信息有意或无意地传播甚至出售给第三人。互联网金融交易安全也是实践中对消费者权利影响较大的一个重要方面，突出表现在远程客户认证、远程支付等方面，例如条码、二维码支付和虚拟信用卡由于技术不成熟、无法保障消费者交易安全被监管部门禁止。

从整个金融市场的角度来看，由于互联网极强的传播性和传染性，如果互联网金融信息采集、保存以及使用方面存在不规范，还可能引发金融市场系统性风险。因此，互联网金融消费者安全权受到更为广泛的威胁，应该高度关注消费者安全权的保护。

5.2.2 互联网金融具有高度涉众性

第三方支付、各类众筹投资、P2P、网销基金等互联网理财业务营销对象主要是普通的社会公众。互联网金融在吸引社会公众大规模入市的同时，对于消费者群体造成或可能造成侵权的现象也迅速显现。

其中，两个突出问题是：

（1）各类平台打着“普惠”的名义把风险等级较高的资产出售给公众，极易侵害金融消费者公平交易权和知情权。比如，平台绕开投资者适当性及私募发行限制，向公众推销投资品种，近期爆发的广东侨兴债券违约事件就是典型案例。再如，当前许多 P2P 平台的“多对多”集合标理财计划，也难逃触碰 P2P 网贷“824 新规”禁止平台期限拆分、资产打包红线之嫌。

2016 年的《互联金融风险专项整治工作实施方案》首次提出“穿透式”监管办法。“穿透式”监管有利于改善当前互联网金融快速发展与监管方式相对滞后之间的不协调，有利于互联网金融行业健康地发展。

（2）金融消费者的个人信息及隐私权保护面临大数据技术的严峻挑战。互联网金融与传统金融中介最大的区别在于，以大数据替代了传统的风险管理和风险定价。金融消费者在获取互联网金融服务的同时，必须向平台提供各类个人信息。从而，平台对个人信息的商业利用与消费者对其个人信息的有效控制之间的利益冲突空前凸显。

近日发生的顺丰对菜鸟关闭数据共享接口事件正是个生动的例子。如何在有效保护金融消费者金融相关信息安全与隐私的前提下，实现大数据的合理利用与共享必须成为监管者关注的重点。

诚然，《网络安全法》已出台，包括国务院《关于加强金融消费者权益保护工作的指导意见》、银保监会《网络借贷信息中介机构业务活动管理暂行办法》等金融监管文件也对互联网金融平台保障个人信息的安全进行规范。

但是，在界定互联网金融平台权利边界，平台对消费者个人信息的收集、利用、共享等的行为方面的规则仍然是个空白。究其根源在于，有关金融消费者权利保护上的法律缺乏基本框架。

5.3 投诉受理与处理机制

5.3.1 互联网金融纠纷的类型

5.7 互联网金融纠纷类型和多元化解决

5.8 互联网金融纠纷类型和多元化解决

互联网金融领域发生的纠纷，与其业务密切相关。互联网金融的业务是互联网金融平台与外界，包括合作伙伴、竞争对手、监管机构等的关系。从法律性质来看，互联网金融的业务关系有三种，互联网金融的纠纷类型也有三种。

1. 合同纠纷

互联网金融企业在发展中，会与外界签署各类合同。作为提供一般服务的平台，会与会员签署注册协议；作为提供中介服务的平台，会与投资人、融资人签署中介服务合同；作为提供增值服务的平台，会与相关方签署支付服务、担保服务、风控服务等合同。

这些合同，履行中都可能出现争议，从而产生纠纷。如2015年12月22日，北京飞度网络科技有限公司（运营“人人投”股权众筹平台）与北京诺米多餐饮管理有限公司之间合同纠纷案由北京市一中院审结。这是全国首例股权众筹融资案。最后，法院认定平台与融资方签订的《委托融资服务协议》有效。

2. 侵权纠纷

互联网金融平台提供或连接金融产品和服务，相对于消费者来说，仍属于占有信息优势的一方，加之监管滞后，一些企业经常会发生侵害消费者权益或泄露客户个人信息的现象，引发侵权纠纷。

在P2P、互联网基金销售、互联网理财等领域，竞争非常激烈，这诱使一些平台采取与法律规定不符的竞争策略等，这也会引发不正当竞争侵权纠纷。另外，互联网金融处于初始开发期，模仿之风盛行，如互联网理财中的各种“宝宝”产品，名称和形象都存在同质化，这可能导致知识产权侵权纠纷。

3. 合规纠纷

这是互联网金融领域较为特别的纠纷类型，原因在于监管法律、法规与政策的不完备。

在部分互联网金融领域，平台摸索前行，监管部门不断优化、强化其监管手段。这导致平台必须不断调整步伐，保持与监管沟通，并对监管提出的意见积极予以回应。

另外，平台基于推广需要所进行的一些夸大其词、虚假承诺行为，容易触犯广告法，引发行政处罚。更有甚者，有的平台沦为非法集资等违法犯罪的工具。

目前，我国互联网金融的投诉处理机制、争议处理机制尚未建立，而且互联网金融经营活动中的责任主体不明确，没有落实互联网金融主管部门，也没有相应的维权机构，导致消费者处于维权无门的尴尬境地。由此可见，维权道路的艰辛，让消费者的损害求偿权难以得到有效保障。

5.3.2 互联网金融纠纷的多元化解决

互联网金融纠纷多样，导致其纠纷解决路径也可以是多样的。根据《关于促进互联网金融健康发展的指导意见》，互联网金融多元化纠纷解决机制包括在线解决、现场接待、监管受理投诉、第三方调解、仲裁、诉讼等。

（1）在线解决（Online Dispute Resolution，ODR）。是信息通信技术与替代性纠纷争议解决机制（Alternative Dispute Resolution，ADR）相结合的产物，最符合互联网金融的业务特点，包括在线协商、在线仲裁、平台在线调停，以及在线诉讼等。

在线解决是以网络为纠纷解决的基本工具，其纠纷解决原理仍依赖于其他机制。当然，不是所有的纠纷解决机制都可以“毫发无损”地搬到网上，个人认为，目前最有空间、最值得探讨的应是在线仲裁加网络仲裁。

（2）现场接待。是传统的纠纷解决办法，其最大的好处是让一直仅限于网络交流与交易的参与方，终于能面对面坐下来。这种线上到线下式的沟通，使得纠纷主体能够理解对方，能增强金融消费者对平台的信任，加大互联网金融业务给消费者的体验，从而有利于纠纷解决。

（3）监管受理投诉。这可能是纠纷解决最直接的一种方式。在营销推广、业务资质、消费者权益保护等相关纠纷中，目前最为有效的解决方式之一是向监管部门投诉，监管部门及时依法秉公处理，可大大提升消费者信心，化解互联网金融矛盾。

（4）第三方调解。它一直是民事争议解决的一大途径，在于目前环境下缺少有公信力的第三方的情况下，效果恐怕不会太明显。互联网金融监管强调行业自治，未来是否会出现中立的第三方（行业协会或行业协会下属专门工作委员会），推动互联网金融纠纷的调解解决，值得期待。

（5）仲裁。仲裁越来越成为企业之间解决争议的一大选择。相比诉讼而言，用仲裁形式解决同类纠纷，具有保密（不公开审理）、速度快（一裁终局）、成本低（体现在一定金额以上的案件当中）、亲和（可选择仲裁员）等优势。根据互联网金融的业务特点，更加决定了仲裁以及“互联网＋仲裁”是互联网金融合同纠纷解决的最佳途径。

（6）诉讼。是目前互联网金融平台选择最多的纠纷解决机制。相比仲裁而言，诉讼更具威力、执行力度大、更注重程序、权利保护更充分等特点。但对互联网金融平台的诉讼来说，可能会因涉及人数多、分布广等因素，诉讼的成本会比较高。另外，平台的诉讼主体资格也会因某些中介业务而存在不确定性。对互联网金融的消费者而言，可能存在举证困难、费用高、执行困难等问题。

5.3.3 网络仲裁与互联网金融合同纠纷解决

最适合解决互联网金融纠纷的机制是在线仲裁，也称为网络仲裁。它是仲裁机构通过制定网络仲裁规则，搭建网络平台，接收与传送电子化仲裁文书，完全在线上举行开庭、质证、答辩等仲裁活动。仲裁的前提是存在仲裁协议，互联网金融在线仲裁重在解决互联网金融合同纠纷。互联网金融平台在制定注册协议范本（电子签约）、平台服务协议范本的时候，仲裁的条款会被预先植入到约定的某仲裁机构。当用户点击同意时，即确认了该争议解决方式。

5.9 网络仲裁与互联网金融合同纠纷解决

5.10 网络仲裁与互联网金融合同纠纷解决

网络仲裁与互联网金融合同纠纷解决之间，事实上是天然匹配的。究其原因如下：

（1）因为互联网金融平台涉及的合同均为电子化合同，只要通过一定的技术［如电子商务认证授权机构（CA）认证、时间戳等］，即相当于文件原件，能直接在互联网上快速、便捷传送。

（2）网络仲裁对于仲裁申请人与被仲裁人的地域性要求不高，这正好解决了互联网金融参与人分布广泛的问题。网络仲裁机构的高效、接受创新、批量处理集体诉讼等特点，正好也符合互联网金融业务发展的需要。

（3）网络仲裁也是仲裁，遵守不公开审理的原则，这种保密性也符合互联网金融平台不愿声张，不希望引起连锁反应、挤兑等的要求。

网络仲裁想要成为被大众接受的解决互联网金融合同纠纷的解决机制，还有一段路要走。首先是平台参与方对仲裁习惯的培育。目前，大部分的平台是通过注册协议、服务协议约定由平台方所在地或被告所在地人民法院管辖。需要互联网金融平台的各参与方认识到仲裁方式的优势才能完成诉讼到仲裁的转变。其次是仲裁机构自身的可信度宣传和诉讼优势的宣传。最后仲裁机构必须自行或联合搭建一个良好的在线仲裁系统，既能满足仲裁程序公正、公平的要求，又能有良好的“客户体验”，从而在技术上确保可以实现网上仲裁活动。

按照《消费者权益保护法》规定，消费者和经营者发生消费权益争议时，可以通过与经营者协商解决、消费者协会调解、仲裁及诉讼解决。现实中一旦发生互联网金融消费纠纷，互联网金融消费者通常还是将自己视为普通消费者，一般还是通过与经营者协商途径解决纠纷。目前纠纷解决方面主要存在的问题有以下五种：

（1）互联网金融经营者内部缺乏有效的纠纷解决机制。当前，互联网金融经营者大多缺乏金融从业经验，风险防范的意识不足，有效的规范制度并不完善，在互联网金融交易出现问题、投资消费出现损失时，实际上往往难以通过法律挽回损失，成为群体性事件后刑事介入成本很高，难以有效维护互联网金融消费者权益，这已成为当下互联网金融领域最为严重的问题之一。

（2）缺乏有效的投诉处理机制和平台。目前，各金融机构都会设立一定的投诉渠道，各级消费者保护协会也受理金融投诉，但金融经营者多处于优势地位，一旦消费者与金融经营者发生利益冲突，争议处理的机构、程序存在很大的自由裁量权，我国尚未建立解决消费纠纷的特殊司法程序，消费者通过司法救济途径解决纠纷的成本较高、周期较长，不利于互联网金融消费者的保护。

（3）在争议解决的具体操作制度方面，互联网金融消费者也明显处于弱势地位。按照民事诉讼基本证据规则，金融消费者权利受到侵害需自己承担举证责任，金融消费者在信息方面处于弱势地位，难以举证证明自己权利受到侵害，使消费者难以赢得维权诉讼。

（4）消费者诉讼成本承担能力较弱。面对来自消费者的诉讼，互联网金融经营者往往通过委托律师与消费者展开马拉松式诉讼，经营者无论胜负均可将律师费和其他诉讼费用转化为经营成本，从而将本应由其承担的诉讼费用转嫁给消费者。而且消费者集体维权行动的成本高昂，金融消费者往往存在“搭便车”的维权心理，彼此信息沟通不畅或者思想不统一，导致经营者可以通过马拉松式诉讼来拖延或者瓦解消费者的维权行动。

（5）行业协会自律作用发挥不够。在 P2P 网贷和股权众筹领域已成立一些地区性或全国性自律组织，国家层次的互联网金融协会已经成立并开始运作，但由行业协会主导的自律监管在互联网金融消费者权利保护方面作用尚不突出。

总结回顾

第 5.1 节主要讲述了互联网金融消费者的概念界定以及对他们保护的必要性。由于互联网金融存在行业特殊性需要加强消费者保护，互联网金融产品本身具有专业性和复杂性，金融交易双方存在信息不对称性，交易双方地位也存在不平等现象。互联网金融消费者权利的实现所面临的特殊困境，互联网金融消费者权利具有特殊性，消费者的安全权更为突出，公平交易权遭遇严峻挑战，受教育权有待增强。

第 5.2 节主要讲述了消费者金融信息安全权的概念以及互联网金融具有高度涉众型。导致了互联网金融消费者的权利实现存在法制困境，消费者保护立法有待完善，互联网金融行业发展存在监管套利，金融消费者的纠纷解决机制不畅。

第 5.3 节主要讲述了投诉受理与处理机制。因互联网金融行业的特殊性、权利实现情况、法制建设情况以及竞争格局方面都存在许多不利于消费者保护的因素，迫切需要金融监管介入，加强金融消费者保护。

5.11 Ⓟ 项目 5
知识拓展案例

课后实践

选择题

1. 中国互联网元年指的是（　　）。

A. 2011 年　　B. 2012 年
C. 2013 年　　D. 2014 年

2. 英国通过（　　）将消费者金融教育局独立出来专门开展金融消费者教育。

A. 《金融服务法案》　　B. 《教育法》
C. 《消费金融法案》　　D. 《金融消费者权益法》

3. 互联网金融消费者享有以下（　　）权利。

A. 财产安全权　　B. 知情权
C. 自主选择权　　D. 公平交易权

4. 互联网金融的纠纷类型有（　　）。

A. 合同纠纷　　B. 侵权纠纷
C. 合规纠纷　　D. 劳务纠纷

简答题

1. 如何健全互联网金融的法律与制度，防范可能带来的风险？
2. 一旦互联网金融消费者的权益受到侵害，他们可以通过什么途径维权？
3. 目前互联网金融消费者享有哪些权利？
4. 什么是网络仲裁？它有何特点？

5.12 Ⓣ 项目 5
习题答案

项目 6
互联网金融业务风控

学习目标

通过课堂讲解和讨论，学生应掌握互联网金融 7 大业态——互联网支付、网络借贷、股权众筹、互联网证券投资基金、互联网保险、互联网信托和互联网消费金融的风险和风险防范的措施。

6.1 互联网支付安全

案例导读

支付公司未履行安全保障义务导致消费者购物款被盗转

2014 年 7 月，张先生在某购物网站上和卖家协商购买价值 2500 元的照相机一台，双方约定分多笔交易付款。随后根据支付机构网页提示登录到网上银行进行付款操作，收款方名称为：某某支付科技有限公司。付款后该购物网站却依然显示“等待买家付款中”，张先生到银行查询，被告知钱款已经打到支付机构。

随后张先生发现打入支付机构的钱款被转入另外一个工商银行账户，而此账号并非本次交易卖方的账户。按照支付机构交易规则，在买方没有确认收货前，支付机构不能将货款转出。张先生诉至人民法院，认为该购物网站和支付机构作为交易平台的提供方和第三方资金管理方，未尽到安全管理义务，致使买方购物款被盗转，要求法院裁决该购物网站和安全支付机构赔偿其相应损失。

6.1.1 互联网支付的风险

6.1 互联网支付的风险

6.2 互联网支付的风险

金融离不开经济活动，经济活动离不开支付。互联网支付作为互联网金融的重要组成部分，受众十分广泛。然而近年来不法分子利用钓鱼网站、入侵网络支付系统等非法途径窃取个人信息、盗取银行卡账号、密码的事件频频发生，给消费者带来了不少安全问题。据不完全统计，自 2014 年到 2015 年 8 月，中国人民银行金融消费权益保护部门收到的网络支付类投诉在所有互联网金融类投诉中占比高达 95.06%，可见互联网支付的风险不容小觑。互联网支付面临的风险主要有信用风险、流动性风险、技术风险、操作风险和支付方式的安全风险。

6.1.1.1 信用风险

异步交换是互联网金融支付的一大特征。在传统方式的交易中，买卖双方都是面对面地进行交易，即一手交钱、一手交货。随着电子商务和网络购物的兴起，相隔千里甚至是地球两端的交易双方也可以通过互联网进行交易，这时同步交换几乎是不可能的，而是需要物流运送。为了解决异步交换的问题，第三方支付应运而生。

第三方支付是指在买家与卖家之间引入第三方，在交易过程中承担了担保的角色，交易双方在进行交易时，由第三方先将资金进行托管，等交易完成之后，再由第三方将资金转入卖家账户。

第三方支付的产生较好地解决了网络交易的信用问题，但也产生了新的信用风险：买家可能在收到货物之后，以丢失为名要求卖家退款；卖家也可能欺骗买家，在买家付款之后，伪造出货单或物流信息等方式虚假发货。同时，第三方支付机构由于在交易过程中将资金先行托管，因此可以掌握大量沉淀资金，而这些资金如果不能合理地保管，出现挪用或者丢失的情况，都会造成信用风险。

6.1.1.2 流动性风险

严格意义上的互联网支付组织类型只有两类：金融机构类支付组织和非金融机构类支付组织。金融机构类支付组织因为是传统的金融组织，一般具有较高的现金管理能力和营运能力，流动性风险产生的可能性较小。而一些非金融机构类组织，也就是第三方支付机构，由于是由互联网公司建立的，可能缺乏现金管理能力，容易导致资金周转不足而引发流动性风险。

从第三方支付的运行流程来看，买方并不向卖方直接付款，而是将资金先汇入第三方支付平台指定的账户中；待买方确认收货之后，第三方支付平台才会将资金支付到卖方账户上。由此可以看出，由于资金收付存在时间差，买方资金在第三方支付平台有一个短暂（一般而言在 2~15 天）的留存期。这段时间内，虽然资金的所有权并没有发生转移，仍在买家手里，但是资金却停留在第三方支付机构中，由第三方支付公司进行支配。如果第三方支付公司管理不当或者将这些资金用于其他投资，则可能面临无法及时收回而带来的流动性风险。

6.1.1.3 技术风险

技术风险主要是指硬件风险、软件风险。如今，互联网金融支付交易的数量越来越大，交易群体越来越多，而互联网金融交易平台中所使用的硬件、软件都存在滞后的问题，一旦出现软硬件故障，就会引发支付延迟，甚至将支付信息丢失，这一隐患是长期存在的。

6.1.1.4 操作风险

操作风险是由消费者的行为习惯及网络环境、交易主体操作失误或由互联网金融的安全系统造成的。移动支付的安全性在很大程度上取决于客户的行为习惯，目前频繁发生以假冒银行短信、诱骗客户登录假冒银行网站、提示密码器升级等诈骗资金手段的事件，已造成了重大资金损失，严重影响了银行信誉、消费者权益和互联网金融业务创新的发展。

从交易主体操作失误方面来看，可能是由于交易主体对互联网金融业务的操作要求不太了解而造成的支付结算终端、资金流动性不足等操作性风险。从互联网金融安全系统方面来看，可能是由于互联网金融风险管理系统、账户授权使用系统、与客户交流信息系统等的设计缺陷而引起的操作风险。

6.1.1.5 支付方式的风险

线上支付是互联网支付的主要形式，而线上支付的方式也多种多样，有二维码支付、短信验证支付、快捷支付、U 盾支付、移动支付、微信支付等，这些支付方式都隐藏着风险隐患。

1. 二维码支付

二维码不仅有支付功能，还有信息获取、软件下载等功能。如果使用二维码来做交易验证，来源不明的二维码被不懂安全的人扫了很容易受骗和被执行恶意程序。

2. 短信验证支付

用户短信收发是可以在空中被截获的，手机 SIM 卡容易被复制，短信发送号码可以伪造，申请手机号码或者补卡可以使用身份证复印件，超小型伪基站可作中间人攻击，无线 WiFi 信号被截获，导致账号密码泄露等。

3. 快捷支付

安全关键在于手机，要保证手机绝对安全，特别是保证短信安全，才能保证快捷支付的安全。如果有人知道了用户的支付宝或财付通账号，同时又掌握了用户的手机，那就意味着该用户账号里绑定银行卡的资金就很容易被盗用。

4. U盾支付

虽然U盾有着较高的安全性，可以对数据进行加密，但如果中了U盾木马，也会造成安全风险。当U盾木马发现用户插入U盾时就会自行启动，拦截用户的汇款信息，从中解析出账号密码等资料，并将汇出目标账号替换为黑客指定的账号，造成用户财物损失。

5. 移动支付

在移动支付工具的应用过程中，支付交易的收付款双方都存在一定的风险，如有的收款二维码被恶意掉包，付款二维码被恶意读取；此外还有移动终端设备自身存在风险，如手机本身未采用加密等安全措施，不法分子通过钓鱼网站或木马程序窃取用户信息，并对移动支付功能进行非法复制，从而造成用户重要信息的泄露。由此可见，移动支付应用中参与交易各方的身份识别也是一个风险点。

6. 微信支付

微信支付与支付宝等第三方支付方式有所不同，它并没有担保交易的功能。用户可通过微信支付直接转账给对方，对方确认收款后便完成了交易。在这个过程中，并未给用户提供货物检验的时间，这就增加了交易风险。同时，很多微信店铺规模较小，整体利润不高，在其经营过程中并未落实担保交易条款，这无疑会对消费者的权益造成一定影响。

6.1.2 互联网支付风险的防范措施

6.3 互联网支付风险的防范措施

6.4 互联网支付风险的防范措施

6.1.2.1 对互联网金融支付平台进行及时评估

经济与网络的快速发展，推动了互联网金融支付的发展速度，互联网金融支付的地位越来越高，监管部门要认识、认可互联网金融支付平台的地位。互联网金融支付在不断创新与发展的过程中，要进一步加强其准入监管以及动态监管，保障互联网金融支付的稳定性与安全性。

6.1.2.2 提升互联网金融支付的效率

互联网金融支付平台因其具有延时结算的特点，可以想方设法将其接入人民银行支付平台，这样就可以将互联网金融支付平台置于支付清算与监管体系之中。按照具体情况，创建直接接入和间接接入相结合的方法，最终实现互联网金融支付平台接入网上支付的跨行清算系统中，互联网金融支付平台的清算效率、流动性管理水平都将得到提升，金融“脱媒”现象的发生将得到有效避免，防范支付风险。

6.1.2.3 强化互联网金融支付控制

互联网金融支付平台内的资金流向必须清晰可控，首先要严格执行账户实名制规定。

制定与互联网金融支付特点相符的支付格式报文，使其与银行机构发起的业务进行区分。互联网金融公司在支付系统中具有特殊的身份，根据互联网金融公司的支付指令与数据按照银行机构展开清分活动，并形成特殊的报文格式。银行机构对报文进行解析后，将信息反馈到支付系统，然后系统自动组包发送给第三方支付机构，最终完成清算工作。支付系统用特殊的格式报文全程监控互联网金融公司的清算流程，有效规避了风险。

6.1.2.4 对互联网金融支付的动向进行密切监控

对于互联网金融支付创新和风险的状况，监管部门应当给予高度的关注，依照最新的情况制定调整监管的策略，针对互联网金融支付平台加大对其的大数据分析。所以说，监管部门要提升自身分析互联网金融公司支付平台数据的能力，尤其是要创建互联网金融公司支付数据的大数据库，根据最新数据资料制定全面、细致、有效的相关政策，以强化规避风险的能力。

6.2 网络借贷安全

案例导读

中宝投资自融诈骗案

成立于2011年的浙江省衢州市中宝投资有限公司，是第一家被立案侦查的“老牌”P2P，由于其涉及金额巨大，消息一出，P2P界一片哗然。2014年4月14日，浙江省衢州市中宝投资有限公司（以下简称“中宝投资”）企业法人周辉因涉嫌吸收公众存款罪被衢州市人民检察院批准逮捕。根据网站数据初步统计，周辉向全国30余个省市1600余名投资人进行集资，目前尚有1100多名投资人的3亿余元本金没有归还。

衢州市公安局表示，经初步查明，自2011年2月以来，犯罪嫌疑人周辉利用中宝投资公司及其“中宝投资”网站，以开展P2P网络借贷为名，以高息为诱饵，对外发布含有虚假借款人和虚假借款用途等内容的贷款信息，向全国各地公众大量吸收资金。

衢州市公安局副局长陈惠平表示，犯罪嫌疑人周辉对外宣称其“中宝投资”是从事民间网络借贷的P2P平台，吸引投资人创建账户并充值，随后其利用掌握的40多个虚假会员账户频繁发布虚构的借贷协议，以高回报吸引投资。由于贷款到期后平台会将本金加利息转入投资人的网站账户，并可顺利提现转入真实银行账户，众多投资人误将“中宝投资”当作可靠的P2P网络借贷平台。但事实上，周辉将其作为自己的融资平台，投资者资金全部进入的是周辉个人的银行账户。

6.2.1　网络借贷的风险

6.5 网络借贷的风险

6.6 网络借贷的风险

我国的P2P网络借贷行业在2014年以前一直处于“无准入门槛、无监管机构、无行业标准”的“三无”状态，很多P2P网络借贷平台开设的初衷只是为了牟利，缺乏专业的信贷人员，使P2P网络借贷行业成为互联网金融风险的高发区。“e租宝非法集资案”“大大集团非法融资案”“中宝投资虚构借款项目自融诈骗案”的爆发，一时间使P2P网络借贷被推向了舆论的风口浪尖，风险成为P2P网络借贷的关键词。

由于我国的P2P网络借贷起步较晚、发展迅速，加之缺乏相关的监管经验，相应的法律制度也不健全，导致网络借贷的安全问题尤为严重。网络借贷的风险主要体现在非法集资风险、流动性风险、道德风险、管理风险、技术风险和法律风险六个方面。

6.2.1.1　非法集资风险

在P2P网络借贷的交易流程中，虽然借款人和贷款人在网络中直接建立借贷关系，但是借贷双方的资金一般需要通过中间账户进行操作，然而中间账户的资金和流动性情况却并不透明。

目前，我国大多数P2P网贷平台都宣称采用对接第三方支付平台的方式实现资金托管，然而事实上，这些P2P网贷平台只是在第三方支付平台开立了一个类似对公账户的虚拟账户。平台用户需要先充值到平台才能进行借贷，尽管用户能够看到自己在平台的资金状况，但是第三方支付平台并没有权限也没有义务对P2P网贷公司的客户资金进行监管，这部分资金是沉淀在平台对公虚拟账户中的，资金的调配权仍然掌握在P2P网贷公司手中。

而且P2P网贷公司一般都没有严格的资金收集、管理和使用程序，没有妥善保管资金安全的相应规范制度，没有控制资金风险的相应措施，导致P2P网贷公司的业务人员或者P2P网贷公司本身能够轻易地挪用平台用户充值的资金。

6.2.1.2　流动性风险

P2P网贷流动性风险，是指P2P网贷平台由于投资者挤兑造成资金供应不足甚至是资金链断裂的风险。导致P2P网贷平台产生流动性风险的原因主要有平台自行担保、拆标及自融等因素。

大多数中国人的投资理念都比较传统和保守，强调保本保息，因此，P2P平台为了吸引投资者，大多都推出了本金保障甚至本息保障计划，这意味着一旦借款人出现违约状况，平台需要用自有资金先行垫付给出借人本金或者本金利息，这大大增加了P2P网贷平台的运营风险。若出现大规模坏账，出借人要求提现，P2P 平台的自有资金不足以覆盖全部的挤兑要求时，就会面临流动性困难。

拆标是 P2P 网贷平台常用的手段，它是指将一个期限较长或者金额较大的借款人借款标的拆成几个甚至是几十个期限较短、金额较小的借款标的，继而形成期限和金额错配。作为借款人大多希望借款的金额大、期限长，而投资者，大多希望投资的金额小、期限短；供求的不匹配导致很多 P2P 平台为了吸引投资者而采取期限错配的手段。

例如借款人申请贷款 1000 万元，借款期限 36 个月，这样大额、长期的借款标发布后很难在短时间内筹集到足够的资金，因此平台通常会将 1000 万元拆分为 10 份甚至 100 份，期限缩短为 1~3 个月，滚动放标。这样既满足了借款人的借款需求，又满足了投资者的投资需求，然而期限错配却需要很高的技术能力。

如果网贷平台能够实现“借新还旧”，其流动性风险便不会爆发，而一旦平台发生投资人挤兑行为，便会很容易导致流动性危机爆发、平台倒闭的后果，“非诚勿贷”就是因为内幕曝光导致投资人纷纷从平台抽离资金，引发挤兑而破产倒闭的。拆标本身并不违规，然而拆标的技术含量极高，不仅需要 P2P 平台有足够的风控技术去应对可能出现的挤兑风险，还需要专业人士很精确地计算和设计以保证资金的正常运转。

自融是一些急需资金的企业或者小额贷款公司在网络上创建 P2P 网贷平台，通过发借款标达到融资的目的，但这种模式已超出 P2P 网贷平台的界限，很容易形成资金池，涉嫌非法集资。

2016 年 8 月，我国颁布了《网络借贷信息中介机构业务活动管理暂行办法》，明确要求网络借贷平台不得从事自融和自担保，这在一定程度上控制了 P2P 网贷平台的流动性风险。

6.2.1.3 道德风险

近年来，P2P 网贷平台破产、“跑路”，投资人亿万资金无法兑付的新闻时常占据各大网络媒体的头版头条。P2P 网络借贷问题平台的高频词汇多为“涉嫌非法集资”“关门跑路”等负面词汇。如图 6.1 所示，我国 P2P 网络借贷问题平台自 2011 年以来数量逐年增加，截至 2016 年 10 月，累计问题平台数量达到了 1900 余家，其中“跑路”平台的数量占比高达 40% 以上，而这些“跑路”的平台大多是在建立之初便是“挂羊头、卖狗肉”的伪 P2P 平台，以高额回报、保本保息等方式骗取投资人资金，虚构投资项目，行庞氏骗局之实。

除此之外，一些 P2P 网贷平台并未严格遵守不得设立资金池的监管要求，沉淀资金存在被挪用的道德风险，这是欺诈性、自融性平台常有的风险表征。目前，P2P 网贷平台很少有公布其经审计的财务报告。

事实上，即使 P2P 网贷平台公布财务报告，也无法说明平台借贷相关的财务问题。对于 P2P 网贷模式来讲，平台本身并不是债权债务方，坏账率等指标不会反映在其财务报告

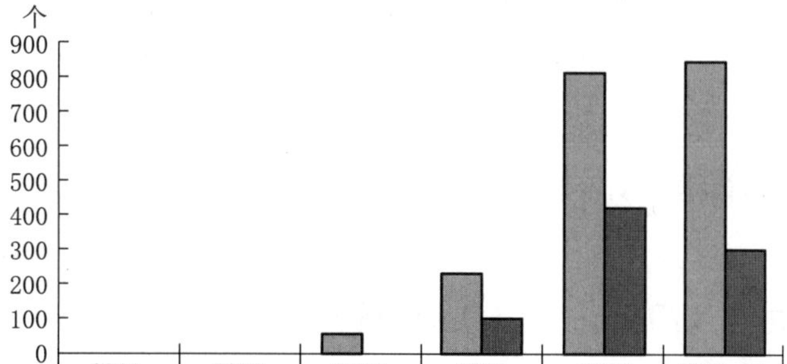

	2011	2012	2013	2014	2015	2016.10
问题平台	3	2	61	234	810	842
跑路平台	1	1	4	95	417	287

图 6.1 2011—2016 年 10 月 P2P 网贷问题平台数量

（资料来源：网贷之家）

的任何指标中。财务信息的不透明，加大了投资者对平台信用预期的不确定性，投资者权益容易受到侵犯，也加大了风险治理的难度。

6.2.1.4 管理风险

P2P 网络借贷，指的是个人投资者通过网络平台把资金借给个人资金需求人，看似简单，实际操作起来却很复杂。P2P 网络贷款属于新兴产业，是金融行业的创新模式，在我国的发展历程不过几年，市场并不成熟。

很多投资人没有正确理智地对待这种金融产品，只是冲着高收益而去，而资金需求者则是奔着套现而去；作为网贷平台公司本身，开设的初衷大多也只是为了牟利，其组织架构中缺乏专业的信贷管理人员，技术人员不具备贷款风险管理的知识和资质，因此很难把握和处理好网贷平台运营过程中所出现的问题，产生大量的坏账，最终只能倒闭。

6.2.1.5 技术风险

信息技术的进步时常引发新的、更多形式的威胁安全的手段与途径。随着网贷行业的蓬勃发展，很多网络公司冲着牟利而纷纷投身网贷行业，因此很多平台都是图方便购买现成的模板，缺少自己的风控系统，在进行技术改造时不能保证完全成熟和完善，存在安全隐患；加之平台不重视技术，宁可花费几十万元做营销推广也不肯重视技术改造，极大地影响了网络系统运行的稳定性。

技术漏洞的存在，导致恶意攻击的风险不断加剧，诸如电脑黑客入侵等，攻击平台、修改投资人账户资金以及虚拟充值真提现等问题逐步显现。特别是由于网贷属于新兴业务，相关的法律法规条文非常缺乏，黑客大肆攻击、要挟平台事件频繁出现，严重影响了平台的稳定运营。

6.2.1.6 法律风险

在 P2P 网贷发展过程中暴露出诸多的法律风险，这些法律风险集中体现在：平台没有资金存管或资金存管不合规、平台自融、私设资金池、从事线下放贷，利率超过法律的最高限额，违规为借款人提供担保甚至自保，违法违规催收到期债权等方面。

6.2.2 网络借贷风险的防范措施

6.7 ▣ 网络借贷风险的防范措施

6.8 ▶ 网络借贷风险的防范措施

6.2.2.1 设立准入门槛，加强政府监管

P2P 网贷平台的准入门槛相对较低，运营成本不大，但是利润空间不菲，因此大量的网络公司、人员和资金都涌向该行业，导致行业中鱼龙混杂、良莠不齐，一些资质不佳、自融性、欺诈性的平台相继出现在市场当中，严重损害了 P2P 行业的公信度。

监管部门目前虽然已经设立了一定的准入门槛，但是与第三方支付行业发放牌照的方式相比较，P2P 网络借贷的准入门槛依旧比较低。对准入行业限制较少、注册资金的要求也不高是监管部门应该改进的地方。提高准入门槛、提高注册资本的限额、对 P2P 网贷上的交易进行登记、对 P2P 平台采取备案形式进行监督，谨防假标出现是我国监管部门下一步的监管目标。

6.2.2.2 第三方资金托管

为了防止 P2P 网贷平台和其从业人员擅自动用和挪用客户资金，整个交易过程应该实施清算与结算分离、资金流与信息流分离的做法，从而保证平台不在任何时候因任何理由以任何方式使用客户资金，保障客户资金的安全性及平台服务的独立性、经营的合规性。所以在客户资金托管方面，P2P 平台应该交由第三方支付或者银行进行托管。

目前，我国银保监会要求 P2P 网络借贷平台的资金交由银行存管，但是部分银行因为金额太小而拒绝此类业务，第三方支付平台成为大多数 P2P 平台的选择，在资金清算的过程中，P2P 平台首先发出清算指示，然后由出借人对此指示进行确认，直接由第三方支付公司将款项打入借款人账户中，整个过程 P2P 公司只有查阅账户明细的权利，而没有调动客户资金的权力。

6.2.2.3 加强行业自律

在 2012 年 11 月，我国的 P2P 行业委员会早就已经成立了，截至 2013 年 7 月，已有 47 家 P2P 机构签署了行业自律公约，然而 P2P 网络借贷的负面新闻却一直占据着各大新闻版面的头版头条。

2016 年 3 月，中国互联网金融协会正式挂牌成立，这标志着我国互联网金融自律性管理的提升。

2016 年，在北京市网贷行业协会的牵头下，北京地区的多家 P2P 平台联合成立了合规风控联盟，并发布了自律公约。自律公约要求 P2P 服务机构合法合规经营，对于完善企业内部控制和治理，提升风险管理能力，防范信用风险、流动性风险、操作风险、市场风险等起着重要的作用。

6.2.2.4 完善监管细则

2015 年我国 P2P 行业风险频发，成为互联网金融风险的重灾区。2015 年年末，银保监会连同工业和信息化部、公安部、国家互联网信息办公室等部门共同起草了《网络借贷信息中介机构业务活动管理暂行办法》，开启了 P2P 网络借贷专项整治的序幕。

2016 年 4 月，国务院颁布了《互联网金融风险专项整治工作实施方案》，同年的 8 月 24 日，由银保监会牵头发布了《网络借贷信息中介机构业务活动管理暂行办法》，被称为史上最严的网络借贷监管细则。2017 年，银保监会又印发了《网络借贷资金存管业务指引》，要求 P2P 网络借贷平台贯彻执行。

一系列的监管政策显示出我国监管部门对 P2P 网络借贷行业的整治决心，但是 P2P 网络借贷的问题依旧明显，因此还需要不断完善监管细则。

6.2.2.5 完善社会征信体系

目前人民银行征信系统尚未与 P2P 网贷公司进行有效对接，因此 P2P 平台在获取客户信用的时候需要花费大量的人力、物力、财力对借款人进行信用甄别，这降低了整个贷款流程的效率，也加大了 P2P 平台的风险成本。

“校园贷”和“现金贷”的乱象也大多是因为借款人重复借贷产生的。如果人民银行征信系统能与 P2P 网贷数据形成有效的对接，相互之间可以实现数据互补，将大大推进我国整个信用体系的建设，对于防范风险有着重要的积极意义。

6.3 股权众筹安全

案例导读

全国首例股权众筹案

2015 年 1 月，北京诺米多餐饮管理有限公司（以下简称诺米多）与运营“人人投”众筹平台的北京飞度网络科技有限公司（以下简称人人投）签署了《委托融资服务协议》，诺米多委托人人投通过人人投的平台融资 85 万元（含诺米多公司 17.6 万元）用于设立“排骨诺米多健康快时尚餐厅”。

然而，融资成功后，人人投认为诺米多提供的用于设立餐厅的房屋不是协议中约定的房屋，且房屋属于违章建筑，租金为 13 元 /m^2，远远高于同地段均价，在考虑到维护投资者权益的情况下提出解除合同，退还投资者资金的要求，并诉请法院判令：

（1）被告（诺米多）支付原告（人人投）委托融资费 4.4 万元。

（2）被告支付原告违约金 4.4 万元。

（3）被告支付原告经济损失 19.7 万元。

被告就此反诉原告，认为原告恶意违约，且融资主体超过《公司法》规定的 50 人上限，诉请法院：

（1）要求人人投返还 17.6 万元并支付利息。

（2）赔偿诺米多损失 5 万元。

（3）由人人投承担诉讼费。

由于本案是全国首例股权众筹的民事案件，且涉及对股权众筹投资主体人数、资金托管、投资者权益保护等问题的界定，因此在受理之初便引起社会舆论的广泛关注。2015 年 8 月，案件由北京海淀法院开庭审理，经审判，法院对案件最终判决如下：

（1）诺米多支付给人人投委托融资费用 2.5 万元，违约金 1.5 万元。

（2）人人投返还诺米多出资款 17.6 万元。

（3）驳回原告及反诉原告其他请求。

6.3.1 股权众筹的风险

6.9 ▤ 股权众筹的风险

6.3.1.1 非法集资的风险

根据《最高人民法院关于审理非法集资刑事案件具体应用法律若干问题的解释》第一条，非法集资应当同时满足四个条件：

（1）未经有关部门依法批准或者借用合法经营的形式吸收资金。

（2）通过媒体、传单、推介会、手机短信等途径向社会公开宣传。

（3）承诺在一定期限内以货币、实物、股权等方式还本付息或者给付回报。

（4）向社会公众即社会不特定对象吸收资金。

6.10 ▶ 股权众筹的风险

从形式上看，股权众筹融资模式未获得法律上的认可，通过互联网向社会公开推介，以股权方式进行回报给出资者，且均公开面对社会公众。所以，单从这一条法律解释来讲，股权众筹融资模式与非法集资的构成条件相吻合。

但是，除了要考虑股权众筹融资是否符合“非法集资”的形式要件外，还要深入考察股权众筹融资是否符合对“非法集资”犯罪定性的实质条件。《最高人民法院关于审理非法集资刑事案件具体应用法律若干问题的解释》的立法目的中写道“为依法惩治非法吸收公众存款、集资诈骗等非法集资犯罪活动，根据《刑法》有关规定，现就审理此类刑事案件具体应用法律的若干问题解释如下”。

可见，该司法解释的出台是为惩治非法吸收公众存款、集资诈骗等犯罪活动，是为了维护我国社会主义市场经济的健康发展。反观股权众筹融资，其运营目的包括鼓励支持创新、支持小微企业发展及服务实体经济。良性发展的股权众筹融资并不会对我国市场经济产生负面影响，不符合非法集资犯罪的实质条件。但我们也要严防不法分子以股权众筹融资骗取项目支持者和出资人资金的行为。

6.3.1.2 代持股的风险

凭证式和会籍式股权众筹的出资者一般都在数百人乃至数千人。部分股权式融资平台的众筹项目以融资为目的吸收公众投资者为有限责任公司的股东，但根据《公司法》第二十四条规定“有限责任公司由五十个以下股东出资设立”，那么，股权众筹项目所吸收的公众股东人数不得超过五十人。如果超出，未注册成立的不能被注册为有限责任公司；已经注册成立的，超出部分的出资者不能被工商部门记录在股东名册中享受股东权利。

目前在中国，绝大部分对股权式众筹项目有兴趣的出资者只愿意提供少量的闲置资金来投资，故将股东人数限制在五十人以内将导致无法募集足够数额款项来进行公司运作。因此，在现实情况中，许多众筹项目发起者为了能够募集足够资金成立有限责任公司，普遍对出资者建议采取代持股的方式来规避《公司法》关于股东人数的限制。

采用代持股的方式虽然在形式上不违反法律规定，但在立法精神上并不鼓励这种方式。由于显名股东是记录在股东名册上的股东，当显名股东与隐名股东之间发生股东利益认定相关的争端时，除非有充足的证据证明隐名股东的主张，一般会倾向于对显名股东的权益保护。所以这种代持股的方式可能会导致广大众筹项目出资者的权益受到侵害。

6.3.1.3 非标准化风险

股权众筹在国内正处于刚刚兴起的阶段，发展还不成熟，没有建立一个行业标准。目前，虽然各家股权众筹网站基本已建立起各自模式化的流程和标准，用于项目的申请和审核，并提供相应的服务，但融资项目能否上线最终还是依靠某一团队的经验判断，融资项目的风险、金融设定、信用评级也基本取决于平台方，存在可操作的弹性空间。而不同团队能力良莠不齐，对风控、操作的把握也各异，因团队的经验不足而导致失败，给出资者造成损失的案例也不少见。

6.3.1.4 欺诈风险

当下，多数投资者对股权众筹项目的收益形式和风险点还缺乏必要的了解。带着高科技、高成长、高预期的股权众筹项目非常吸引众人目光，一些可能的欺诈行为也会打出高收益的“噱头”。而由于股权众筹参与的门槛相对较低，出资金额小，其中的风险更容易被忽略，造成损失后也更难追讨。

6.3.1.5 法律风险

由于股权众筹属于新生事物，国内缺乏针对它的相关法律条文和相应的监管监督机制，相应的股权众筹平台自身也缺乏管理经验。股权众筹面向不特定人群公开募集，涉及股份、债券等证券工具的发行，若未得到有效规范，将可能演变成非法证券活动。

6.3.2 股权众筹风险的防范措施

6.11 股权众筹风险的防范措施

6.12 股权众筹风险的防范措施

6.3.2.1 制定专门的监管规则

股权众筹融资的运作模式与一般的金融产品和金融服务存在较大的区别：

（1）股权众筹具有特殊性，投资者保护难度较高、欺诈风险较大，需要有一定的运作规范。

（2）股权众筹才刚起步，如果按照现有对成熟的金融产品与金融服务的尺度进行监管可能加大其运作成本，将许多潜在的参与者排除在股权众筹平台之外。

因而需要参考目前已有的金融产品和金融服务监管法律，制定专门针对股权众筹融资平台的法律规范。

6.3.2.2 明确监管主体和分工协调

根据国际经验，股权模式的众筹融资平台主要归金融市场监管部门监管。如果股权模式要获取证券业经营牌照并遵守《证券法》的相关规定，可由证监会负责监管。与此同时，股权众筹也涉及网络安全、征信系统、产业发展等问题，需要工业和信息化部、国家发展改革委等部委共同参与监管。值得强调的是在各部委分工监管的基础上，还要注重监管协调。

6.3.2.3 避免踩踏非法集资、非法证券活动的法律红线

在股权模式下，众筹平台扮演“中介”的角色，负责撮合投资者和融资者，平台本身不吸收资金。同时，项目发起人、平台运营主体及投资者均能清晰地认识并预见到，双方并非存贷款的法律关系，而且投资者的出资不以获得利息、固定回报或高额回报为目的。

换句话说，股权众筹不属于集资的范畴，不存在非法集资的问题。但是，股权众筹面向不特定人群公开募集，涉及股份、债券等证券工具的发行，若未得到有效规范，将可能

演变成非法证券活动。

因此，对股权众筹平台，应积极制定监管规则防止其变成非法证券活动，并密切关注平台的经营范围，谨防平台向“自营”方向发展，非法吸收投资者资金，甚至演变成非法集资。

6.3.2.4 加强投资者教育

股权投资与常见的股票投资大不相同，比如投资周期长，很难在短期内赎回，而且初创项目失败的概率更高。当前，大部分个人投资者对其风险没有充分的认识。监管部门需要加强投资者教育，普及众筹融资知识，充分揭示市场风险，引导投资者树立正确的投资理念，增强风险意识和自我保护能力。

6.4 互联网证券投资基金安全

案例导读

60亿资金未兑付金赛银基金投资者欲依法索赔

2015年9月底，位于北京金融街的中国平安集团北京分公司楼下，百名投资者向平安集团维权。一时间，“中国平安”“金赛银”“60亿元”成为网络上的热搜词汇。

这近百名投资者都是因为购买了“金赛银基金管理公司”的基金理财产品资金无法兑付而上门维权，而聚集在平安集团楼下则是因为他们都是通过平安人寿的业务员推荐购买的金赛银私募基金产品。

金赛银基金管理有限公司是深圳一家私募基金管理机构，成立于2011年。截至2015年9月底，金赛银在全国发行尚未兑付的基金产品共27只，涉及金额超过60亿元，近期深圳公安局已对金赛银涉嫌非法吸收公众存款进行侦查。

自2015年4月开始，“金赛银”无法兑付资金就开始出现在各大媒体网络的报道中。该产品实际上是深圳金赛银基金管理有限公司发行的多只私募股权基金产品，如今该公司不但面临兑付困难，公司的负责人也已经“跑路”。而因为平安人寿的业务员违规代销非保险产品，也使得平安保险深陷“口水风波”。

据投资者举报，金赛银基金的财富系列产品，即类似基金中的基金（FOF）形式的资金池基金，募集的资金实际上是用来填补其他产品漏洞。而从2014年起，公司高层就已意识到有多个产品会出现漏洞，因此很多高层人士在几个月前就已经离开了金赛银基金管理有限公司。

虽然该基金产品的合同主体是金赛银基金管理公司，从法律意义上，平安保险不属于合同主体，不承担合同责任，但因平安集团业务员涉嫌违规销售类似理财产品并且并未提示风险等问题，平安集团也有不可推卸的责任。

我国《关于严格规范非保险金融产品销售的通知》中明确规定，对从业人员越权或假借所属机构名义擅自销售非保险金融产品的，保险公司、保险专业中介机构要即时禁止，并依法清查相关人员责任。该通知中还明确规定，保险公司、保险专业中介机构对从业人员违反要求销售非保险金融产品的行为，应依法承担相应的法律责任和管理责任；保险公司、保险专业中介机构应当切实加强对从业人员的管理，要求其不得从事违反本通知要求的行为，并加强教育、纠正、督查与惩处，确保其销售行为依法合规。

6.4.1　互联网证券投资基金的风险

6.13 ▤ 互联网证券投资基金的风险

6.14 ▶ 互联网证券投资基金的风险

“余额宝”的诞生开启了基金销售的新篇章，使基金销售和互联网有机地结合起来。余额宝不仅改变了传统基金行业的销售模式，让基金行业重铸活力，也激发了全民大众的理财意识。各种理财平台也通过出售受到大众追捧的“宝宝类”货币型基金产品而迅速扩张。

然而，因为缺乏专业知识，很多人只是盲目追求理财的高收益而忽略了背后的风险，也导致互联网证券基金行业成为风险频发的新阵地。互联网证券基金的风险主要集中在法律风险、流动性风险以及欺诈风险。

6.4.1.1　法律风险

互联网证券基金销售有四种模式：B2C 的电子商务模式和基金公司网上直销的模式、与第三方支付平台合作的货币市场基金模式、第三方理财平台销售模式以及网络银行代销的模式。

其中，与第三方支付平台合作的货币市场基金模式和第三方理财平台的销售模式可能存在法律风险。根据《证券投资基金销售管理办法》，基金代销机构要具有健全的治理结构、风险管理支付及完善的内部控制制度，有高效、安全办理基金发售、申购及赎回的技术设施，同时要符合证监会基金销售业务管理平台的相关要求，而当前许多平台并没有取得相关的资质，存在一定的法律风险。

除此之外，目前的互联网基金销售模式也存在风险提示不全面、忽视合格投资者认定工作等问题，且为了解决投资者选择基金难的问题，这一类平台出现类似基金中的基金

（FOF），即基金组合销售业务。但从法律层面分析，这一基金组合销售业务行为并非基于基金合同发行 FOF 产品行为，在运作方式上采用“仅参考、分开购买”和“一键购买、指令调仓”的模式，还有些平台甚至采用了自动调仓的模式。但不管怎样的形式，都更应被认定为一种投资咨询服务。

与 FOF 相比，这些基金销售组合存在许多问题，如相当部分组合缺乏清晰的投资目标、策略和基准；大部分基金组合体现出集中投资、频繁调仓、追逐最优收益的积极选择时倾向，但没有 FOF 组合投资降低风险的功能，反而可能增加费率成本；部分基金销售机构可能不具有投资咨询服务等资质。由于相关立法的滞后，目前还没有明确的法律法规对这一组合销售行为进行规范，如发生争议，相关机构可能会承担相应赔偿责任并受到有关部门的行政处罚。

6.4.1.2 流动性风险

在互联网上销售的基金大部分是货币市场基金，本身具有高流动性、低风险的优势。以余额宝为例，在《货币市场基金监督管理办法》所要求的不得超过 120 天的基础上，其资产组合剩余期限在 90 天以内，进一步规避了流动性风险；同时，这类产品由于明确定位为零售型货币市场基金，投资者主要是小额分散且对收益波动不敏感的网购消费者，规避机构投资者，总体保证了不会因为资本市场波动而发生大幅变动，在一定程度上阻隔了风险的传递，因此，尽管近年来收益率持续下行，但余额宝投资者客户群体总体稳定，尚未因收益波动而发生大规模的赎回。

2016 年 12 月中旬，由于债市大跌，机构现金头寸紧张，巨量赎回货币市场基金，引发传导效应，导致多家货币市场基金流动性紧张。从公开数据对比来看，2015 年第四季度规模 500 亿元以上的大部分货币基金规模均大幅下降，其中华夏现金规模遭腰斩，广发、华宝货币市场基金等跌幅均接近 40% 左右。与机构型货币市场基金相比，个人用户占比较大的工银货币基金规模在第四季度出现了略微的下降。而相比之下，几乎全部为个人用户持有的余额宝天弘货币市场基金不仅没有遭遇巨额赎回潮，而且在流动性紧张的 12 月中旬还有持续资金净流入，至第四季度规模还比上季度增长了有 100 多亿元。这也说明面向小额分散、对收益波动不敏感的个人投资者，且与实际消费场景紧密结合的货币市场基金能有效对抗流动性风险。

但是，市面上也存在一些互联网基金销售机构在流动性风险防控上并未采取有效机制，甚至会通过贴钱的方式来维持高收益的现象，这样的方式不但不能持久，而且还会增加平台的流动性风险，应引起相关监管部门的关注。

6.4.1.3 欺诈风险

欺诈风险，在互联网基金行业里，一般是指基金公司违反相关法律规定，以非法占有为目的，采用虚构投资项目或理财方式、承诺高收益等方法骗取投资者资金而产生的道德风险。

随着理财平台的发展，部分理财平台从最初单纯的基金理财平台演变为同时经营其他投资业务的金融机构，而且此类理财平台的信息披露不透明，一些甚至涉嫌非法集资、擅自挪用沉淀资金等欺诈活动。

有些理财平台承诺的高额预期年化收益率远远超过了货币基金可能达到的平均年化收益，这种依靠互联网进行高额补贴刚性承诺的高收益做法导致了不当竞争，加剧了基金投资的风险，平台有可能因无法兑付资金而产生“跑路”等欺诈风险。

6.4.2 互联网证券投资基金风险的防范措施

6.4.2.1 明确监管部门，加强监管

我国互联网理财产品大多属于基金产品，证监会是监管的部门，证监会需要加强对互联网理财业务的研究，将互联网理财业务纳入其监管范围，全面规范互联网理财业务。对于一些互联网理财的特殊之处，要制定相应的措施来解决相关问题，要加强同其他相关部门的协作，共同促进互联网理财的监管，进一步减少监管真空，使得互联网理财处于真正的监管之下。

6.15 互联网证券投资基金风险的防范措施

6.16 互联网证券投资基金风险的防范措施

6.4.2.2 严厉打击非法宣传，加强投资者教育

对于互联网理财业务的虚假宣传，相关部门要严厉打击，不能一味地宣传有高回报率，要求企业充分揭示其存在的风险。同时，需要加强投资者教育，让投资者充分了解各种互联网理财产品的风险，没有零风险的投资，不可一味地追求高回报而忽视风险。

6.4.2.3 完善自身的建设，全面加强网络技术风险防控

互联网理财企业不可一味地打“擦边球”，要促使自身的正规化，按照相关要求，完善自身的内控水平、风险管理制度，建立完善的安全管理办法及信息披露机制，使自身有更高的水平运营相应的产品。进一步加强网络技术风险的防控，提高保护投资者资金安全的能力。

6.4.2.4 建立互联网理财业务的消费权益保护机制

消费者权益保护工作已经成为传统金融行业发展的一项重要内容，互联网理财业务的投资者庞大，并且大多缺乏专业的金融知识，缺乏风险意识，监管部门和企业要切实加强其消费者权益保护工作。

互联网理财企业要通过优化服务、强化内控等举措，充分进行风险提示，确保资金安全、交易安全和投诉渠道通畅，更好地保护金融消费者的合法权益，同时，也可以促进互联网理财企业的规范发展。

6.5 互联网保险安全

案例导读

“退货运费险”首例互联网保险案

2015 年 1 月，国内首例“互联网保险”欺诈案在浙江省湖州市吴兴区人民法院宣判，被告以恶意骗取保险赔款被华泰财险起诉，经审判诈骗罪名成立，被法院判处有期徒刑六年。

本案中，被告人通过淘宝网购物并投保运费险，在收到货品之后申请退货退款进行运费理赔，共计骗取保险赔款 20 余万元。

华泰保险与淘宝合作推出的“退货运费险”，被保险业界称为“第一款互联网保险产品”，然而退货率过高也导致了公司连年亏损的局面。从交易流程上看，这款互联网保险产品从投保到理赔全程都通过互联网进行，不需要咨询和帮助，然而便捷的背后也暗藏着风险；退货运费险缺乏透明度，理赔方式和定价简单粗放，导致“骗保”的风险迅速上升。

6.5.1 互联网保险的风险

6.17 互联网保险的风险

6.18 互联网保险的风险

互联网保险是伴随着电子商务在保险业的渗透应运而生的，作为一种传统业务和现代业务的结合，互联网保险开创了新的业务渠道和销售方式，给保险业注入了新的活力，同时也给保险业带来了新的风险。

6.5.1.1 信息安全风险

互联网保险业务是以信息技术为基础的，绝大多数保险服务如投保、核保、承保、理赔、给付等过程都需要通过互联网来完成，因此互联网保险业务顺利开展的重要前提就是信息安全和保密。互联网具有开放性，在提供便捷服务的同时也蕴藏着不安全的因素，一旦信息泄露就可能带来风险。

操作的失误、系统的漏洞、黑客的非法入侵都可能带来客户信息被泄露、篡改甚至删除的风险，而这些信息一旦遭到更改或者删除将直接影响到保险公司的定价、经营和销售，给保险公司乃至保险市场带来不良的影响。因此，信息资源的保密性、完整性以及可用性对于从事互联网保险的公司尤为重要。

6.5.1.2 产品风险

互联网保险产品不同于一般的商品，其本身具有复杂性、长期性与无形性的特点，这些特点使互联网保险具有许多不确定性，因此代理人和经纪人在互联网保险的销售过程中起着重要作用。互联网保险的受众群体是广大网民，为了有助于消费者理解，在销售互联网保险产品时需要尽量简单明了的产品介绍。

网络销售方式更适合于保险责任简单的险种，一些较为复杂的险种因为核保难度大、容易产生纠纷的特点有待保险公司进一步开发，这也导致了目前我国互联网保险产品品种相对单一、同质化严重，产品在定价、服务等方面存在不足等问题。

首先，我国的互联网保险产品品种较少，虽然保险名字纷繁复杂，但归根结底大多是责任简单的意外险、责任险和保证险，如车险、运费险等。而对于保险责任和条款较为复杂的健康险和寿险产品存在不足，产品结构也不合理。除此之外，近年来，为了吸引消费者，一些带有噱头性质的“奇葩险”进入人们的视野，如“赏月险”“跌停险”“爱情险”等，这些保险没有经过保险精算进行风险定价和费率厘定的计划，与保险本质相左，具有博彩性质，实际上不能被称为保险。

其次，我国的互联网保险产品还存在理财属性被过分强调的现象。很多保险公司为了吸引消费者，推出的互联网保险产品大多具有较高的收益率，变成了纯粹的理财产品，其保险的保障属性被弱化；在产品定价上，这些具有较高收益的保险产品因为缺乏保险精算数据而存在较大风险，与传统保险在损害计量上有较大差异，在定价上也存在偏差。

最后，产品的附加服务没有受到重视，也没有得到深度挖掘。保险产品的附加服务是指保险公司为客户提供的除基本保险责任以外的额外服务，如为购买健康险的客户提供免费健康检查、预约挂号等。互联网保险产品更应该注重产品的附加服务，这些附加服务可以体现保险公司的特色，也是保险公司的竞争力所在。而现阶段我国的网销保险产品大多忽视了附加服务的提供。

6.5.1.3 服务质量风险

保险产品在互联网上销售出去只是保险产品链上的一个环节，后面的承保、投资、赔付等环节离不开保险公司的运转，客户服务是保险产品价值的真正体现。互联网保险打破了时间和空间的局限，突破了地域的限制，大大延展了投保人分布的区域，保单件数大量增加，相应的投诉量也大幅增加。面对海量的理赔案件，很难保证保险公司的责任能完全落实，这也是导致客户投诉率上升的重要原因。

由于保险产品的复杂性，投保人在网上购买保险时，极易对保单中的条款产生误读、漏读，进而在后续承保、理赔过程中很可能与保险公司发生纠纷，降低客户满意度。服务质量风险还表现在信息披露不充分上。

互联网保险中，消费者通过网络自助购买保险产品，不同于传统保险渠道，缺少与销售人员面对面的沟通。在这种情况下，保险公司有很大的动力在网页设计上下工夫，通过夸张的营销方式吸引潜在消费者，如过分夸大保险的投资收益率，这与保险产品严谨审慎、明示风险的销售要求相悖。信息披露不透明、不充分，将直接影响消费者对产品的选择和购买，损害客户利益。

6.5.1.4 道德风险

互联网开放、平等的特征决定了其对消费者的进入没有限制。由于缺乏面对面的交流，保险公司无法掌握投保人及被保险人全面、真实的情况，导致保险公司和投保人之间信息不对称风险的增加，与保险“最大诚信”原则相违背。

保险产品的设计和保险费率的厘定以大数法则为依据，反映的是随机事件在大量重复中出现的规律。当按照市场上投保人的平均风险程度确定保费后，较低风险者认为参保对自己不划算，往往不愿投保，较高风险者更愿意参加保险。投保人这种趋利避害的行为在互联网保险上表现得更明显，这就造成了互联网保险中的逆向选择。第 35 次《中国互联网络发展状况统计报告》数据显示，我国互联网用户中，20~29 岁年龄段、中等教育以上网民占比最高，这部分人群恰是保险意识薄弱的人群，他们的偏好在一定程度上导致了保障型产品市场份额较小，而短期意外险、理财险等产品泛滥。

道德风险一直以来都伴随着保险业的发展，它出现在保险合同订立之后。例如投了车险的人可能会比未投保时开车更莽撞，享有医疗保险的人会比别人更多地去医院获得医疗资源和服务。在网络环境中，由于缺乏有力的监督约束机制，加上保险理赔过程中电子材料造假难以查证，道德风险不容忽视，易给保险公司带来不必要的损失。

6.5.1.5 流动性风险

一般来说，保障型保险的负债久期与资产久期相匹配。但目前在互联网上盛行的理财型保险，具有预期收益率高、产品期限短、保障功能弱的特点，使保险公司的负债久期远小于资产久期，从而进一步推高了资金成本。为了按期给付这些短期理财型产品，保险公司不得不将这些短期资金配置到收益率较高的中长期资产项目中。

部分保险公司在互联网上大力宣传并销售的产品，收益率高于银行乃至同期“宝宝类”理财产品，以高收益率吸收保费。规模迅速扩张的同时，由于负债端期限短，很快将面临满期给付的压力，公司要时刻留存一定的准备金供兑付，资金流动性风险由此产生。这种饮鸩止渴的行为，在资金流动性风险的压力下，必将难以为继。

6.5.1.6 法律风险

互联网保险的出现，令保险行业在技术、结构、运营模式等方面发生了深刻变化，也为保险业监管带来巨大挑战。一直以来，监管几乎都滞后于市场的发展，在追赶市场脚步的同时，不断调整以保证市场的健康可持续发展。互联网保险是新生事物，既涉及现实空间，也牵扯虚拟空间，具有极大的灵活性，产品和服务创新层出不穷。

当前中国人民银行等十部委已联合发布《关于促进互联网金融健康发展的指导意见》，填补了互联网金融监管空白；《互联网保险业务监管暂行办法》已正式落地，明确了互联网保险的监管政策，有助于防控法律监管风险。

6.5.2 互联网保险的风险防范策略

互联网为保险业的发展创造新机遇的同时，其发展面临的风险也不容忽视。然而，这也是所有新生事物在技术尚不成熟、监管尚未到位时的阶段性特征。只有保险公司、消费者、监管部门三方共同发力，才能有效防范互联网保险带来的风险，实现保险在网络环境下的蓬勃发展。

6.19 互联网保险的风险防范策略

6.5.2.1 提高保险公司的信息技术水平

提高保险公司信息技术水平的方法如下。

（1）加强信息安全保障措施。互联网保险中，信息安全尤为重要。应提高服务器和数据库的安全级别，注意维护系统安全。为确保用户隐私信息安全，公司应建立有效的互联网保险风险评估和监测体系，主要包括：预测、防范系统安全隐患，制定、实施网络系统安全规范，进行严格的网络隔离与监控，及时对数据进行备份，定期检查系统安全情况，对系统破坏进行恢复与重建等。技术方面，对网络加密技术、访问控制、电子支付、防火墙、CA 认证和数字签名等技术进行深入研究，为互联网保险的发展提供强有力的技术支持。

6.20 互联网保险的风险防范策略

（2）重视对优秀人才的引进和培养。加强对业务操作人员的专业技能培训，提高其对网络风险的鉴别能力，减少误操作和泄密事件的发生。互联网保险业务的开展，需要既了解保险知识又熟练掌握信息技术的复合型人才。

公司的信息技术部或网销相关部门不再仅仅作为公司的后台支援部门，而是承担着网页制作、渠道对接、官网功能开发、手机客户端及微信端的设计开发等职责，对公司的网销业务意义重大。保险公司需要对网销人才及信息技术部重新定位，给予其更多的资源支持。

6.5.2.2 优化互联网保险产品开发设计

（1）重视产品创新、开发个性化产品。互联网保险具有小额、海量、高频、碎片化特征，可充分发挥“长尾效应”。以众安在线为例，2017 年“双十一”当天，保单数超过 1.5 亿件，保费突破 1 亿元，平均每件消费只有几毛钱。可见，小众化的保险需求不可小觑，汇聚起来的保费规模可超过最受欢迎的理财险、意外险等互联网保险产品。

因此，保险公司要加强对市场和客户群的分析，积极利用大数据和云计算技术，将风险损失和保险责任匹配，有效对海量客户进行细分并精准定位，开展定制化保险产品设计，推出符合不同市场特征和客户需求的个性化保险产品及服务。要以用户为中心，不断创新互联网保险产品设计、尽快推出互联网保险专属产品，与线下销售的产品实现差异化。对保险产品同质化困局的破解，无疑将使保险公司在市场上获得极大的竞争力。

（2）优化产品结构，引导理性消费。保险公司应积极优化互联网保险产品结构，增加保障型产品的比重。杜绝对保险产品收益的夸张性描述、引导消费者认识到网销保险产品的核心功能是风险保障、促进互联网保险回归保障本质。与此同时，对互联网保险与传统渠道保险实施差异化的产品策略、多开发互联网保险专属产品，避免与其他业务渠道形成竞争关系而相互抢占市场。

（3）重视产品附加服务。保险公司不应局限于互联网保险产品本身，而要主动为保险消费者提供产品以外的一系列服务。例如销售健康险之后可为客户提供网上就医咨询、全程导医导诊服务，对购买旅行意外险的客户提供紧急救援服务，通过这些附加服务可加深与客户的交流，提高客户对保险公司的认可度和信任感。保险公司可利用自身的电商平台建立客户个人信息数据库，进行深度数据挖掘，有针对性地为客户提供个性化服务。

6.5.2.3 完善互联网保险服务体系

（1）做好保险售后服务，特别是理赔服务。服务品质的高低决定了客户黏性，这点在互联网保险业务中更加重要，因为网销保险产品主要依靠客户主动自觉购买。根据《互联网保险业务监管暂行办法》，包括人身意外伤害保险、定期寿险、普通型终身寿险等在内的部分险种的互联网保险业务，可以将经营区域扩展至未设立分公司的省、自治区、直辖市。

这一方面在很大程度上弥补了中小保险公司分支机构较少的弊端，拓展了业务开展区域；另一方面也对线下服务提出了更高要求，尤其是异地线下的增值服务。当前已经出现个别保险机构由于在异地没有分支机构无法提供后续服务，而不得不限制互联网保险业务的开展。为此，保险公司可以在未开设分支机构的地区，委托当地的保险中介机构来为网销客户提供售后服务。

（2）建立用户友好型线上服务体系。通过清晰友好的页面设计、通俗易懂的文字和简单明了的演示，帮助用户正确深入地了解产品，减少用户对条款的误读。建立网上自动化服务体系，规范并简化在线咨询、支付、购买、承保、理赔等环节、通过互联网便捷高效的特点，改善用户体验，促进保险向智能化、自动化转变。保险公司要大力开展智能手机、平板电脑等移动终端的网销业务，针对移动设备的特点和用户的需要，不断优化自己的应用，顺应互联网发展趋势，进一步提高网销服务的便捷性。

（3）加强信息披露，提高市场透明度。信息不对称是销售误导的主要根源，极易引发投保人和保险人的纠纷。保险公司要通过书面合同、官方网站、电话告知等方式，依法主动向投保人提供相关详细信息，包括保险责任、免责条款、退保的权利义务等，确保信息列示的完整、客观，便于投保人查阅。对容易引发争议的环节，要重点提示客户，保障其知情权和选择权，从根源治理销售误导行为，让消费者明明白白买保险，安安心心获理赔。

6.5.2.4　提升公众对保险的认知度

个别保险公司社会口碑较差、整体形象不佳，存在销售误导、理赔难、从业人员素质偏低等问题。互联网保险更是由于技术、受众、产品结构等问题，尚未获得公众的广泛认可。无论是保险监管部门还是保险公司本身，都要格外重视提高互联网保险行业的信誉和社会形象，向社会公众普及互联网知识，加大互联网保险的宣传力度，降低信息不对称，消除社会对保险业的成见与误解。

培养公众主动购买保险的意识和习惯，培育良好的市场基础，提升公众对保险的信任感。通过宣传教育也能让消费者有效识别、警惕互联网保险中隐藏的风险，避免很多不必要的损失和纠纷，不仅有效保护了投保人的合法权益，也有利于营造良好的网络生态环境。

6.5.2.5　完善互联网保险监管机制

互联网保险面临着传统风险和新型风险叠加的特殊情况，银保监会要对其加强监管，对于网销业务，要与传统线下业务一样从严监管。同时，互联网保险的创新特性也要求监管者不断提高技术水准和对信息化的理解，给互联网金融发展创造良好的环境。

（1）进一步完善相关法律法规。建议在《保险法》中加入互联网保险的相关内容。对保险人、投保人、被保险人以及监管部门的行为进行规范约束，使互联网保险有法可依，以法律的刚性保障互联网保险业务的健康发展。

另外，大力推进我国信用制度建设，建立全国统一的社会信用代码制度和信用信息共享交换平台。以信用制度作为互联网金融的坚实支柱，减少并预防网销保险业务中的欺诈行为，尽量避免道德风险。

（2）依法适度监管。互联网保险监管要以保护消费者利益为出发点，坚持公开透明原则。监管部门应从机构管理、市场行为规范、市场退出机制和系统性风险防范等方面做出监管制度安排。重点对保险公司的偿付能力进行监督，建立互联网保险产品审批制度、互联网保险单独核算制度等，以确保偿付能力充足。

在严厉打击保险欺诈、洗钱等违法违规行为的同时，监管方面还应以包容的态度尊重互联网保险的创新性，避免过度监管而遏制其正常发展。采取多样化监管手段，让公司内部治理、行业自律、社会监督在互联网保险发展和监管中发挥协同作用。给市场充分的空间，实现互联网保险创新与监管的动态平衡，让“看不见的手”在市场资源配置中起决定性作用。

6.6 互联网信托安全

案例导读

刘强东 0 元工资的底牌

隐藏在 0 元工资背后的离岸家族信托架构：

在京东招股说明书里，有一个很多非专业人士都忽略了的细节：“创始人刘强东通过位于英属维京群岛（BVI）的离岸公司 Max Smart Limited 持有京东股票”。在到了上市的前三天，5 月 19 日的最后一版的招股书里的注释说明这个离岸公司是通过信托持有的，且刘强东为信托唯一股东，并享有收益权。

退回到 2014 年，甚至更早以前，刘强东就为其所持股权构建了一张安全而牢固的防护网。根据业内人士的一致推测，通过离岸公司 Max Smart Limited 持股，刘强东将未来十年获得的一次性奖励期权与其他股权一样装入了离岸家族信托之中。

此举则意味着，股权和期权的所有权已经不再属于刘强东，其形式上能享受的只是收益权。

6.6.1 互联网信托的风险

互联网信托在传统信托的基础上获得了互联网带来的优势，同时也存在新的风险。

6.21 目 互联网信托的风险

6.22 ▶ 互联网信托的风险

6.6.1.1 道德风险

互联网信托受益人的大量资金均由互联网信托平台操作，但目前中间平台的资金和流动性情况处于监管真空状态，资金的调配权属于互联网信托公司，大额资金得不到监管，很容易引起道德风险。

6.6.1.2 流动性风险

目前互联网信托行业的信用尚不明确，平台之间激烈的竞争使得充当居间人的互联网信托平台在向大众募集资金时往往要提供相应的抵押资产，当互联网信托提供的抵押资产不足以抵扣所有募集资金时，互联网信托平台就会面临流动性风险。

6.6.1.3 法律风险

《信托公司集合资金信托计划管理办法》中对合格投资者存在委托信托计划的最低金额不少于 100 万元人民币，近 3 年个人年收入每年须在 20 万元以上；单个信托计划的自然人人数不得超过 50 人等诸多规定。

根据该办法，互联网信托不应向普通的投资者销售相关信托计划产品，只有信托计划的合格投资者才能够投资，而目前很多互联网信托平台充当居间人的做法实则是在打法律的“擦边球”，存在较大的法律风险。

6.6.1.4 信用风险

互联网信托通过拆分标的形式，大大降低了进入信托行业的门槛。由于国内信用查询环境不够成熟，大部分互联网信托平台对借款企业及其法人的资产和信用情况不能进行足够的了解，极易导致坏账的出现，无法对募集资金进行有效的管理。

且由于互联网平台用户无法直接接触到实际的信托公司，互联网信托平台经营者可以通过编制虚假项目、虚假增信、虚假债券等手段吸引投资者的资金，造成风险。互联网信托中，投资者无法直接接触并了解其投资产品的实际情况，而是根据网站的产品介绍和信息披露了解相关产品，使得投资者无法监督资金流向，增加了潜在的资金偿付风险。

6.6.1.5 交叉性风险

这类风险一般存在于证券投资信托、同业信托、TOT 业务中。证券投资信托存在杠杆比例、单一股票集中度等监管要求，所以业务受限，其投资管理、净值管理、信息披露等受托责任履行不到位。同业信托，目前互联网信托因为没有明确互联网信托合同相关条款，容易产生责任不清的问题。

TOT 为专门投资信托产品的信托，在募集时不会向投资者说明具体资金投向，因此投资者无法像投资单个信托产品一样，在做出投资决策前就能了解到产品的融资方、所投具体项目以及确保预期收益率实现的风控措施等，所以存在隐匿风险。TOT 模式本身存在的双重征费问题，除了信托产品收取的费用外，TOT 管理人还要提取一定的固定管理费及业绩费，互联网信托中更难对其进行监管，会发生监管套利的情况。

6.6.1.6 信息泄露风险

从投资者信息安全的角度来看，投资者在进行网络金融交易前必须经过繁琐的个人信息认证，包括姓名、电话、家庭住址、身份证号、电子邮箱等个人信息都必须上传并由互联网企业保存，一旦这些个人隐私信息因为网站的疏忽或外部网络安全等因素遭到泄露，将给投资者带来巨大的损失。

6.6.2 互联网信托风险的防范措施

6.23 ▤ 互联网信托风险的防范措施

6.24 ▶ 互联网信托风险的防范措施

6.6.2.1 完善与互联网金融理财业务相关的法律法规

（1）修订完善现有金融法律法规。对《商业银行法》《证券法》《保险法》《信托法》等与互联网金融理财业务相关的各项法律法规进行修订，同时增加互联网金融业务及其风险约束的规则，尽快将各类新型互联网金融形式纳入监管范围。

（2）信托产品流转的合法合规模式的界定。目前，平台做的模式有信托收益权拆分、团购、增信等，但是其本质一致，都是试图降低投资门槛。因此，若在信托合格投资者门槛无法打破的情况下，需要明确信托产品流转模式的合法性。

（3）信托产品登记机制的落地。缺乏登记制度，既不利于信托受益人的权益保障，也不利于产品的流通转让以及部分互联网信托创新业务的开展。

6.6.2.2 构建全面有效的监管体系

（1）明确监管机构，根据各类互联网金融理财的业务范围来明确相应机构的性质定位，从而确定其监管部门。

（2）建立监管协调机制，根据互联网金融理财业务所涉及的领域，建立以监管主体为主，相关部门协调配合，行业自律为补充的监管机制。

（3）明确监管原则，监管应该以鼓励创新、关注潜在风险为原则，适时适度地进行监管。

（4）加强行业自律。按照央行“互联网金融发展与监管研究小组”确定的方向，组织成立互联网金融行业自律组织，制定自律规范，加强信息披露，强化行业的自律监管。

6.6.2.3 加强互联网金融消费者权益保护

（1）依托现有金融消费权益保护机构开展互联网金融消费者权益保护工作，建立保护协调合作机制。

（2）加强对互联网金融消费者的风险教育。以互联网金融理财平台和监管主体为宣传教育主体，通过各互联网金融平台发布产品的投资风险和操作安全知识，改变消费者追求高收益的盲从理念，同时由监管部门辅以必要的互联网金融知识教育，提高消费者的风险识别和保护能力。

（3）完善消费者信息保护制度。虽然我国《消费者权益保护法》、《电信和互联网用户个人信息保护规定》和《刑法修正案（七）》对投资者的信息保护做出了规定，但在具体操作中，投资者信息遭到泄露的情形却屡禁不止。

对此，一方面应当完善投资者信息保护法律法规；另一方面，应当加大信息泄露处罚执法力度，对故意泄露投资者个人信息的互联网金融企业从严惩处，并要求互联网金融企业采取适当措施加强投资者个人信息安全机制建设，充分保护投资者的个人信息安全。

6.6.2.4 完善行业风险评级指标体系

2014 年 8 月，银保监会下发《信托公司监管评级与分类监管指引》，确立了评价信托公司治理水平的政策原则，但鉴于目前监管部门尚未推出具体配套执行的风险评级指标，各信托公司基础经营数据信息的采集、分析、评价尚需进一步的标准化、规范化指引。

建议监管机构尽快制定并推出完善的行业风险评级指标体系，将信托公司的信息处理系统作为统一的行业基础设施构建，以作为实现信托行业统一评级体系的基础依据。

6.7 互联网消费金融安全

案例导读

借贷欠下 6 万元无力偿还大学生割腕自杀被救下

在湖北省十堰市有一位年轻男子在武汉上大学期间，陆续向同学借钱、网上借贷及透支信用卡，共欠下近6万元，因无力偿还而选择割腕自杀，所幸民警及时相救，避免了一场悲剧。

10 日下午 2 时许，十堰茅箭会安分局人民路派出所民警接到辖区某宾馆经理的电话称，宾馆来了个有自杀倾向的客人。该民警立即赶至该宾馆了解情况。原来该客人两天前在宾馆入住后一直把自己关在房间内，当天中午工作人员听到该男子在房间怒吼“好，你断我生路，那我就死给你看”，此后不再有任何动静。

民警让工作人员打开房门。进门便发现一名 20 岁左右的男子躺在床上，右手手腕处有明显刀痕，床上、地上均有大面积血迹，男子已处于休克状态，该民警立即上前为其止血并拨打 120。随后将该男子抱下楼送上救护车。

经调查，该年轻男子是竹山县人，20 岁，父亲过世较早，母亲改嫁后对其疏于管教，他在武汉上大学期间多次向同学借钱，透支信用卡，后来发展到在网上借贷，一年多来欠下近 6 万元债务无法偿还。近期又出现资金短缺的情况，年轻男子于上周六回到十堰，想找母亲或老同学借钱，结果因其借钱次数过多且无一偿还，没人搭理他，该年轻男子便有了轻生的念头。

经过抢救，年轻男子已脱离生命危险，民警对其进行了心理疏导，防止其再次轻生，并通知家人前来看护。目前，该年轻男子已出院返校，离开前表示会努力学习，将来用自己的能力偿还债务。

现金贷是小额现金贷款业务的简称，作为消费金融的一个重要分支自2015年开始在中国迅速崛起，因具有灵活借款、快速到账、灵活还款的特点，受到很多消费者的欢迎。然而，疯狂扩展的背后也滋生了许多乱象，网贷天眼2017年5月统计的数据显示，现金贷在进入中国短短两年的时间内已经涌现出了1000余家平台，见表6.1，部分平台现金贷的综合利率竟然高达500%，堪称高利贷。继校园贷之后，现金贷也成了众矢之的，清肃整顿刻不容缓。

表6.1　综合利率超过100%的现金贷代表平台

平台名	推出机构	综合利率	额度/元	期限	手续费	逾期费
小狐惠花	搜狐搜易贷	109.5%	500~300000	5~20个月	无	罚息＝逾期本金×日利率×50%×逾期天数
国美美借	国美	109.5%	500~20000	7~365天	无	小额贷款：20元滞纳金 小额分期：20元滞纳金/期+0.9%/天罚息
曹操贷	拍拍贷	109.5%	100~3000	7~42天	无	滞纳金10元/笔，逾期费为借款金额的0.7%/天
极速现金侠	上海利全信息科技服务有限公司	391.1%	200~10000	7~14天	无	滞纳金为借款金额的2%/天
现金白卡	上海融笃资产管理有限公司	173.9%~391.1%	1000~3000	14天	无	借款金额的2%/天
闪电借款	北京掌众金融信息服务有限公司	308.6%	500~30000	21天	无	
发薪贷	上海中赢金融信息服务有限公司	365%	500~1000	14天	无	滞纳金10元/笔，逾期费0.5%/天
极速贷	上海誉用金融信息服务有限公司	360.5%	500~2000	3~12个月	无	10元/天
现金钱包	上海借条宝金融信息服务有限公司	369.2%	500~3000	15~60天	50~200元	200元保证金，逾期每天扣10元

续表

平台名	推出机构	综合利率	额度/元	期限	手续费	逾 期 费
贷上钱	墨讯信息科技（上海）有限公司	234.6%	500~2000	7~14天	无	违约金20元/笔，逾期罚息：15天内为借款金额的1%/天，15天以上为借款金额的2%/天

6.7.1 互联网消费金融风险

6.25 ⓔ 互联网消费金融风险

6.26 ▶ 互联网消费金融风险

6.7.1.1 准入风险

相对于网络借贷，互联网消费金融金额更小、利率更高、期限更短，因此很多P2P网络借贷平台都推出了这种小额信贷产品。由于互联网消费金融的准入门槛比较低，市场繁荣的同时也产生了市场混乱的现象，各类互联网消费金融产品定价不等、操作不规范、产品创新失败等屡见不鲜，长此以往会加剧互联网消费金融市场的波动，降低互联网消费金融产品的公信力，市场发展陷入低迷。

6.7.1.2 信用风险

一些经营互联网消费金融的平台风险管理不到位，难以从历史交易数据中挖掘出足以支撑客户信用评价的信息。互联网消费金融有着万亿级的市场，该业务的规模一旦膨胀，信用风险将被放大，甚至超出预期。

此外，互联网消费金融服务提供方无法像对普通信用卡用户那样要求用户提供担保或者落实第二还款来源，资金安全风险全部由服务提供方或保险公司负担，这可能会引发资金的流动性下降等连锁反应。

互联网消费金融所提供的消费信贷往往是无抵押、无担保的信用类贷款，利用互联网手段审核的时间较短，不能充分考察客户的信用记录，且难以做到全部项目的贷后追踪。

6.7.1.3 信息安全风险

目前的互联网金融消费运营模式，主要凭借电商或第三方支付平台对其用户积累的信用和消费数据的大数据分析进行征信，交易安全保障也是通过第三方平台对用户交易行为的监测实现的，当用户做出异于平常的行为时，系统会及时做出反应。

在互联网时代，这部分数据和其他数据一样，面临被黑客盗取和篡改的风险。如果系统被黑客攻破，将会对虚拟信用卡的运营模式及其市场造成巨大破坏，扰乱金融市场秩序与社会稳定。

6.7.1.4 欺诈风险

互联网消费金融的出现对风险管理体系及技术都提出了较高的要求，在方式选择上区别于传统商业银行的做法，根据业务的流程做到系统化的风险管理，其中最应重点关注的就是欺诈风险。

（1）消费者可能欺诈互联网消费金融平台，利用互联网消费金融业务进行诈骗、套现等违法行为。例如一些借款者用虚构字画、古董、红木家具等价值较难估量物品的买卖合同进行骗贷，然后用骗取的贷款进行其他高风险投资活动，一旦投资失败，贷款的资金逾期、无法偿还在所难免，互联网消费金融平台需要警惕这种情形发生，避免重蹈覆辙。

（2）互联网消费金融平台可能进行欺诈或虚假宣传。例如，利用低分期利率来吸引金融消费者，但在实际收取费用时却并非广告中所说的利率水平，实际利率远高于其宣称的费率。在近期的互联网金融整治过程中，虚假宣传的行为将受到严厉惩处。

6.7.2 互联网消费金融风险的防范措施

6.27 互联网消费金融风险的防范措施

6.28 互联网消费金融风险的防范措施

6.7.2.1 明确资质条件

2010年，银保监会给四家公司颁发了消费金融公司牌照后，陆续有多家公司获得了合法的消费金融公司牌照，准入资质的监管是消费金融行业监管的主要措施之一。2015年7月，中国人民银行等十部委联合发布的《关于促进互联网金融健康发展的指导意见》（以下简称《指导意见》）明确要求，消费金融公司通过互联网开展业务的，要严格遵循监管规定，确保交易合法合规并保守好客户信息，加强风险管理。

同时还要制定完善产品文件签署制度，保证交易过程合法合规、安全规范，明确银保监会为互联网消费金融业务的监管主体。《指导意见》对于互联网消费金融做到了正名的作用，从加强顶层设计的角度为互联网消费金融纳入监管的轨道提供了重要契机。

但是也要看到，《指导意见》只明确规定了消费金融公司通过互联网形式开展业务的相关情形，但并未提及P2P平台、电商平台、第三方支付平台从事互联网消费金融的问题。有专家认为，随着互联网金融行业监管要求的进一步明确、专项整治活动的逐渐展开，互联网消费金融将纳入规范化发展的轨道，监管机构通过发放牌照来进行监管是一大趋势，从而实现对互联网消费金融的准入资质的管理。

6.7.2.2 完善风控体系

从事互联网消费金融业务的企业需要建立完善的风控体系。

（1）建立大数据分析系统、信用评分系统、反欺诈系统和催收管理系统，并加强系统安全监测和内部控制管理，增强核心系统的研发能力。

（2）通过保险、担保等方式分散风险。

（3）加强互联网消费金融平台的审核义务。在发放贷款前，平台要审核金融消费者的信息是否有效、真实、完整，是否具备相应的购买能力、还款能力和风险承受能力。在发放贷款后，要及时追踪资金的使用是否用于消费，避免利用消费金融从事套现等欺诈活动。

（4）加强系统防火墙和加密功能，防范黑客攻击，保障消费者信息和资金安全。

6.7.2.3 把控资金来源

无论对于新设立的消费金融公司还是其他开展互联网消费金融业务的机构来说，业务持续开展的物质基础是充足的资金。若对资金的来源把控不好，则可能触及法律的底线。对于新设立的消费金融公司来说，不能吸收公众存款，如何取得大量的低成本运营资金成为关键。

目前，已获得消费金融公司牌照的机构可以通过吸收股东存款、发行金融债券、同业拆借、资产证券化等多种方式融资，但对于未取得牌照的互联网消费金融平台而言，几乎只有吸收股东存款这唯一的途径能够获得资金，若股东没有大量的资金或者对资金的回报率要求较高，则将限制消费金融业务的开展。

因此，发展互联网消费金融，一方面要有愿意持续提供低成本资金支持的股东，另一方面则需要监管部门对平台进行评级审核，实施分类监管，对于合法合规经营、创新能力强、业务发展稳健的机构赋予更为宽泛的资金渠道。

总结回顾

第 6.1 节主要讲述了互联网支付面临的风险及其防范措施。其风险主要有信用风险、流动性风险、技术风险、操作风险和支付方式的安全风险。对互联网金融支付地位进行及时评估、提升互联网金融支付的效率、强化互联网金融支付控制互联网金融支付平台内的资金流向、对互联网金融支付的动向进行密切监控室预防互联网支付风险的主要措施。

第 6.2 节主要讲述了网络借贷的风险及其防范措施。其风险主要体现在资金风险、流动性风险、道德风险、管理风险、技术风险和法律风险六个方面。设立准入门槛、加强政府监管、第三方资金托管、加强行业自律、完善监管细则、完善社会征信体系可以有效控制网络借贷的风险。

第 6.3 节主要讲述了股权众筹面临的风险及其防范措施。其面临的风险主要存在非法集资、代持股、非标准化、欺诈和法律风险。股权众筹风险的防范措施主要有制定专门的监管规则，明确监管主体和分工协调，避免踩踏非法集资、非法证券活动的法律红线和加强投资者教育。

第 6.4 节主要讲述了互联网证券投资基金的风险及其防范措施。其风险主要集中在法律风险、流动性风险、欺诈风险。明确监管部门，加强监管、严厉打击非法宣传，加强投资者教育，货币基金管理公司要切实防范流动性风险与市场风险、完善自身的建设，全面加强网络技术风险防控、建立互联网理财业务的消费权益保护机制可以防范互联网基金的风险。

第 6.5 节主要讲述了互联网保险的风险及其防范措施。其风险主要有信息安全风险、产品风险、服务质量风险、道德风险、流动性风险和法律风险。防范互联网保险的主要策略有提高保险公司的信息技术水平、优化互联网保险产品开发设计、完善互联网保险服务体系、提升公众对保险的认知度和完善互联网保险监管机制。

第 6.6 节主要讲述了互联网信托存在的风险及其防范措施。其存在的风险主要有操作风险、流动性风险、法律风险、信用风险、交叉性风险和信息泄露的风险。完善与互联网金融理财业务相关的法律法规、构建全面有效的监管体系、加强互联网金融消费者权益保护是有效防范互联网信托的有效措施。

第 6.7 节主要讲述了互联网金融消费面临的风险及其防范措施。其面临的风险主要有准入风险、信用风险、信息安全和欺诈风险。防范互联网金融消费风险，需要明确金融消费平台的资质条件、建立完善的风控体系、把控好金融消费的资金来源。

6.29 Ⓟ 项目 6
知识拓展案例

课后实践

名词解释

第三方支付　操作风险　技术风险

选择题

1. P2P 网贷平台产生流动性风险的主要原因有（　　）。

A. 系统漏洞导致信息不安全　　B. 平台没有进行资金托管

C. 平台自行担保、拆标、自融等　　D. P2P 平台难以管理

2. 受社会舆论影响，投资者纷纷从 P2P 平台提现，平台无法兑付大额资金从而导致破产属于（　　）。

A. 流动性风险　　B. 道德风险

C. 操作风险　　D. 资金风险

3. 以下对互联网支付风险防范措施的描述，错误的是（　　）。

A. 减少互联网支付的比例　　B. 对互联网支付平台及时评估

C. 提升互联网金融支付的效率　　D. 密切监控互联网支付的风险状况

4. P2P 平台蓄意非法集资，以高额回报、保本保息等方式骗取投资人资金，而后卷款“跑路”，属于（　　）。

A. 流动性风险　　B. 道德风险

C. 资金风险　　D. 技术风险

5. 股权众筹的风险不包括（　　）。

A. 法律风险　　B. 欺诈风险

C. 服务质量风险　　D. 非法集资的风险

6. 以下对互助计划说法正确的是（　　）。

A. 互助计划是互联网保险公司销售的保险产品

B. 互助平台可以开展保险业务

C. 互助计划可以保障消费者的权益，有良好的风控体系

D. 互助计划不是保险，加入互助计划是捐赠行为

简答题

1. 股权众筹存在哪些风险？应该采取什么措施才能有效防范这些风险？

2. 结合“校园贷”说一说完善社会征信体系为什么能有效控制 P2P 风险？

3. 互联网保险存在哪些风险？

4. 互联网消费金融存在哪些风险？

5. 互联网支付方式风险主要表现在哪些方面?

实训题

1. 请收集互联网金融法律与制度风险方面的资料。
2. 调研目前我国互联网金融所面临的市场风险现状。
3. 了解网上银行交易的认证模式并分析其安全风险。

6.30 Ⓣ 项目 6 习题答案

项目 7
大数据与云计算服务平台安全

学习目标

通过课堂讲解和讨论，学生应掌握大数据的基本含义与特点，了解大数据的发展历程，大数据对科学研究、思维方式和社会发展的深远影响；掌握大数据面临的安全威胁以及大数据安全保障技术；掌握云计算技术的基本概念、特点、分类，了解典型的云计算体系结构以及当前云计算安全的主要技术。

7.1 云计算技术及应用安全

案例导读

云计算强势增长，云安全问题亟待解决

目前，我国云计算得以快速发展和应用，云服务市场在 2020 年预计将突破 100 亿美金，但其中的维护云端数据服务、数据存放位置、数据隔离以及人为内部泄露用户数据最容易产生风险。

根据中国互联网信息中心公布的数据，截至 2016 年 12 月，全国感染过病毒木马程序的 PC 数量为 2.47 亿台，感染恶意程序的安卓智能手机共 1.08 亿台，进而导致网络交易安全事件频发。

例如：亚马逊网络服务（AWS）在保护其云环境方面存在问题，AWS Simple Storage Service（AWS S3）云存储桶成为数据泄露的重灾区，在数据存放位置、数据隔离上出现重大泄露，殃及全国 PC 电脑近 5000

万台。包括 Verizon、WWE 基金会、美国国家信用合作社、澳大利亚广播公司（ABC）和埃森哲在内的企业都因 AWS S3 配置错误而泄露了大量信息。因此，互联网金融机构必须对云计算安全问题时刻保持警惕。

7.1.1 云计算概述

7.1 ⊜ 云计算概述

7.2 ▶ 云计算概述

7.1.1.1 云计算定义

“云计算”目前已经成为 IT 领域以及学术界非常流行的词汇，那么云计算到底是什么呢？“云”这个概念最早可以追溯到 1961 年，约翰·麦卡锡教授认为：计算机分时技术可能导致未来计算能力和特定应用通过一个设施类型的商业模式来出售。这种观点在当时非常流行，但是最后却淡出人们的视线，因为当时的技术还无法支持这样一种计算模式。然而这种观点目前又重新被重视，云计算这一概念已经正式出现在 IT 领域和学术界。

2006 年，Google 在“Google101 计划”中第一次提到云计算概念和理论，以其显著的优势（高可靠性、可扩展性、低成本等）得到了世界各国的广泛关注，被誉为“革命性的计算模型”。Google 提出的云计算是“自产自销”，服务和产品都是由自己提供，杜绝他人参与。而真正的云存储和云计算商业模式是由 Amazon 提出的，弹性计算云和简单存储服务是其租赁服务的代表。

到底什么是云计算？目前业界还没有一个权威的定义，以下为一些公众比较认可的云计算定义。

IBM 认为云计算是一种计算风格，其基础是用公共或者私有网络实现服务及处理能力的交付。用户体验是云计算的重点，而核心是将计算服务的交付与底层技术相分离，在用户界面外，云背后的技术对用户来讲是不可见的，这使得云计算对于用户而言十分友好，云计算也是一种实现基础设施共享的方式，其中大的资源池在公共或者私有网络中被连接在一起提供 ITR 服务。

相对于 IBM 的云计算，微软对于云计算的态度不是很明确，微软强调的是一种“云+端”的云端计算模式，强调的是端在云中的重要性，只有端的计算能力强，才能给用户带来更多的精彩应用。

Berkeley 白皮书定义：云计算包括互联网上各种服务形式的应用以及数据中心中提供这些服务的软硬件设施。互联网上的应用服务一直被称作软件即服务（Software as a Service，

SaaS），而云就是数据中心的软硬件设施。

ISO/IEC JTC1 和 ITU-T 组成的联合工作组的国际标准 ISO/IEC 17788《云计算词汇与概述》（Information technology-Cloud Computing-Overview and vocabulary）DIS 版本中的定义：云计算是一种将可伸缩、弹性、共享的物理和虚拟资源池以按需自服务的方式供应和管理，并提供网络访问的模式。云计算模式由关键特征、云部署模型、云计算角色和活动、云能力类型和云服务分类、云计算共同关注点组成。

中国云计算网将云计算定义为：云计算是网格计算（Grid Computing）、分布式计算（Distributed Computing）和并行计算（Parallel Computing）的发展，或者说，是这些科学概念的商业实现。

美国标准计算研究院 NIST 给出的定义获得了广泛的认同：云计算是一种全新的商业网络服务模式，分布于世界各地的用户可以在任何的时间任何的地点通过网络扩展以按需付费、方便快捷的方式从配置的共享资源池中获取计算资源（包括服务器、服务、应用、软件、网络等），并且可以根据自身的需要随时随地获取和释放资源空间。

目前，NIST 对云计算的定义被广泛地接受，其给出了云计算的 5 个基本特征、3 种基本服务模式以及 4 种部署模式，其概念如图 7.1 所示。

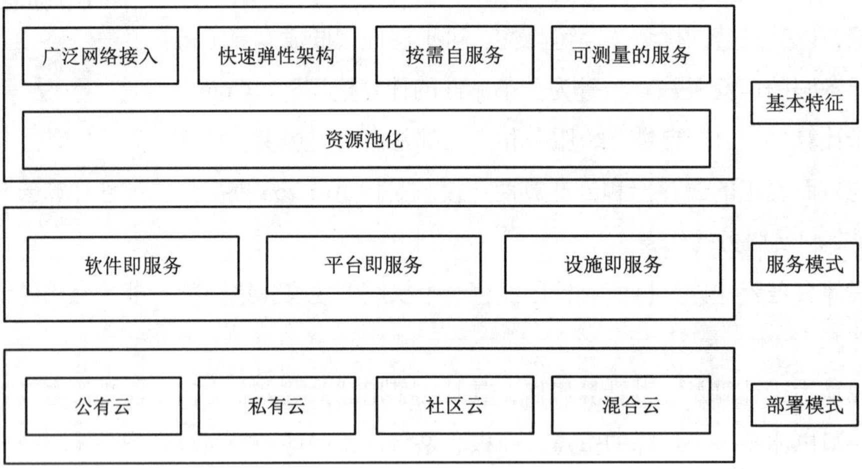

图 7.1　NIST 中云计算的概念模型

7.1.1.2　云计算特征

根据云计算的概念，云计算主要有以下 6 个基本特征。

（1）服务透明性。用户在不知道资源是如何存储的情况下，按需、随时随地从资源池中获取资源，也不在乎数据是运行在哪一台服务器上。

（2）自主性。云计算系统主要采用 Map/Reduce 编程模型，用户可以通过学习了解这种高层次模型，从而根据需要编写自己的输入输出，在云系统中得以运行，完成自己的任务需求。

（3）高可用性。云计算利用虚拟化技术整合各种资源于资源池中，可以向用户提供高质量、多数据源的服务，并且系统具有强容错能力，一旦检测到节点出现故障，系统会自动迅速查询并修复节点，将不可修复的故障节点排除，保障云系统工作环境的稳定。

（4）服务多样性。用户在资源池中可以获得网络、应用、服务器、软件等多种服务类型，同时支付多一些的费用，也可以获得更高级的服务体验。

（5）经济性。云系统具有强容错能力，因此系统可以采用低成本的节点来搭建云体系；同时采用按需收费的方式，可以是按次收费也可以是按功能收费，降低费用的同时也避免了资源的浪费。

（6）可靠性。云计算系统整合了分散的大量的计算机而成为了一个具备强大处理和存储能力的信息系统。系统中计算机数量的增加，系统发生错误的概率也将大大增加。云计算采用通过软件的方式，即数据冗余和分布式存储来保证数据的可靠性。

7.1.1.3 云计算的分类

云计算的分类可以从两个方面来看，一是从其架构的三层应用业务模式来分，二是从其三部署方式来分，下面分别进行描述。

（1）按云计算架构的应用业务模式分类。下面介绍云的三大主要类型：

1）公有云。公有云是由云服务供应商提供和维护的，通过网络，用户成员可以以低廉的价格随时随地获得云服务。公有云尝试为使用者提供无后顾之忧的 IT 元素。无论是软件、应用程序基础结构，还是物理接触结构，云供应商都负责安装、管理、供给和维护，客户只要为其使用的资源付费即可。

2）私有云。私有云是在一个企业或是机构内部提供的云服务，例如可以共享数据中心的资源。私有云在公司防火墙之内，由企业管理。私有云可以提供公共云所提供的优点，不过一个主要的不同点是企业负责设置和维护云。

建立内部云的维护困难和成本使企业在后期往往难以承担，且内部云的持续运营成本可能会超出使用公共云的成本。由于安全性和法规问题，当要执行的工作类型对公共云不适用时，用私有云比较合适。

3）混合云。混合云是公有云和私有云的混合模式，在安全性和计算能力方面提供更加优质的服务。混合云提供既在公共空间又在私有空间中的服务。当公司需要使用既是公共云又是私有云的服务时，选择混合云比较合适。

混合云的主要缺陷是很难有效创建和管理此类解决方案，必须获取来自不同源的服务并且必须向源自单一位置那样进行供给，而且私有和公共组件之间的交互会使实施更加复杂。由于这是云计算中一个相对新颖的体系结构概念，因此有关此模式的最佳实践和工具将继续出现，但是在对其进行更多了解之前一般都不太愿意采用此模型。

（2）按服务分类。按服务类型分类，可以将云计算分为以下三类：软件即服务层（Software as a Service，SaaS）、平台即服务层（Platform as a Service，PaaS）、基础设施即服务层（Infrastructure as a Service，IaaS），这三个子层的首字母缩写是 SPI，即所谓的云计算。

1）软件即服务层（SaaS）。SaaS 是一种将云服务提供的应用软件作为服务放在云端服务器上，为用户提供某些专门用途的服务模式，用户可以通过网络以 Web 的形式进行访问，根据自身需求，按照使用的时间和资源量进行计费。这种服务模式的优势是，由服务供应商维护和管理软件、提供软件运行的硬件设施，只需拥有能够接入互联网的终端，用户即可随时随地使用软件。对于小型企业来说，SaaS 是采用先进技术的最好途径。典型的应用有：Salesforce 的客户关系管理系统 CRM、Google Doc 和 Zoho Office 等。

2）平台即服务层（PaaS）。PaaS 是一种分布式平台服务，把开发环境作为一种服务来提供，厂商提供开发环境、服务器平台、硬件资源等服务给用户，用户在其平台基础上定制开发自己的应用程序并通过其服务器和互联网传递给其他用户，用户无须考虑底层的云端基础设施，但是可以控制开发环境的配置状况。典型的代表有：Google APP Engine、Microsoft Azure、Salesforce 的 force.com 等。

3）基础设施即服务层（IaaS）。IaaS 是网络上提供虚拟存储的一种服务方式，位于整个服务体系的最底层，可以根据实际存储容量来支付费用。IaaS 即把厂商的由多台服务器组成的“云端”基础设施作为计量服务提供给客户。它将内存、I/O 设备、存储和计算能力整合成一个虚拟的资源池为整个业界提供所需要的存储资源和虚拟化服务器等服务。这是一种托管型硬件方式，用户付费使用厂商的硬件设施。例如 Amazon 的 EC2、IBM 公司的蓝云 Blue Cloud、中国电信上海公司与 EMC 合作的“e”云等。

IaaS、PaaS、SaaS 他们之间的比较，见表 7.1。

表 7.1　IaaS、PaaS、SaaS 的比较

	服务内容	服务对象	使用方式	关键技术	系统实例
IaaS	提供基础设施部署服务	需要硬件资源的用户	使用者上传数据、程序代码、环境配置	数据中心管理技术、虚拟化技术等	Amazon EC2、Eucalyptus 等
PaaS	提供应用程序部署与管理服务	程序开发者	使用者上传数据、程序代码	海量数据处理技术、自愿管理与调度技术等	Google App Engine、Microsoft Azure、Hadoop
SaaS	提供基于互联网的应用程序服务	企业和需要软件应用的用户	使用者上传数据	Web 服务技术、互联网应用开发技术等	Google Apps、Saleforce CRM 等

7.1.2 云计算体系架构

如图 7.2 所示，介绍了 NIST 给出的云计算参考架构。该架构给出了云计算中所涉及的主要角色、活动和功能。通过该图，能促进用户更好地理解云计算中的需求、使用、特点和标准等方面的内容。

NIST 的云计算参考架构中的主要角色包括：云消费者、云提供商、云审计员、云代理商和云承载商。云消费者直接从云供应商或通过云代理商请求云服务；云审计员主要完成对云服务实现的功能进行操作和安全性隐私保护、性能等方面的评估；云承载商为云供应商或云代理商提供到云消费者的链接和传输服务。

该架构给出的云计算中的主要活动和功能有：服务部署、服务管理、服务编排、安全和隐私。具体而言，服务部署是选择部署模

7.3 🗐 云计算体系架构、云存储与云管理技术

7.4 ▶ 云计算体系架构、云存储与云管理技术

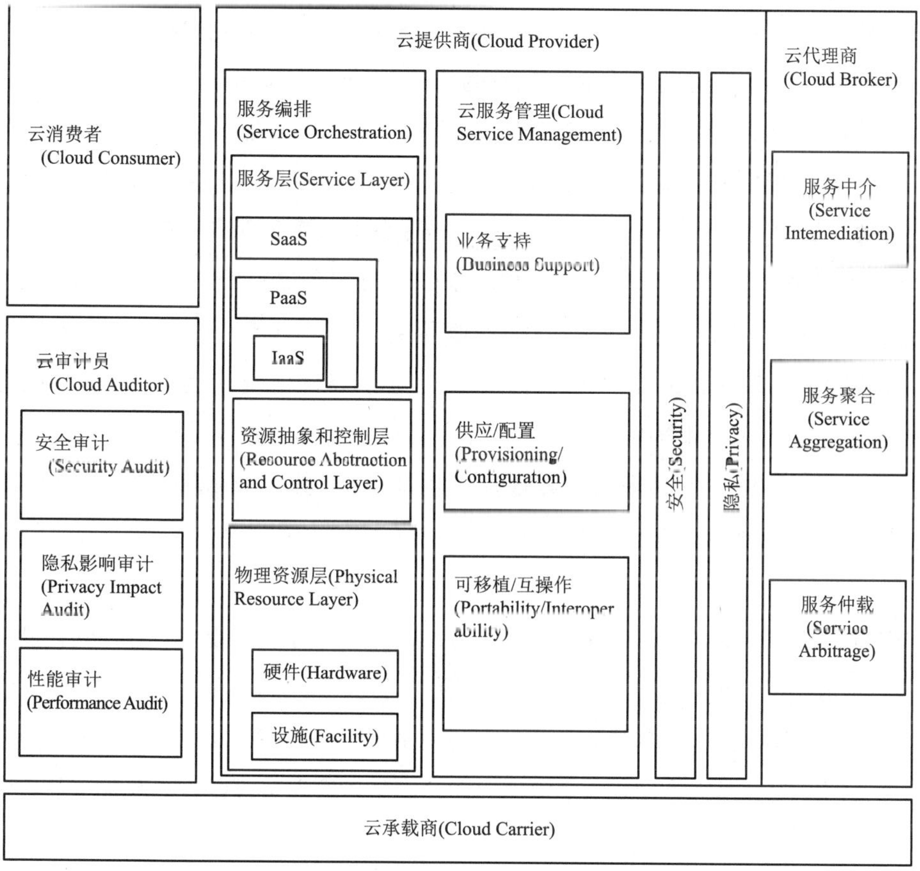

图 7.2 NIST 的云计算参考框架

式，具体已在上节中进行了介绍；服务管理包括所有和服务相关的、服务管理和操作所必需的功能，这些服务都是云消费者所需的或向其推荐的；服务编排是为了支撑云供应商对计算资源的安排、协同和管理等行为，对系统组件进行的组合，使其能为云消费者提供服务；安全除了云供应商外，也涉及其他的参与者，如云消费者等；隐私主要强调云供应商应保护个人信息和个人识别信息，包括对这些信息进行安全的、适当的、一致的收集、处理、通信、使用和丢弃。

7.1.3 云存储技术

云存储是指通过集群应用、网格技术或分布式文件系统等功能，将网络中大量各种不同类型的存储设备通过应用软件集合起来协同工作，共同对外提供数据存储和业务访问功能的一个系统，是在云计算的概念上延伸和发展出来的一个新的概念。

当云计算系统运算和处理的核心是大量数据的存储和管理时，云计算系统中就需要配置大量的存储设备，那么云计算系统就转变为一个云存储系统，所以云存储是一个以数据存储和管理为核心的云计算系统。

简单来说，云存储就是将存储的资源放到网络上供人存取的一种新兴方案。使用者可以在任何时间、任何地方，通过任何可联网的装置方便地存取数据。

作为最新的存储技术，与传统存储相比，云存储具有以下优点：

（1）管理方便。云存储服务具有强大的可拓展性。当企业用户发展壮大后，突然发现自己先前的存储空间不足，就必须考虑增加存储服务器来满足现有的存储需求。而云存储服务则可以满足企业需求，很方便地在原有基础上拓展服务空间。

（2）成本低。云存储技术针对数据重要性采取不同的拷贝策略，并且拷贝的文件存放在不同的服务器上，因此遭遇硬件损坏时，不管是硬盘或是服务器坏掉，服务始终不会终止，而且因为采用索引的架构，系统会自动将读写指令导引到其他存储节点，读写效能完全不受影响，管理人员只要更换硬件即可，数据也不会丢失。换上新的硬盘或是服务器后，系统会自动将文件拷贝回来，永远保持多备份的文件，以避免数据的丢失。

扩容时，只要安装好存储节点，接上网络，新增加的容量便会自动合并到存储中，并且数据会自动迁移到新存储节点，不需要做多余的设定，大量地降低了维护人员的工作量。在管理界面中可以看到每个存储节点及硬盘的使用状况、读写带宽，管理非常容易，不管使用哪家公司的服务器，都是同一个管理界面，一个管理人员可以轻松地管理几百台存储节点。

（3）量身定制。这个主要是针对私有云的。云服务供应商专门为单一的企业客户提供一个量身定制的云存储服务方案，或者可以是企业自己的 IT 机构来部署一套私有云服务架构。

目前，云计算系统中常用的数据文件存储系统有：Google 的 GFS（Google File System）与 Hadoop 开发的 GFS 的开源实现 HDFS（Hadoop Distributed File System）；常用的数据管理技术有：Google 的 BigTable 数据管理技术和 Hadoop 开发的开源数据管理模块 HBase。

7.1.3.1 GFS

GFS 是一个管理大型分布式数据密集型计算的可扩展的分布式文件系统，通过使用廉价的商用硬件搭建系统并向大量用户提供容错的高性能的服务。GFS 将系统的结点分为三类：客户端（Client）、主服务器（Master Server）和数据块服务器（Chunk Server），具体如图 7.3 所示。

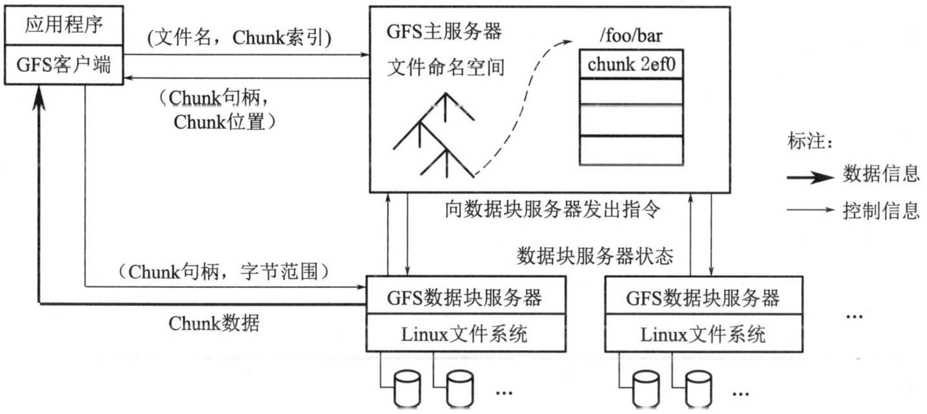

图 7.3　GFS 系统结构

GFS 主服务器管理所有的文件系统元数据，包括名字空间、访问控制信息、文件和 Chunk 的映射信息，与当前 Chunk 的位置信息。此外，主服务器还管理着系统范围内的活动，如 Chunk 租用管理、Chunk 在数据块服务器之间的迁移以及孤儿 Chunk 的回收。

GFS 存储的文件被分割为固定大小的 Chunk，在 Chunk 创建的时候，主服务器会给每个 Chunk 分配一个不变的、全球唯一的 64 位的 Chunk 标识。为了提高数据的可靠性，每份数据在系统中保存三个以上的备份。

客户端在访问 GFS 时，首先访问主服务器，获取将要与之进行交互的数据块服务器信息，然后直接访问这些数据块服务器完成数据存取。GFS 的这种设计方法实现了控制流和数据流的分离。客户端与主服务器之间只有控制流，而无数据流，这样就极大地降低了主服务器的负载，使之不成为系统性能的一个瓶颈。

客户端与数据块服务器之间直接传输数据流，同时由于文件被分成多个 Chunk 进行分布式存储，客户端可以同时访问多个数据块服务器，从而使整个系统的 I/O 高度并行，系统整体性能得到提高。

7.1.3.2 HDFS

HDFS（Hadoop Distributed File System）开源实现了 GFS 的基本思想。HDFS 原先是 Apache Nutch 搜索引擎的一部分，之后独立出来作为一个 Apache 子项目，并与 MapReduce 一起成为 Hadoop 的核心组成部分。HDFS 支持流数据读取和处理超大规模文件，并能够运行在由廉价的普通机器组成的集群上，这主要得益于 HDFS 在设计之初就充分考虑了实际应用环境的特点，那就是硬件出错在普通服务器集群中是一种常态，而不是异常。

因此，HDFS 在设计上采取了多种机制保证在硬件出错的环境中实现数据的完整性。HDFS 的体系结构如图 7.4 所示。

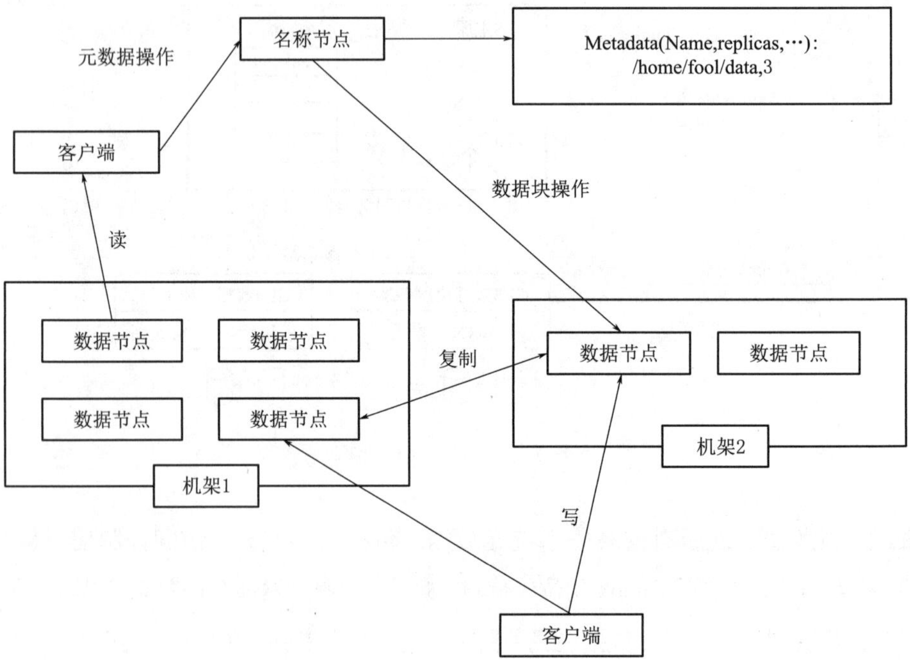

图 7.4　HDFS 体系结构

HDFS 采用主从（Master/Slave）式架构，从最终用户的角度来看，它就像传统的文件系统一样，可以通过目录路径对文件执行 CRUD（Create、Read、Update 与 Delete）操作，包含三个重要的角色：数据节点（DataNode）、名称节点（NameNode）和客户端（Client）。客户端是需要获取分布式文件系统的应用程序。

名称节点记录了每个文件中各个块所在的数据节点的位置信息，但是并不持久化存储这些信息，而是在系统每次启动时扫描所有数据节点重构得到这些信息。名称节点作为中心服务器，可以看作是分布式文件系统中的管理者，主要负责管理分布式文件系统的命名空间、集群配置信息和存储块的复制等。

数据节点是分布式文件系统 HDFS 的工作节点，负责数据的存储和读取，会根据客户端或者名称节点的调度来进行数据的存储和检索，并且向名称节点定期发送自己所存储的数据块的列表。每个数据节点中的数据会被保存在各自节点的本地 Linux 文件系统中。

7.1.4 云管理技术

目前，常见的云数据管理技术有 Google 的 BigTable 和 Hadoop 的 HBase 等。这里以 BigTable 为例进行简单地介绍。BigTable 是一个分布式存储系统，利用谷歌提出 Mapreduce 分布式并行计算模型来处理海量数据，使用谷歌分布式文件系统 GFS 作为底层数据存储，并采用 Chubby 提供协同服务管理，可以扩展到 PB 级别的数据和上千台机器，具备广泛应用性、可扩展性、高性能和高可用性等特点。

BigTable 是在 Google 的其他基础设施之上构建的，其包括三个主要的组件：一个主服务器、多个子表服务器和链接到客户程序中的库。主服务器主要负责：管理元数据并处理来自客户端关于元数据的请求；为子表服务器分配表；检查新加入的或过期失效的子表服务器；对子表服务器进行负载均衡等。子表服务器主要用于管理子表并存储数据，每个子表服务器都管理一个由上千个表组成的表的集合，并负责处理子表的读写操作和当表数量过大时对其进行的分割操作。由于客户端读取的数据都不经过主服务器，即客户程序不必通过主服务器获取表的位置信息而直接与子表服务器进行读写操作，因而大多数客户程序完全不需要和主服务器通信，从而有效降低了主服务器的负载。

总的来说，BigTable 具备以下特性：支持大规模海量数据，易于扩展且支持动态伸缩，分布式并发数据处理效率极高，适用于廉价设备，适合于读操作但不适合于写操作。

7.1.5 云计算安全

7.5 ▣ 云计算安全

云计算是一种基于互联网的新兴应用计算机技术，它为互联网用户提供了安全可靠的服务和计算能力，在信息行业的发展中占据着重要的位置。云计算信息安全问题不仅仅是云计算所要解决的首要问题，也是决定云计算发展前景的关键性因素。

因此，为保证云数据的安全问题，就必须妥善地解决云计算平台的安全问题，以达到信息安全的五个基本要素的要求，即实现云计算平台的可用性、可控性、完整性、保密性和不可否认性。

7.6 ▶ 云计算安全

7.1.5.1 云计算安全需求

云计算作为一种基于互联网的计算方式，用户数据的隐私保护问题显得尤其突出。在云计算中，由于用户不仅把数据完全存储在云端，而且计算过程也全部在云端进行，数据量庞大且丰富多样，因此导致了云计算对于用户数据隐私保护比传统的 Web 应用有着更为严峻的形势和更为严格的要求。

例如：许多黑客盗取云端数据以牟取商业暴利；云计算服务商也往往使用数据挖掘等技术手段，对用户的数据进行统计挖掘，获取用户的行为数据；另外，云服务商中的工作人员由于利益或者其他原因，也常常会对存储在云端的数据进行侵犯。

而云计算的通用性、虚拟性、共享性等特点，又导致了传统系统中的隐私保护技术往往无法使用在云数据中。由此可见，不解决云数据的隐私保护问题，云计算的广泛推广与应用将会受到很大阻碍，隐私保护问题已经成为阻碍云计算发展的最主要问题之一。

在云计算环境下，用户将他们的数据迁移到云计算平台后，数据和信息管理流程将对这些用户不再透明，他们在节省了存储空间的同时，也将不再知道自己的数据存储在哪里、被怎么存储的、谁在处理、有没有备份等信息。这个现象同时也是云计算系统中的诸多安全挑战的最主要根源。而且，建立云计算服务供应商和用户之间的信任需要相当长的一段时间，它需要云服务产业链各个环节的企业和组织共同努力，当然，有效解决上述问题和挑战也是必不可少的。

另外，随着云计算规模的不断扩大，越来越多具有不同属性、不同权限的用户开始使用云计算。正因为如此，数据资源的安全共享也变得越来越困难。面对众多不同属性的使用用户，如何在云计算中实现数据资源的安全共享也成为一大难题。在云计算中，因为用户权限的不同，不同权限的用户在共享某一数据资源时，它所得到数据资源的内容也不同。但是，传统的安全机制在云计算中难以保证数据资源的这种安全共享，因此，基于云计算的安全共享机制也成为研究的一大热点。

7.1.5.2 云计算安全威胁

在云计算之前的时代，传统 IDC 机房就面临着许多的安全风险。然后这些问题也毫无遗漏地传递到了云计算时代，不仅如此，云计算独有的运作模式还带来了更多新的问题。下面将分别从网络架构的角度和云计算的数据风险角度介绍云计算数据资源所面对的安全威胁。

1. 云计算网络层面的数据安全风险

因为私有云是企业或组织专有的计算环境，私有云的所有者不需要与其他组织或企业共享任何资源，因此，我们不需要考虑这种新模式所带来的新漏洞或者特定拓扑结构的危险变化。所以这里主要讨论云计算模式给公有云带来的数据安全威胁，主要包括以下四个方面：

（1）确保服务供应商传输数据的保密性及完整性。由于公有云需要对外部用户提供相关资源和开发所需服务，那么公有云中的数据资源会面对来自网络外部的访问。2008 年 12 月的亚马逊 Web 服务漏洞是第一个该方面的安全威胁。另外，在云计算系统中，计算节点之间的互联互通往往会跨越非安全的公共网络，因此在数据传输过程中面临着篡改、窃听、损毁等各种风险。

从原理上说，若要保证数据传输的安全则需要保证在发包端、包传输和收包端三方面的全过程安全。对于发包和收包的终端来说，可以通过基于终端的安全措施来保护数据传输在发送和接收过程中的安全性，如安全输入输出、内存屏蔽、存储密封等。云计算系统中节点之间的安全数据传输可以通过加密隧道技术保证数据传输的机密性，通过数字摘要、数字证书和数字时间标签来保证数据的完整性和不可篡改性。

（2）确保服务供应商对所有的资源都提供适当的访问控制，包括审计、认证和授权。由于部分资源（甚至全部资源）暴露在公有云中，对云计算服务供应商的审计、监控变得相当困难。

同时，数据在公有云中会接受所有用户的访问申请，如果用户访问到不属于自己的数据就会泄露别人的隐私，因此，服务供应商需要对数据资源进行适当的访问控制，每个用户不能越权访问其他用户的数据资源，只能访问到自己访问权限内的数据。

（3）确保云计算中的公有云资源具备可用性。众多的用户数据和资源被公开在公有云上，如何保证所有合法用户能正常访问服务供应商的数据资源成为云计算安全的关注点之一。分布式服务攻击（DDoS）和拒绝服务攻击（DoS）就是两种严重破坏资源可用性的网络攻击。

（4）用域管理代替现有的网络层面模型。随着云计算的发展，传统网络区域的概念逐渐被取代，云计算中的基础设施即服务（IaaS）和平台即服务（PaaS）将不再按照传统网络层来进行划分。域成为云计算网络管理的一个重要措施。

域具有排他性，只允许特定角色访问该指定的区域。同理，域管理下的数据根据其自身所处位置的不同只能访问特定层面的数据。包括建立在 IaaS 和 PaaS 基础上的 SaaS，都具备上述域管理的特点。

因此，传统意义上的网络层逐渐通过云计算环境中的安全域进行逻辑隔离。但是与传统隔离不同，公有云只是针对不同的系统提供了逻辑隔离，不同层的系统在主机层面上不一定是物理隔离的。

2. 云计算主机层面的数据安全威胁

云计算中的主机层面目前没有碰到专门的新威胁，但是虚拟化技术的引入给公有云计算环境带来了主机方面的安全风险。及时更新主机的漏洞补丁也开始变得困难，因为，云计算提供的服务模式需要服务供应商能够及时迅速地配置虚拟机资源，以及实现实时的动态迁移。

此外，云计算资源包括了成千上万的主机，包括虚拟机和硬件服务器，并且这些主机在同一个云计算环境中会使用相同的系统配置，这就说明云计算中存在“高速攻击”的风险，攻破主机系统的风险被放大化。

（1）SaaS 和 PaaS 的主机安全。黑客容易利用云计算平台中的主机、操作系统信息来入侵云计算服务供应商的云计算平台。但是由于数据资源共享机制，IaaS 和 PaaS 中的用户对主机安全变得不敏感，大多数的主机安全任务仍由云计算服务供应商来承担。

为了防止主机服务器相关信息的泄露，云计算服务供应商在云计算平台中采用逻辑上的抽象分层技术来加强对云计算用户的管理。

但 SaaS 和 PaaS 有一些明显的区别：SaaS 用户不能访问到主机系统的任何信息，实现了完全的逻辑隔离；但是，PaaS 的用户可以通过服务供应商开放的 PaaS 平台接口访问到部分关于服务器的信息。

总之，SaaS 和 PaaS 的用户和服务供应商的合作者需要做好对云计算平台的安全审核，以保证主机服务器的安全。

（2）IaaS 的主机安全。为了实现云计算数据资源的共享，虚拟化技术是一个至关重要的因素，这方面的技术包括 Xen 和 VMware 等。所以虚拟化技术的安全也是 IaaS 的安全因素之一。

从云计算平台的角度来看，云计算系统最基本的单元就是虚拟机。当一个数据文件初次存储到云计算系统中时，会被分割成若干个碎片并存储在不同的虚拟机上，同时在各个虚拟机上面并行地完成对文件碎片的操作。这个文件分割、存储和计算管理的全流程都是由云计算平台来负责的。

来自不同公司的重要数据和文件可能会被存储在同一个虚拟机上，因此数据隔离和数据保护就显得非常重要了。虚拟机本身往往会附带一系列的数据管理系统，可以实现一定的数据加密、数据访问控制和数据隔离功能。除此之外，虚拟防火墙可以实现针对单个虚拟机设置安全策略和访问控制策略。

最后，云计算系统中的虚拟机可以被分成若干组，并配置不同的安全级别，如不同的加密强度、数据备份、数据恢复设置。用户数据在初次存储到云计算系统中的时候，系统可以根据用户的服务级别将用户数据存储在不同的虚拟机组中以实现服务分级和安全保护分级。

3. 云计算应用层面的数据安全威胁

应用或软件安全是云数据安全解决方案的关键，但是大多数安全方案没有充分考虑到应用层面的安全问题。应用程序包括从单机单用户到复杂的有几百万用户的多用户，现阶段的网络应用程序就是多用户应用程序的典型实例，例如客户关系管理系统（CRM）、Wiki、论坛、门户网站、社交网络。

很多企业也开始利用不同的网络框架（PHP、NET、J2EE、Ruby on Rails、Python）开发和维护一些网络应用程序。目前，网络漏洞攻击快速增长、多种新的网络渗透方法涌现，促使云计算模式中的网络应用程序应该受到严格的安全管理。

此外，云计算软件服务供应商通过基于 Web 的“瘦”客户端为用户提供鉴权、登录和应用是云计算软件服务商非常常见的场景。但由于 Web 浏览器本身的脆弱性，Web 应用程序会很容易被植入恶意代码而对用户和服务供应商带来损失。Web 应用程序防火墙可以比较好地防范一些基于 Web 的常见攻击，如 SQL 注入、跨网站脚本攻击等。

7.1.5.3　云计算安全技术

为了给云用户提供全面的数据安全保护，用户与云之间的双向身份认证、针对云计算环境各层服务的安全机制等均是必须考虑的关键技术。下面将针对这几种关键技术进行详细的叙述和分析。

1. 以数据安全为主要目标的云安全架构

数据作为信息的重要载体，其安全问题在信息安全中占有非常重要的地位。数据的保密性、可用性、可控性和完整性是数据安全技术的主要研究内容。数据保密性的理论基础是密码学，而可用性、可控性和完整性是数据安全的重要保障，没有后者提供技术保障，再强的加密算法也难以保证数据的安全。目前，基于数据安全和隐私保护是用户最为担心的云安全问题，已有研究者提出以数据安全保护为主要目标的云安全架构。

数据安全保护机制架构是 DSLC（Data Security Life Cycle），需要管理策略、关键技术、监控机制来共同保障。该架构对云中数据进行保护的思路分为三个步骤：

（1）获得云中数据的存储、传输、处理的相关信息，这样做是由于数据在不同云服务中的表现形式有所不同。

（2）建立数据安全生命周期，包括 6 个阶段：创建、存储、使用、共享、归档和销毁。

（3）对数据安全生命周期中的每个阶段均明确数据安全保护机制，将行为实施者对数据的操作定义为 Functions，而安全机制则定义为 Controls，将所有可能的行为限制在允许的行为范围内。DSLC 的安全机制针对性不强，其局限性是与云计算的体系结构联系不够紧密。

2. 云计算中的身份认证技术

在云计算中，用户可能使用不同云服务商提供的服务，从而拥有不同的标识符，很容易造成混淆与遗忘。因此，采用联合身份认证技术实现跨云的服务访问，要求在服务访问过程中能够协调各个云之间的认证机制。

公钥基础设施 PKI 能根据特定人员或具有相同安全需求的特定应用提供安全服务，包括数据加密、数字签名、身份识别以及所必需的密钥的证书管理等。为此，基于 PKI 的联合身份认证技术被广泛应用于云计算中。

虽然 PKI 能够使云服务提供者方便地验证用户的证书，但面临巨大的用户群。由于用户所归属的信任域众多，用户和服务商的信任关系也在动态变换，PKI 的效率、证书的撤销等问题，将会使 PKI 系统设计和实现的复杂度迅速增大。

为了降低基于证书的 PKI 的实现复杂度，基于身份的密码学（Identity Based Cryptography，IBC）被应用到云计算环境下的用户认证，这种方案下用户的公钥可以不使用证书直接从用户的身份信息提取。

3. 静态存储数据的保护

云存储就是将存储的资源放到网络上供人存取的一种新兴方案。使用者可以在任何时间、任何地方，通过任何可联网的装置方便地存取数据。云存储中的数据是静态数据，数据的机密性、完整性、隐私性、可取回性以及安全问责等均是用户关注的安全问题。

对于数据保密性问题，一种直观的方式是由用户对数据进行加密。由于加密数据检索无法用传统的基于明文关键字检索，因此，密文检索成为一个研究热点。基于安全索引的方法通过为密文关键词建立安全索引，检索索引查询关键词是否存在；基于密文扫描的方法对密文中每个单词进行比对，确认关键词的存在，并统计出现次数。

另一种保证机密性的方法是通过访问控制机制来实现。由于云服务商拥有管理员权限，用户无法信赖服务商诚实地实施用户定义的访问控制策略，传统的访问控制类手段无法解决这一问题，因此，基于密码学的访问控制策略开始出现，例如：将用户密钥或密文嵌入访问控制树，控制访问者获得访问权限的条件，是必须具有树节点所代表的所有属性。

针对数据丢失问题，云服务商会竭力隐瞒数据丢失事故而保护其商业利益，因此，对于用户来说，希望能够验证其数据的完整性。如果将数据全部下载来进行验证，通信开销会比较大，因此，利用某种形式的挑战，即应答协议被应用到完整性验证算法中，使云用户在取回很少数据的情况下，通过基于伪随机抽样的概率性检查方法，以高置信概率判断远端数据是否完整。

在数据隐私保护方面，用户希望云服务商除了检索结果之外一无所知，不能通过对用户数据的搜集和分析，挖掘出用户隐私。常采用的方法有 k（匿名），I（多样性），差分隐私等。

4. 动态数据的隔离保护

为了保护动态数据的机密性，密文处理技术是一种直接的方法。IBM 研究院 Gentry 利用“理想格”构造隐私同态（Privacy Homomorphism）算法，也称为全同态加密，使人们可以充分地操作加密状态的数据，在理论上取得了一定突破。Ahmad 将同态加密与可信计算技术相结合，为云用户提供可信的云服务。

然而，上述方案虽然实现了理论上的突破，但由于效率问题，距离实际应用还很远。如果数据在计算时解密以明文形式驻留在内存中，则机密性和完整性的保护需要依赖其他的安全机制。为此，一些基于策略模型的安全机制常用来保护云服务中的动态数据。

（1）隔离机制。采用沙箱机制对云应用进行隔离的思路。CyberGuarder 是一个虚拟化安全保护框架，在操作系统用户隔离方面，它采用了 Linux 自带的 Chroot 命令创建一个独立的软件系统的虚拟复制。Chroot 命令可更改路径到新的指定路径，由超级用户执行此命令，经过 Chroot 后，在新的根目录下，将访问不到旧系统的根目录结构和文件。

（2）访问控制模型和机制。访问控制仍然是云计算系统中的基本安全机制之一，通过访问权限管理来实现系统中数据和资源的保护，防止用户进行非授权的访问。但是，云计算系统具有高度的动态性、开放性和异构性，对数据进行保护时要考虑不同的参与者、安全策略和使用模式等，这些特点对传统的访问控制模型，例如：强制访问控制（MAC）、自主访问控制（DAC）和基于角色的访问控制（RBAC）提出了新的挑战。

在 SaaS 应用中，最常用的访问控制模型是 RBAC 模型，研究者进行了改进和发展，去解决传统模型在开放、动态环境中的缺陷。由于不同云租户安全策略的差异性，为所有租户建立统一的访问控制模型显然不合理。大多数的方案是按租户进行信任域的划分，再解决跨域的访问控制问题。

在云计算中，用户和服务商各方既要提供必需的资源以完成用户的任务，又需要保证他们提供的资源不被对方非法利用，上述场景需要更细粒度的访问控制策略，但在访问控制模型中，一般对权限的设置是允许或禁止，细粒度的访问控制策略会大大提高模型的复杂度。

5. 基于信息流模型的数据安全保护机制

信息流控制（Information Flow Control，IFC）通过追踪系统中的数据蔓延过程，允许不可信的代码对机密数据进行访问，并阻止代码将机密数据传播给非授权的主体。IFC 比访问控制机制更便于实现细粒度的数据保护，为了将 IFC 模型用于动态、协作的分布式计算系统中，Mayer 等在 2000 年提出了分布式信息流控制（Decentralized Information Flow Control，DIFC），对主体、安全策略、标记、标记传递规则分别进行描述，并建立它们之间的内在联系。

DIFC 具有两个突出特点：安全策略由用户自主制定，不需要 CA 集中授权，这一特点使其适用于用户数量多、用户安全需求复杂的云计算系统；虽然是分散授权，但能够明确策略的执行点，策略执行是由可信的小部分代码实现，易被监控。

7.2 大数据技术及应用安全

案例导读

支付宝、携程数据泄露案例

2013 年 11 月 27 日，原支付宝公司某内部一员工伙同他人多次以批量出售的方式泄露用户信息被杭州当地警方逮捕。据悉，该员工曾经是支付宝公司技术员工，利用工作之便，在 2010 年分多次在公司后台下载了公司用户的资料，资料内容超 20G。随后伙同两名外部人员，以 500 元 3 万条的价格将用户信息多次出售给电商公司与数据公司。这些用户资料，包括用户个人的真实姓名、手机、身份证号、电子邮箱、家庭住址以及消费记录等。

2014 年 3 月 22 日 18 点 18 分，一位白帽子黑客“猪猪侠”在乌云平台发布了一条令人惊悚的漏洞报告。报告中指出，携程的一个漏洞会导致大量用户银行卡信息（包含持卡人姓名、身份证、银行卡号、卡 CVV 码以及 6 位卡 Bin）泄露，可能直接引发盗刷等问题。携程方面承认漏洞的存在，承诺短期内修复该漏洞，同时声明，此次漏洞共涉及 93 名有潜在风险的携程用户，客服已通知相关用户更换信用卡。

思考题：

大数据时代的信息泄露可能带来哪些风险？

7.2.1 大数据技术

7.7 大数据技术

7.8 大数据技术

大数据对科学研究、思维方式和社会发展都具有重要而深远的影响。

（1）在科学研究方面，大数据使得人类科学研究在经历了理论、实验、计算三种范式之后，迎来了第四种范式——数据。

（2）在思维方式方面，大数据具有“全样而非抽样、效率而非精确、相关而非因果”三大显著特征，完全颠覆了传统的思维方式。

（3）在社会发展方面，大数据决策逐渐成为一种新的决策方式，大数据应用有力促进了信息技术与各行业的深度融合，大数据开发大大推动了新技术和新应用的不断涌现。

（4）在就业市场方面，大数据的兴起使得数据科学家成为热门人才。

（5）在人才培养方面，大数据的兴起将在很大程度上改变我国高校信息技术相关专业的现有教学和科研体制。

7.2.1.1 大数据的应用

大数据无处不在，包括金融、汽车、零售、餐饮、医疗、电信、能源、政务、体育、娱乐等在内的社会各行业都已经融入了大数据的印记，大数据在各个领域的应用情况，见表 7.2。本节将会详细介绍大数据在安全领域的具体应用。

表 7.2 大数据在各个领域的应用

领域	大 数 据 应 用
金融行业	在高频交易、社交情绪分析和信贷风险分析三大金融创新领域发挥重要作用
汽车行业	利用大数据和物联网技术的无人驾驶汽车，在不远的未来将走入我们的日常生活
互联网行业	借助于大数据技术，可以分析客户行为，进行商品推荐和有针对性广告投放
餐饮行业	利用大数据实现餐饮 O2O 模式，彻底改变传统餐饮经营方式
电信行业	利用大数据技术实现客户离网分析，及时掌握客户离网倾向，出台客户挽留措施
能源行业	随着智能电网的发展，电力公司可以掌握海量的用户用电信息，利用大数据技术分析用户用电模式，可以改进电网运行，合理地设计电力需求响应系统，确保电网运行安全
物流行业	利用大数据优化物流网络，提高物流效率，降低物流成本
城市管理	可以利用大数据实现智能交通、环保监测、城市规划和智能安防
生物医学	大数据可以帮助我们实现流行病预测、智慧医疗、健康管理，同时还可以帮助我们解读 DNA，了解更多的生命奥秘
体育和娱乐	大数据可以帮助我们训练球队，决定投拍哪种题材的影视作品，以及预测比赛结果
安全领域	政府可以利用大数据技术构建起强大的国家安全保障体系，企业可以利用大数据抵御网络攻击，警察可以借助大数据来预防犯罪
个人生活	大数据还可以应用于个人生活，利用与每个人相关联的“个人大数据”，分析个人生活行为习惯，为其提供更加周到的个性化服务

7.2.1.2 大数据关键技术

当人们谈到大数据时，往往并非仅指数据本身，而是数据和大数据技术这二者的综合。

所谓大数据技术，是指伴随着大数据的采集、传输、处理和应用的相关技术，是使用非传统的工具来对大量的结构化、半结构化和非结构化数据进行处理，从而获得分析和预测结果的一系列数据处理和分析技术。

从数据分析全流程的角度，大数据技术主要包括数据采集、数据存储和管理、数据处理与分析、数据安全和隐私保护等几个层面的内容，具体见表 7.3。

表 7.3　　大数据技术的不同层面及其功能

技术层面	功　能
数据采集	利用 ETL 工具将分布的、异构数据源中的数据，如关系数据、平面数据文件等，抽取到临时中间层后进行清洗、转换、集成，最后加载到数据仓库或数据集市中，成为联机分析处理、数据挖掘的基础；也可以把实时采集的数据作为流计算系统的输入，进行实时处理分析
数据存储和管理	利用分布式文件系统、关系数据库、数据仓库、NOSQL 数据库、云数据库等，实现对结构化、半结构化和非结构化海量数据的存储和管理
数据处理与分析	利用分布式并行编程模型和计算框架，结合机器学习和数据挖掘算法，实现对海量数据的处理和分析；对分析结果进行可视化呈现，帮助人们更好地理解与分析数据
数据安全和隐私保护	在从大数据中挖掘潜在的巨大商业价值和学术价值的同时，构建隐私保护体系和数据安全体系，有效保护个人隐私和数据安全

需要指出的是，大数据技术是许多技术的一个集合体，这些技术也并非全部都是新生事物，诸如关系数据库、数据仓库、OLAP、ETL、数据挖掘、数据隐私和安全、数据可视化等已经发展多年的技术，在大数据时代得到不断补充、完善、提高后又有了新的升华，也可以视为大数据技术的一个组成部分。其中包括近些年新发展起来的大数据核心技术，如分布式并行编程、分布式文件系统、分布式数据库、NOSQL 数据库、云数据库、演计算以及图计算等。

7.2.1.3　大数据计算模式

Mapreduce 是被大家所熟悉的大数据处理技术，当人们提到大数据时就会很自然地想到 Mapreduce，可见其影响力之广。实际上，大数据处理的问题复杂多样，单一的计算模式是无法满足不同类型的计算需求的，Mapreduce 其实只是大数据计算模式中的一种，它代表了针对大规模数据的批量处理技术，除此以外，还有查询分析计算、图计算与流计算等多种大数据计算模式（表 7.4）。

表 7.4　　　　　　　　　　　大数据计算模式及其代表产品

大数据计算模式	解决问题	代 表 产 品
批处理计算	针对大规模数据的批量处理	Mapreduce、Spark 等
流计算	针对流数据的实时计算	Storm、S4、Flume、Streams、Puma、Dstream，Super Mario、银河流数据处理平台等
图计算	针对大规模图结构数据的处理	Pregel、Graphx、Graph、Powergraph、Hama Goldenorb 等
查询分析计算	大规模数据的存储管理和查询分析	Dremel、Hive、Cassandra、Impala 等

1. 批处理计算

批处理计算主要解决日常数据分析工作中一种常见的数据处理需求——大规模数据的批量处理。Mapreduce 是最具有代表性和影响力的大数据批处理技术，可以并行执行大规模数据处理任务，用于大规模数据集（大于 1TB）的并行运算。Mapreduce 极大地方便了分布式编程工作，它将复杂的、运行于大规模集群上的并行计算过程高度地抽象到了两个函数——Map 和 Reduce，编程人员在不会分布式并行编程的情况下，也可以很容易将自己的程序运行在分布式系统上，完成海量数据集的计算。

Spark 是一个针对超大数据集合的低延迟的集群分布式计算系统，其启用了内存分布数据集，除了能够提供交互式查询外，还可以优化迭代工作负载。在 Mapreduce 中，数据流从一个稳定的来源，进行一系列加工处理后，流出到一个稳定的文件系统（如 HDFS）。而 Spark 则使用内存替代 HDFS 或本地磁盘来存储中间结果，因此，Spark 要比 Mapreduce 的速度快许多。

2. 流计算

流数据也是大数据分析中的重要数据类型。流数据（或数据流）是指在时间分布和数量上无限的一系列动态数据集合体，数据的价值随着时间的流逝而降低，因此，必须采用实时计算的方式给出秒级响应。流计算可以实时处理来自不同数据源的、连续到达的流数据，经过实时分析处理，给出有价值的分析结果。

目前业内已涌现出许多的流计算框架与平台：

（1）第一类是商业级的流计算平台，包括 IBM Infosphere Streams 和 IBM StreamBase 等。

（2）第二类是开源流计算框架，包括 Twitter Storm、Yahoo!、S4（Simple Scalable Streaming System）等。

（3）第三类是公司为支持自身业务开发的流计算框架，如 Facebook 使用 Puma 和 Hbase 相结合来处理实时数据，淘宝开发了通用流数据实时计算系统——银河流数据处理平台，百度开发了通用实时流数据计算系统 Dstream。

3. 图计算

在大数据时代，许多大数据都是以大规模图或网络的形式呈现，如社交网络、传染病传播途径、交通事故对路网的影响等，此外，许多非图结构的大数据，也常常会被转换为图模型后再进行处理分析。

Mapreduce 作为单输入、两阶段、粗粒度数据并行的分布式计算框架，在表达多迭代、稀疏结构和细粒度数据时，往往显得力不从心，不适合用来解决大规模图计算问题。因此需要采用图计算模式来针对大型图的计算，目前已经出现了不少相关图计算产品。

Pregel 是一种基于 BSP（Bulk Synchronous Parallel）模型实现的并行图处理系统。为了解决大型图的分布式计算问题，Pregel 搭建了一套可扩展的、有容错机制的平台，该平台提供了一套非常灵活的 API，可以描述各种各样的图计算。Pregel 主要用于图遍历、最短路径、Pagerank 计算等。

其他代表性的图计算产品还包括 Facebook 针对 Pregel 开源实现的 Giraph、Spark 下的 Graphx、图数据处理系统 Powergraph 等。

4. 查询分析计算

超大规模数据的存储管理和查询分析，需要提供实时或准实时地响应，才能很好地满足企业经营管理需求。谷歌公司开发的 Dremel，是一种可扩展的、交互式的实时查询系统，用于只读嵌套数据的分析。它通过结合多级树状执行过程和列式数据结构，能做到几秒内完成对万亿张表的聚合查询。该系统可以扩展到成千上万的 CPU 上，满足谷歌上万用户操作 PB 级的数据，并且可以在 2~3 秒内完成 PB 级别数据的查询。

此外，Cloudera 公司参考 Dremel 系统开发了实时查询引擎 Impala，它提供 SQL 语义，能快速查询存储在 Hadoop 的 HDFS 和 Hbase 中的 PB 级大数据。

7.2.1.4 大数据产业

大数据产业是指一切与支撑大数据组织管理和价值发现相关的企业经济活动的集合。大数据产业包括 IT 基础设施层、数据源层、数据管理层、数据分析层、数据平台层和数据应用层，具体见表 7.5。

表 7.5　　大数据产业链的各个环节

产业链环节	包　含　内　容
IT 基础设施层	包括提供硬件、软件、网络等基础设施以及提供咨询、规划和系统集成服务的企业，比如提供数据中心解决方案的 IBM、惠普和尔等，提供存储解决方案的 EAC，提供虚拟化管理软件的微软、SUN、思杰与 Redhat 等

续表

产业链环节	包 含 内 容
数据源层	大数据生态圈里的数据提供者，是生物（生物信息学领域的各类研究机构）大数据、交通（交通主管部门）大数据、医疗（各大医院、体检机构）大数据、政务（政府部门）大数据、电商（淘宝、苏宁云商、天猫、京东等电商）大数据、社交网络（微信、微博、人人网等）大数据、搜索引擎（百度、谷歌等）大数据等各种数据的来源
数据管理层	包括提供数据抽取、转换、存储和管理等服务的各类企业或产品，如分布式文件系统（如 Hadoop 的 HDFS 和谷歌的 GFS）、ETL 工具（Informatica、Datastage、Kettle 等）、数据库和数据仓库（Oracle、MYSQL、SQL Server、Hbase、Greenplum 等）
数据分析层	包括提供分布式计算、数据挖掘、统计分析等服务的各类企业或产品，如分布式计算框架 MapReduce、统计分析软件 SPSS 和 SAS、数据挖掘工具 Weka、数据可视化工具 Tableau、BI 工具（Microstrategy、Cognos、BO）等
数据平台层	包括提供数据分享、数据分析、数据租售等服务的企业或产品，如阿里巴巴、谷歌、中国电信、百度等
数据应用层	提供智能交通，智慧医疗、智能物流、智能电网等行业应用的企业、机构或政府部门，如交通主管部门、各大医疗机构，菜鸟网络、国家电网等

近些年，我国一些地方政府也在积极尝试以“大数据产业园”为依托，加快发展本地的大数据产业。大数据产业园是大数据产业的聚集区或大数据技术的产业化项目孵化区，是大数据企业的孵化平台以及大数据企业走向产业化道路的集中区域。

（1）陕西西咸新区沣西新城已在信息产业园中规划了国内首家以大数据处理与服务为特色的产业园区。

（2）重庆市政府出台的《重庆市大数据行动计划》中明确提出，到 2017 年，重庆市将打造 2~3 个大数据产业示范园区，培育 500 家大数据应用、10 家核心龙头企业和服务企业，引进和培养 1000 名大数据产业高端人才，形成 500 亿元大数据产业规模，建成国内重要的大数据产业基地。

（3）天津市在 2013 年 11 月初公布了《滨海新区大数据行动方案（2013—2015 年）》，方案中明确提出，到 2017 年，把天津建设成为具有国际竞争力的大数据产业基地和数据资源聚集服务区。

7.2.2 大数据在安全领域中的应用

7.9 ▤ 大数据在安全领域中的应用

7.10 ▶ 大数据在安全领域中的应用

7.2.2.1 大数据与国家安全

2013 年，“棱镜门”事件震惊全球，美国中央情报局工作人员斯诺登揭露了一项美国国家安全局于 2007 年开始实施的绝密电子监听计划——棱镜计划。该计划能够直接进入美国网际网路公司的中心服务器里挖掘数据、收集情报，对即时通信和既存资料进行深度的监听。

许可的监听对象包括任何在美国以外地区使用参与该计划的公司所提供服务的客户，或是任何与国外人士通信的美国公民。国家安全局在棱镜计划中可以获得电子邮件、视频和语音交谈、影片、照片、档案传输、volP 交谈内容、登录通知以及社交网络细节，全面监控特定目标及其联系人的一举一动。

为了支持这一计划，美国国家安全局（NSA）在盐湖县与图埃勒县交界处，修建了美国最大最昂贵的数据中心，耗资 17 亿美元，占地 48 万 m^2，采用运行速度超过 100 万万亿次的超级计算机，每年的运转费用将达 4000 万美元，能够存储 100 亿亿兆字节，即 1000000000000000GB。该数据中心主要是用来收集、存储及分析信息，为情报部门服务，并且保护国家的电子信息安全，数据中心每 6 小时可以收集 74 太字节的数据。

美国总统奥巴马强调，这一项目的目的在于反恐和保障美国人安全，不针对美国公民或在美国的人，而且经过国会授权，并置于美国外国情报监视法庭的监管之下。需要特别指出的是，虽然棱镜计划符合美国的国家安全利益，但是，从其他国家的利益出发，美国这种做法，不仅严重侵害了他国公民基本的隐私权，也对他国的国家安全构成了严重威胁。

7.2.2.2 应用大数据技术防御网络攻击

网络攻击利用网络存在的漏洞和安全缺陷，对网络系统的硬件、软件及其系统中的数据进行攻击。早期的网络攻击，只是一些网络技术爱好者的个人行为，并没有明显的目的性，攻击目标具有随意性，只为验证和测试各种漏洞的存在，不会给相关企业带来明显的经济损失。

但是，随着 IT 技术深度融入企业运营的各个环节，绝大多数企业的日常运营已经高度依赖各种 IT 系统。一些有组织的黑客开始利用网络攻击获取经济利益，或者受雇于某企业去攻击竞争对手的服务器，使其瘫痪而无法开展各项业务，或者通过网络攻击某企业服务器向对方勒索“保护费”，或者通过网络攻击获取企业内部商业机密文件。

发送垃圾邮件、伪造杀毒程序以及网络黑客，是渗透到企业网络系统的主要攻击手段，这些网络攻击给企业造成了巨大的经济损失，直接危及企业生存。其中企业损失位居前三位的是知识产权泄密、财务信息失窃以及客户个人信息被盗，一些公司因知识产权被盗而破产。

在过去，企业为了保护计算机安全，通常购买瑞星、金山、江民、卡巴斯基、赛门铁克等公司的杀毒软件安装到本地运行，执行杀毒操作时，程序会对本地文件进行扫描，并和安装在本地的病毒库文件进行匹配，如果某个文件与病毒库中的某个病毒特征匹配，就说明该文件感染了这种病毒，发出报警，如果没有匹配，即使这个文件是一个病毒文件，也不会发出报警。

因此，病毒库是否保持更新，直接影响到杀毒软件对一个文件是否感染病毒的判断。网络上不断会有新的病毒产生，网络安全公司会及时发布最新的病毒库供用户下载升级用户本地病毒库，这就会导致用户本地病毒库越来越大，本地杀毒软件需要耗费越来越多的硬件资源和时间来进行病毒特征匹配，严重影响计算机系统对其他应用程序的响应速度，给用户带来的一个直观感受就是运行杀毒软件，计算机响应速度就明显变慢。因此，随着网络攻击的日益增多，采用特征库判别法显然已经过时。

云计算和大数据的出现，为网络安全产品带来了深刻的变革。今天，基于云计算和大数据技术的云杀毒软件，已经广泛应用于企业信息安全保护。在云杀毒软件中，依托庞大的网络服务，进行实时采集、分析和处理，识别和查杀病毒不再仅仅依靠用户本地病毒库，而是整个互联网就是一个巨大的“杀毒软件”。

云杀毒通过网状的大量客户端对网络中软件行为的异常监测，获取互联网中木马、恶意程序的最新信息，传送到云端，利用先进的云计算基础设施和大数据技术进行自动分析和处理，能及时发现未知威胁、未知病毒代码、0day 漏洞等恶意攻击，再把病毒和木马的解决方案分发到每一个客户端。

7.2.2.3 警察应用大数据工具预防犯罪

谈到警察破案，我们头脑中会迅速闪过各种英雄神探的画面，从外国动画作品中的柯南和侦探小说中的福尔摩斯，到国内影视剧作品中的神探狄仁杰，无一不是思维缜密、机智善谋，能够抓住罪犯留下的蛛丝马迹获得案情重大突破。但是，这些毕竟只是文艺作品中的人造英雄，并不是生活中的真实故事，现实警察队伍中，几十年也未必能够涌现出一个“狄仁杰”。

可是，有了大数据的帮助，神探将不再是一个遥不可及的名词，也许以后每个普通警察都能够熟练运用大数据工具把自己“武装”成一个神探。大数据工具可以帮助警察分析历史案件，发现犯罪趋势和犯罪模式，甚至能够通过分析闭路电视、电话记录、电子邮件、金融交易记录、犯罪统计数据、社交网络数据等来预测犯罪。

据国外媒体报道，美国纽约警方已经在日常办案过程中引入了数据分析工具，通过采用计算机化的地图以及对历史逮捕模式、体育项目、发薪日、降雨天气和假日等变量进行分析，帮助警察更加准确地了解犯罪模式，预测出最可能发生罪案的“热点”地区，并预先在这些地区部署警力，提前预防犯罪发生，从而减少了当地的发案率。

还有一些大数据公司可以为警方提供整合了指纹、人脸图像、掌纹、签名等一系列信息的生物信息识别系统，从而帮助警察快速地搜索所有相关的图像记录以及案件卷宗，大大提高了办案效率。洛杉矶警察局已经能够利用大数据分析软件成功地把辖区里的盗窃犯罪率降低了 39%，暴力犯罪率降低了 21%，财产类犯罪率降低了 129%。

洛杉矶警察局把过去 80 年内的 130 万个犯罪记录录进了一个数学模型，这个模型原本用于地震余震的预测，由于地震余震模式和犯罪再发生的模式类似——在地震（犯罪）发生后随即在附近地区发生余震（犯罪）的概率很大，于是被巧妙地嫁接到犯罪预测，收到了很好的效果。

在欧洲，当地警方和美国麻省理工学院研究人员合作，利用电信运营商提供的手机通信记录绘制了伦敦的犯罪事件预测地图，大大提高了出警效率，降低了警力部署成本。

总结回顾

第 7.1 节讲述了云计算的基本概念，介绍了云计算体系构架、存储技术以及管理技术；在云计算安全性方面讲述了云计算的安全需求、安全威胁以及安全技术。

第 7.2 节讲述了大数据的基本概念与特点，介绍了大数据的影响及应用、大数据关键技术、计算模式及大数据对应的产业；最后着重介绍了大数据在安全领域的应用。

7.11 Ⓟ 项目 7
知识拓展案例

课后实践

名词解释

云计算　HDFS　PaaS　SaaS

选择题

1. 按照云计算的部署模式，云计算可分为（　　）。

A. 公有云　　B. 私有云

C. 社区云　　D. 混合云

2. SaaS 是（　　）的简称。

A. 软件即服务　　B. 平台即服务

C. 基础设施即服务　　D. 硬件即服务

3. 云计算是对（　　）技术的发展与运用。

A. 并行计算　　B. 网络计算

C. 分布式计算　　D. 三个选项都是

简答题

1. 什么是云计算？云计算有哪些主要特点？
2. 请简述云计算安全面临的安全威胁？
3. 当前解决云计算安全有哪些技术？
4. 简述什么是大数据？大数据有哪些特点？
5. 举例说明大数据在安全领域的应用有哪些？

7.12 Ⓣ 项目 7
习题答案

项目 8 互联网金融监管

学习目标

通过课堂讲解和讨论，学生应了解我国互联网金融监管发展概况，了解互联网金融监管的必要性和主要方向。掌握互联网金融监管的特点、互联网金融监管原则和互联网金融监管具体内容。

8.1 互联网金融监管体系认知

案例导读

［案例 1］ 2019 年 4 月 8 日，杭州公安局拱墅分局对外通报，对杭州鑫合汇互联网金融服务有限公司（鑫合汇）非法吸取公众存款罪立案侦查。之后平台实际控制人投案自首，且相关涉案人员已被警方采取刑事强制控制，案件正在依法侦办中。投资人可通过关注杭州公安官方微信公众号，或者到户籍所在地公安机关登记报案。

2018 年 8 月，鑫合汇初爆大规模逾期时，曾发布公告称，下架不合规项目，对部分产品延期兑付，涉及资金达 25 亿元。随后，鑫合汇启动"振鑫计划"，拟清理平台短期周转产品，分四阶段，共展期 9 个月完成本息还款。四个还款时间节点分别为 2018 年 9 月 6 日、2018 年 11 月 6 日、2019 年 1 月 6 日和 2019 年 5 月 6 日。截至 2019 年 1 月中旬，鑫合汇已完成两期兑付，金额近 5.7 亿元，剩余 22.9 亿元待偿。

［案例 2］ 逃废债是失信的重要表现之一，恶意逃废债的集中出现给近一年来的网贷行业发展带来了巨大压力，在监管机构牵头、行业

平台的不懈努力下，打击逃废债取得了丰硕的阶段性成果。

2018 年 8 月，《关于报送 P2P 平台借款人逃废债信息的通知》在全国范围内拉开了网贷逃废债围剿的大幕。截至 2018 年底，全国各地网贷机构陆续向央行报送了三批次恶意逃废债重点人员名单，相关信息已分批记入征信。

互联网金融的蓬勃发展有力地推动了我国传统金融业的改革，但是互联网金融蕴含的风险较传统金融更为复杂，对监管提出了更高的要求。互联网金融监管涉及面广、监管主体多，既包括工业和信息化部、公安部等，也包括中国人民银行、银保监会、证监会等。

8.1.1 互联网金融监管体系

8.1 互联网金融监管体系

8.2 互联网金融监管体系

互联网技术给金融业务带来了极大的创新，同时也带来了前所未有的风险。对互联网金融的监管是非常必要的。本书从监管的必要性、监管现状和监管体系，来介绍我国互联网金融的监管概况。

8.1.1.1 互联网金融监管的必要性

互联网金融是兼具互联网和金融双重因素的金融创新，互联网金融促进了金融交易行为和消费方式的改变，使得交易成本更低，资源得以更有效快捷的配置，并在一定程度上弥补了传统金融服务的不足，为实体经济发展提供了更多层面的支持。互联网金融的核心是金融创新，这决定了其风险远比互联网和传统金融本身更为复杂。对于金融创新，必须在鼓励的同时，实施科学高效地监管。作为互联网金融中备受关注的领域，如 P2P 网贷、众筹、互联网理财、网络微贷等都尚未完全建立信息安全风险监管机制，P2P 网贷平台近来不断涌现的“跑路”事件使得监管需求更加迫切。因此，金融创新不能牺牲风险信息的透明度、增加金融体系的脆弱性，更不能脱离实体经济和消费者的需要，造成金融与实体经济和消费者利益的巨大背离，尤其对于跨行业的风险传导，要给予重点关注，并做出合理的制度安排，包括宏观的互联网金融监管原则和微观的互联网金融监管规则，以实现金融创新与金融监管的动态平衡。

综合以上，互联网金融行业发展“缺门槛、缺规则、缺监管”；客户资金安全存在隐患，出现了多起经营者“跑路”事件；从业机构内控制度不健全，存在经营风险；信用体系和金融消费者保护机制不健全；从业机构的信息安全水平有待提高等。种种现象反映，互联网金融的监管是十分必要的。

8.1.1.2 互联网金融监管现状

经历了互联网金融业务的迅猛发展，2013 年互联网金融监管便被提上监管议题。2013 年 8 月，由“一行三会”外加工业和信息化部、公安部和国务院法制办七部委组成“互联网金融发展与监管研究小组”；2014 年 1 月，国务院办公厅发布《关于加强影子银行业务若干问题的通知》；2014 年 3 月，《政府工作报告》提出要促进互联网金融健康发展，完善金融监管协调机制等监管办法；直至 2015 年 7 月 18 日，之前提及的七部委外加财政部、国家工商总局、国家互联网信息办公室合计十部委联合引发《关于促进互联网金融健康发展的指导意见》（以下简称《指导意见》）。《指导意见》的颁布，标志着互联网金融告别“缺门槛、缺规则、缺监管”的监管空白状态，进入有章可循、有法可依的发展阶段。

8.1.1.3 互联网金融监管体系组织结构

2018 年 12 月发布《中国银行保险监督管理委员会职能配置、内设机构和人员编制规定》（以下简称“三定方案”）。规定网络借贷（P2P）、融资租赁、融资性担保机构、小贷机构、典当行、保理公司的规则制定均归属于银保监会普惠金融部。

2019 年 1 月开始实施的《中国人民银行职能配置、内设机构和人员编制规定》（以下简称《规定》）显示中国人民银行下设的金融市场司，承担了拟订金融市场改革、开放和发展规划的责任。除管理货币市场、外汇市场、票据市场等传统金融市场之外，统筹互联网金融监管、评估金融科技创新业务的责任也已明确。《规定》也提到了一段时间以来不断发声的国务院金融稳定发展委员会（以下简称“金融委”）。《规定》明确，金融委办公室设在中国人民银行，负责协调建立中央与地方金融监管、风险处置、消费者保护、信息共享等协作机制，承担指导地方金融改革发展与监管等具体工作。

金融委的地位不容小觑，由《规定》可以看出总体协调和决策部署的功能，各项职能主要通过中国人民银行（以下简称“央行”）、中国银行保险监督管理委员会（以下简称“银保监会”）、中国证券监督管理委员会（以下简称“证监会”）和金融服务（工作）办公室（以下简称“地方金融办”）来具体实现。

图 8.1 是我国金融监管的体系组织架构图，图中展示的是经常被提及的我国金融监管模式“一委一行两会”。互联网金融监管会在这张组织架构图上进行怎样的延伸和变化？

一条是以央行、银保监会为主导的垂直管理，另一条是由地方金融监督管理局进行治理并与当地的央行、银监局派出机构联合执法，金融风险的防控效率将会有极大提升。

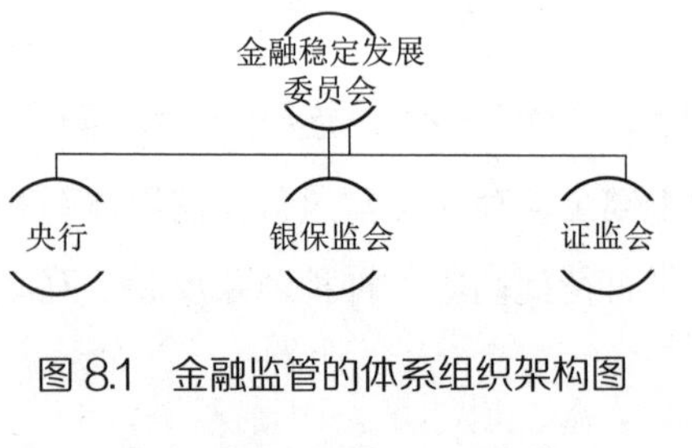

图 8.1 金融监管的体系组织架构图

根据《指导意见》，在监管职责划分上，中国人民银行负责互联网支付业务的监督管理；银保监会负责包括个体网络借贷和网络小额贷款在内的网络借贷以及互联网信托和互联网消费金融的监督管理，互联网保险的监督管理；证监会负责股权众筹融资和互联网基金销售的监督管理；由传统金融的“一行三会，分业监管”的架构到现在的“一委一行两会”是基本一致的。

另外，涉及互联网领域的管理，根据互联网行业管理要求，工业和信息化部负责对互联网金融业务涉及的电信业务进行监管，国家互联网信息办公室负责对金融信息服务、互联网信息内容等业务进行监管。任何组织和个人开设网站从事互联网金融业务的，除应按规定履行相关金融监管程序外，还应依法向电信主管部门履行网站备案手续，否则不得开展互联网金融业务。除此之外，《指导意见》在网络与信息安全要求方面，要求公安部与其他部门联合，分别负责对相关从业机构的网络与信息安全保障进行监管，并制定相关监管细则和技术安全标准。

在监管协调与数据统计监测要求中，要求财政部负责制定互联网金融从业机构财务监管政策。同时，《指导意见》还特别提出要加强互联网金融行业自律。中国互联网金融协会（NIFA）于2015年12月31日经国务院批准、民政部通知，准予成立。中国互联网金融协会按业务类型制订经营管理规则和行业标准，推动机构之间的业务交流和信息共享，并且明确自律惩戒机制，提高行业规则和标准的约束力。

8.1.1.4　我国互联网金融监管规则

《指导意见》是目前我国互联网金融领域监管的纲领性文件，对于规范互联网金融市场秩序和互联网金融业态提出了监管的具体要求。

1　*规范互联网金融市场秩序*

《指导意见》对互联网金融市场运行提出了8个方面的具体要求。

（1）互联网行业管理。任何组织和个人开设网站从事互联网金融业务的，除应按规定履行相关金融监管程序外，还应依法向电信主管部门履行网站备案手续，否则不得开展互联网金融业务。工业和信息化部负责对互联网金融业务涉及的电信业务进行监管，国家互联网信息办公室负责对金融信息服务、互联网信息内容等业务进行监管，两部门按职责制定相关监管细则。

（2）客户资金第三方存管制度。除另有规定外，从业机构应当选择符合条件的银行业金融机构作为资金存管机构，对客户资金进行管理和监督，实现客户资金与从业机构自身资金分账管理。客户资金存管账户应接受独立审计并向客户公开审计结果。人民银行会同金融监管部门按照职责分工实施监管，并制定相关监管细则。

（3）信息披露、风险提示和合格投资者制度。从业机构应当对客户进行充分的信息披露，及时向投资者公布其经营活动和财务状况的相关信息，以便投资者充分了解从业机构运作状况，促使从业机构稳健经营和控制风险。从业机构应当向各参与方详细说明交易模式、参与方的权利和义务，并进行充分的风险提示。要研究建立互联网金融的合格投资者制度，提升投资者保护水平。有关部门按照职责分工负责监管。

（4）消费者权益保护。研究制定互联网金融消费者教育规划，及时发布维权提示。加强互联网金融产品合同内容、免责条款规定等与消费者利益相关的信息披露工作，依法监督处理经营者利用合同格式条款侵害消费者合法权益的违法、违规行为。构建在线争议解决、现场接待受理、监管部门受理投诉、第三方调解以及仲裁、诉讼等多元化纠纷解决机制。细化完善互联网金融个人信息保护的原则、标准和操作流程。严禁网络销售金融产品过程中的不实宣传、强制捆绑销售。人民银行、银保监会、证监会会同有关行政执法部门，根据职责分工依法开展互联网金融领域消费者和投资者权益保护工作。

（5）网络与信息安全。从业机构应当切实提升技术安全水平，妥善保管客户资料和交易信息，不得非法买卖、泄露客户个人信息。人民银行、证监会、银保监会、工业和信息化部、公安部、国家互联网信息办公室分别负责对相关从业机构的网络与信息安全保障进行监管，并制定相关监管细则和技术安全标准。

（6）反洗钱和防范金融犯罪。从业机构应当采取有效措施识别客户身份，主动监测并报告可疑交易，妥善保存客户资料和交易记录。从业机构有义务按照有关规定，建立健全有关协助查询、冻结的规章制度，协助公安机关和司法机关依法、及时查询、冻结涉案财产，配合公安机关和司法机关做好取证和执行工作。坚决打击涉及非法集资等互联网金融犯罪，防范金融风险，维护金融秩序。金融机构在和互联网企业开展合作、代理时应根据有关法律和规定签订包括反洗钱和防范金融犯罪要求的合作、代理协议，并确保不因合作、代理关系而降低反洗钱和金融犯罪执行标准。人民银行牵头负责对从业机构履行反洗钱义务进行监管，并制定相关监管细则。打击互联网金融犯罪工作由公安部牵头负责。

（7）加强互联网金融行业自律。充分发挥行业自律机制在规范从业机构市场行为和保护行业合法权益等方面的积极作用。人民银行会同有关部门，组建中国互联网金融协会。协会要按业务类型，制订经营管理规则和行业标准，推动机构之间的业务交流和信息共享。协会要明确自律惩戒机制，提高行业规则和标准的约束力。强化守法、诚信、自律意识，树立从业机构服务经济社会发展的正面形象，营造诚信规范发展的良好氛围。

（8）监管协调与数据统计监测。各监管部门要相互协作、形成合力，充分发挥金融监管协调部际联席会议制度的作用。人民银行、证监会、银保监会应当密切关注互联网金融业务发展及相关风险，对监管政策进行跟踪评估，适时提出调整建议，不断总结监管经验。财政部负责互联网金融从业机构财务监管政策。人民银行会同有关部门，负责建立和完善互联网金融数据统计监测体系，相关部门按照监管职责分工负责相关互联网金融数据统计和监测工作，并实现统计数据和信息共享。

2. 互联网金融各业态具体监管原则

（1）互联网支付。互联网支付业务由人民银行负责监管。在人民银行尚未发布监管细则之前，《指导意见》对互联网支付提出了三方面的监管具体要求。

互联网支付是指通过计算机、手机等设备，依托互联网发起支付指令、转移货币资金的服务。互联网支付应始终坚持服务电子商务发展和为社会提供小额、快捷、便民小微支付服务的宗旨。银行业金融机构和第三方支付机构从事互联网支付，应遵守现行法律法规和监管规定。第三方支付机构与其他机构开展合作的，应清晰界定各方的权利义务关系，建立有效的风险隔离机制和客户权益保障机制。要向客户充分披露服务信息，清晰地提示业务风险，不得夸大支付服务中介的性质和职能。

中国人民银行于 2015 年 12 月 28 日公告发布《非银行支付机构网络支付业务管理办法》（中国人民银行公告〔2015〕43 号，以下简称《办法》），2016 年 7 月 1 日起施行。

《办法》作为中国人民银行等十部门《指导意见》的配套制度，按照“鼓励创新、防范风险、趋利避害、健康发展”的互联网金融发展总体要求，对非银行支付机构（下称支付机构）网络支付业务进行了规范，旨在促进其健康发展。

《办法》建立了支付机构网络支付业务分类监管机制，坚持支付账户实名制底线，要求支付机构遵循“了解你的客户”原则，建立健全客户身份识别机制，切实落实反洗钱、反恐怖融资要求，防范和遏制违法犯罪活动。

《办法》作为《指导意见》的配套监管制度，是进一步建立健全互联网金融监管法规制度体系的重要举措，对规范我国支付服务市场、维护公平有序竞争、平衡支付安全与效率、保障消费者合法权益、促进支付服务创新和互联网金融健康发展具有重要意义。

（2）网络借贷。在我国“一委一行两会”的金融监管体系之下，网贷行业的监管总体由央行负责定调和审慎监管，银保监会负责搭建制度框架和行为监管，地方金融监管局负责机构监管和整改、验收、备案，而互联网金融协会负责行业自律。

网络借贷由银保监会负责监管。《指导意见》指出：网络借贷包括个体网络借贷（即 P2P 网络借贷）和网络小额贷款。个体网络借贷是指个体和个体之间通过互联网平台实现的直接借贷。在个体网络借贷平台上发生的直接借贷行为属于民间借贷范畴，受《中华人民共和国合同法》《民法通则》等法律法规以及最高人民法院相关司法解释规范。个体网络借贷要坚持平台功能，为投资方和融资方提供信息交互、撮合、资信评估等中介服务。个体网络借贷机构要明确信息中介性质，主要为借贷双方的直接借贷提供信息服务，不得提供增信服务，不得非法集资。网络小额贷款是指互联网企业通过其控制的小额贷款公司，利用互联网向客户提供的小额贷款。网络小额贷款应遵守现有小额贷款公司监管规定，发挥网络贷款优势，努力降低客户融资成本。

2015 年 12 月 28 日银保监会同工业和信息化部、公安部、国家互联网信息办公室等部门研究起草的《网络借贷信息中介机构业务活动管理暂行办法（征求意见稿）》正式发布，明确了P2P网络借贷的信息中介定位，设定了12条红线，并指出由地方金融办承担具体监管职能。

（3）股权众筹融资。股权众筹融资由证监会负责监管。股权众筹面向小微企业，是多层次资本市场的有机组成部分。《指导意见》对股权众筹的监管要求：

股权众筹融资主要是指通过互联网形式进行公开小额股权融资的活动。股权众筹融资必须通过股权众筹融资中介机构平台（互联网网站或其他类似的电子媒介）进行。股权众筹融资中介机构可以在符合法律法规规定的前提下，对业务模式进行创新探索，发挥股权众筹融资作为多层次资本市场有机组成部分的作用，更好地服务创新创业企业。股权众筹融资方应为小微企业，应通过股权众筹融资中介机构向投资人如实披露企业的商业模式、经营管理、财务、资金使用等关键信息，不得误导或欺诈投资者。投资者应当充分了解股权众筹融资活动风险，具备相应风险承受能力，进行小额投资。

（4）互联网基金销售。互联网基金销售由证监会负责监管。《指导意见》提出，基金销售机构与其他机构通过互联网合作销售基金等理财产品的，要切实履行风险披露义务，不得通过违规承诺收益方式吸引客户；基金管理人应当采取有效措施防范资产配置中的期限错配和流动性风险；基金销售机构及其合作机构通过其他活动为投资人提供收益的，应当对收益构成、先决条件、适用情形等进行全面、真实、准确表述和列示，不得与基金产品收益混同。第三方支付机构在开展基金互联网销售支付服务过程中，应当遵守人民银行、证监会关于客户备付金及基金销售结算资金的相关监管要求。第三方支付机构的客户备付金只能用于办理客户委托的支付业务，不得用于垫付基金和其他理财产品的资金赎回。

（5）互联网保险。互联网保险由银保监会负责监管。互联网保险的监管细则《互联网保险业务监管暂行办法》（保监会发〔2015〕69号，以下简称《暂行办法》）于2015年7月25日发布。自2015年10月1日起施行，施行期限为3年。

《暂行办法》从互联网保险的准入门槛、经营范围、信息披露和监管管理等方面，通过共30项条款对自营网络平台、第三方网络平台等订立保险合同、提供保险服务的业务进行监管。

保险公司开展互联网保险业务，应遵循安全性、保密性和稳定性原则，加强风险管理，完善内控系统，确保交易安全、信息安全和资金安全。专业互联网保险公司应当坚持服务互联网经济活动的基本定位，提供有针对性的保险服务。保险公司应建立对所属电子商务公司等非保险类子公司的管理制度，建立必要的防火墙。保险公司通过互联网销售保险产品，不得进行不实陈述、片面或夸大宣传过往业绩、违规承诺收益或者承担损失等误导性描述。

（6）互联网信托和互联网消费金融。互联网信托和互联网消费金融由银保监会负责监管。

信托公司、消费金融公司通过互联网开展业务的，要严格遵循监管规定，加强风险管理，确保交易合法合规，并保守客户信息。信托公司通过互联网进行产品销售及开展其他信托业务的，要遵守合格投资者等监管规定，审慎甄别客户身份和评估客户风险承受能力，不能将产品销售给予风险承受能力不相匹配的客户。信托公司与消费金融公司要制定完善产品文件签署制度，保证交易过程合法合规，安全规范。

8.1.2 互联网金融及其信息安全相关法律法规

8.1.2.1 互联网金融相关法律法规

8.3 互联网金融及其信息安全相关法律法规

8.4 互联网金融及其信息安全相关法律法规

互联网金融是传统金融行业与互联网精神相结合的新兴领域，互联网“开放、平等、协作、分享”的精神向传统金融业态渗透，形成互联网金融行业的独特特色。近年来，我国互联网金融行业得到快速发展，但是我国金融法律体系对互联网金融这种新的金融业态普遍关注不够，尽管陆续出台了一些互联网金融法规，但是互联网金融法规总体偏少。

1. *涉及互联网金融的刑法*

互联网金融准入门槛低，仅仅凭借一台电脑，一套 200 元采购来的源代码就可以搭建一个 P2P 网贷平台，因此不可避免地出现了一些骗子利用 P2P 网贷平台恶意跑路事件，给投资者造成了巨大的损失。利用互联网进行非法活动的，可能涉及如下犯罪：

《刑法》第一百七十六条【非法吸收公众存款罪】非法吸收公众存款或者变相吸收公众存款，扰乱金融秩序的，处三年以下有期徒刑或者拘役，并处或者单处二万元以上二十万元以下罚金；数额巨大或者有其他严重情节的，处三年以上十年以下有期徒刑，并处五万元以上五十万元以下罚金。单位犯前款罪的，对单位判处罚金，并对其直接负责的主管人员和其他直接责任人员，依照前款的规定处罚。

《刑法》第一百九十二条【集资诈骗罪】以非法占有为目的，使用诈骗方法非法集资，数额较大的，处五年以下有期徒刑或者拘役，并处二万元以上二十万元以下罚金；数额巨大或者有其他严重情节的，处五年以上十年以下有期徒刑，并处五万元以上五十万元以下罚金；数额特别巨大或者有其他特别严重情节的，处十年以上有期徒刑或者无期徒刑，并处五万元以上五十万元以下罚金或者没收财产。

2. 互联网金融专门监管法规

（1）第三方支付法规。2010 年 6 月 4 日，中国人民银行发布《非金融机构支付服务管理办法》（人民银行令〔2010〕2 号，以下简称“本办法”），第一条规定本办法的制定目的是为促进支付服务市场健康发展，规范非金融机构支付服务行为，防范支付风险，保护当事人的合法权益。第二条明确了本办法所称非金融机构支付服务，是指非金融机构在收付款人之间作为中介机构提供下列部分或全部货币资金转移服务：①网络支付；②预付卡的发行与受理；③银行卡收单；④中国人民银行确定的其他支付服务。本办法所称网络支付，是指依托公共网络或专用网络在收付款人之间转移货币资金的行为，包括货币汇兑、互联网支付、移动电话支付、固定电话支付、数字电视支付等。本办法所称预付卡，是指以营利为目的发行的、在发行机构之外购买商品或服务的预付价值，包括采取磁条、芯片等技术以卡片、密码等形式发行的预付卡。本办法所称银行卡收单，是指通过销售点（POS）终端等为银行卡特约商户代收货币资金的行为。《非金融机构支付服务管理办法》是第三方支付的重要监管法规。

（2）P2P 网络小额信贷法规。2011 年 8 月 23 日，银监会发布《关于人人贷有关风险提示的通知》（银监办发〔2011〕254 号），该通知指出在当前银行信贷偏紧情况下，人人贷（简称 P2P）信贷服务中介公司呈现快速发展态势。这类中介公司收集借款人、出借人信息，评估借款人的抵押物，如房产、汽车、设备等，然后进行配对，并收取中介服务费。有关媒体对这类中介公司的运作及影响做了大量报道，引起多方关注。对此，银保监会组织开展了专门调研，发现大量潜在风险并予以提示。由此可见，该通知只是对人人贷的一个风险提示文件。

在 2013 年 11 月 25 日举行的九部委处置非法集资部际联席会议上，央行对 P2P 网络借贷行业非法集资行为进行了清晰的界定，主要包括三类情况：资金池模式、不合格借款人导致的非法集资风险以及庞氏骗局。

（3）众筹融资法规。美国证券交易委员会（SEC）近期批准了对众筹融资进行监管的草案，面向公众的众筹融资在 2012 年年初得到《促进创业企业融资法案》（JOBS 法案）的认可，即在互联网上为各种项目、事业甚至公司筹集资金得到法律确认。这是美国政府对众筹融资进行监管的重要措施。

2013 年 9 月 16 日，中国证监会通报了淘宝网上部分公司涉嫌擅自发行股票的行为并予以叫停。叫停依据是《国务院办公厅关于严厉打击非法发行股票和非法经营证券业务有关问题的通知》（国办发〔2006〕99 号）规定，“严禁任何公司股东自行或委托他人以公开方式向社会公众转让股票”。至此，被称为中国式“众筹”，即利用网络平台向社会公众发行股票的行为被首次界定为“非法证券活动”。虽然众筹模式有利于解决中小微企业融资难的顽疾，但考虑到现行法律框架，国内的众筹网站不能简单复制美国模式，必须走出一条适合中国国情的众筹之路才更具现实意义。

依据《最高人民法院关于审理非法集资刑事案件具体应用法律若干问题的解释》（法释〔2010〕18 号）的规定，众筹模式在形式上极易压着违法的红线，即未经许可、通过网站公开推荐、承诺一定的回报、向不特定对象吸收资金，构成非法集资的行为。美国为众筹立法，我们可借鉴美国的《JOBS 法案》对众筹模式进行规范，但还需一个循序渐进的过程。

（4）虚拟货币法规。2009 年 6 月 4 日，文化部和商务部联合发布了《关于加强网络游戏虚拟货币管理工作的通知》（文市发〔2009〕20 号），该通知规定要严格市场准入，加强对网络游戏虚拟货币发行主体和网络游戏虚拟货币交易服务提供主体的管理。从事“网络游戏虚拟货币交易服务”业务须符合商务主管部门关于电子商务（平台）服务的有关规定。除利用法定货币购买之外，网络游戏运营企业不得采用其他任何方式向用户提供网络游戏虚拟货币。2009 年 7 月 20 日，文化部发布《“网络游戏虚拟货币发行企业”“网络游戏虚拟货币交易企业”申报指南》为开展经营性互联网文化单位申请从事“网络游戏虚拟货币发行服务”业务的申报和审批工作提供可操作性指导规则。

8.1.2.2 信息安全相关法律法规

随着信息网络技术越来越广泛地渗透到社会各个领域，国民经济和社会发展对信息网络技术的依赖程度越来越强，日益凸现的信息安全问题给国家政治、经济、文化和国防安全带来了新的挑战，成为我国走新型工业化发展道路过程中面临的急迫问题。而信息安全法律法规是指维护信息安全，预防信息犯罪的刑事法律规范。信息安全法律法规是保障信息安全，惩治信息犯罪的刑事法律。

1. 信息安全相关法律

信息安全相关法律主要有 8 部：

（1）国务院《中华人民共和国计算机信息系统安全保护条例》（国务院令〔1994〕147 号）。

（2）国务院《中华人民共和国计算机信息网络国际联网管理暂行规定（修正）》（国务院令〔1997〕195 号）。

（3）国务院信息化工作领导小组《中华人民共和国计算机信息网络国际联网管理暂行规定实施办法》（国信〔1998〕1 号）。

（4）公安部《计算机信息网络国际联网安全保护管理办法》（公安部令〔1997〕33 号）。

（5）国务院《互联网上网服务营业场所管理条例》（国务院令〔2002〕363 号）。

（6）国务院《中华人民共和国电信条例》（国务院令〔2000〕291 号）。

（7）国务院《互联网信息服务管理办法》（国务院令〔2000〕292 号）。

（8）国务院《信息网络传播权保护条例》（国务院令〔2006〕468 号）。

1994 年 2 月 18 日，国务院颁布了《中华人民共和国计算机信息系统安全保护条例》（国务院令 147 号），这是一件具有重要意义的事情，这是我国第一部保护计算机信息系统安全的专门条例。条例指出，计算机信息系统的建设和应用，应当遵守法律、行政法规和国家其他有关规定。任何组织或者个人，不得利用计算机信息系统从事危害国家利益、集体利益和公民合法利益的活动，不得危害计算机信息系统的安全。条例分五章三十一条，规定了法律意义上的一些相关计算机术语，计算机信息系统的安全保护对象，计算机信息系统实行安全等级保护，安全监督和法律责任，国家安全部、国家保密局和国务院其他有关部门，在国务院规定的职责范围内做好计算机信息系统安全保护的有关工作。由此，公安部开始组建信息网络安全警察队伍，中国的第一代网络警察诞生了。

为了加强对计算机信息网络国际联网的管理，保障国际计算机信息交流的健康发展，国务院制定了《中华人民共和国计算机信息网络国际联网管理暂行规定（修正）》（国务院令 195 号），分十七条，规定了一些相关计算机用语的含义、国家对国际联网的管理原则和管理部门的职责、进行国际联网的要求和违反规定的罚则。

根据《中华人民共和国计算机信息网络国际联网管理暂行规定》，国务院信息化工作领导小组制定了《中华人民共和国计算机信息网络国际联网管理暂行规定实施办法》（国信〔1998〕1 号），分二十五条，规定了法律意义上的一些相关计算机术语；国际联网采用国家统一制定的技术标准、安全标准、资费政策，以利于提高服务质量和水平；国际联网实行分级管理，即：对互联单位、接入单位、用户实行逐级管理，对国际出入口信道统一管理；国家鼓励在国际联网服务中公平、有序地竞争，提倡资源共享，促进健康发展；新建互联网络，必须经部（委）级行政主管部门批准后，向国务院信息化工作领导小组提交互联单位申请书和互联网络可行性报告，由国务院信息化工作领导小组审议提出意见并报国务院批准；国际出入口信道提供单位、互联单位和接入单位必须建立网络管理中心，健全管理制度，做好网络信息安全管理工作；违反规定的罚则。

为了加强对计算机信息网络国际联网的安全保护，维护公共秩序和社会稳定，根据《中华人民共和国计算机信息系统安全保护条例》、《中华人民共和国计算机信息网络国际联网管理暂行规定》和其他法律、行政法规的规定，公安部制定了《中华人民共和国计算机信息网络国际联网安全保护管理办法》（公安部令〔1997〕33 号），分五章二十五条，规定了计算机信息网络国际联网安全保护管理工作的主管机关和职责；禁止九类行为和五种危害计算机信息网络国际联网安全的活动；安全保护责任和安全监督；违反规定的罚则。

为了加强对互联网上网服务营业场所的管理，规范经营者的经营行为，维护公众和经营者的合法权益，保障互联网上网服务经营活动健康发展，促进社会主义精神文明建设，国务院制定了《互联网上网服务营业场所管理条例》（国务院令〔2002〕363号），分五章三十七条，规定了互联网上网服务营业场所的定义和义务；文化行政部门、公安机关、工商行政管理部门的管理职责；互联网上网服务营业场所的设立条件和许可审批程序；经营过程中应遵守的规定和禁止的行为；违反规定的罚则。

为了规范电信市场秩序，维护电信用户和电信业务经营者的合法权益，保障电信网络和信息的安全，促进电信业的健康发展，国务院制定了《中华人民共和国电信条例》（国务院令〔2000〕291号），分七章八十一条，规定了相关术语的定义和主管部门的职责；电信业务经营者设立的条件和行政审批的程序；经营的原则和资费标准；电信服务应达到的要求和禁止的行为；电信建设的要求和安全规定；违反规定的罚则。

为了规范互联网信息服务活动，促进互联网信息服务健康有序发展，国务院制定了《互联网信息服务管理办法》（国务院令〔2000〕292号），分二十七条，规定了相关用语的含义；从事互联网信息服务应具备的条件；行政审批的程序；新闻、出版、教育、卫生、药品监督管理、工商行政管理和公安、国家安全等有关主管部门各负其责；要求和禁止的行为；违反规定的罚则。

为保护著作权人、表演者、录音录像制作者的信息网络传播权，鼓励有益于社会主义精神文明、物质文明建设的作品的创作和传播，根据《中华人民共和国著作权法》，国务院制定了《信息网络传播权保护条例》（国务院令〔2006〕468号），分二十七条，规定了相关用语的含义；保护的范围；允许和禁止的行为；违反规定的罚则。

2. *信息安全法的相关规章*

信息安全法的相关规章主要有以下12部：

（1）农业部《计算机信息网络系统安全保密管理暂行规定》（1997-04-02）。

（2）公安部《计算机信息系统安全专用产品检测和销售许可证管理办法》（公安部令〔1997〕32号）。

（3）公安部《计算机病毒防治产品评级准则》（2000-03-20）。

（4）公安部《计算机病毒防治管理办法》（公安部令〔2000〕51号）。

（5）邮电部《中国公用计算机互联网国际联网管理办法》（邮电部〔1996〕493号）。

（6）教育部《教育网站和网校暂行管理办法》（教技〔2000〕5号）。

（7）国务院新闻办公室，信息产业部《互联网站从事登载新闻业务管理暂行规定》（2000-11-06）。

（8）信息产业部《非经营性互联网信息服务备案管理办法》（信息产业部令〔2005〕33号）。

（9）工业和信息化部《电子认证服务管理办法》（中华人民共和国工业和信息化部令〔2015〕29号）。

（10）信息产业部《互联网 IP 地址备案管理办法》（信息产业部令〔2005〕34 号）。

（11）公安部《互联网安全保护技术措施规定》（公安部令〔2005〕82 号）。

（12）公安部，国家保密局，国家密码管理局，国务院信息化工作办公室《信息安全等级保护管理办法》（公通字〔2007〕43 号）。

为了加强对农业部计算机信息网络的管理，保障计算机网络安全运行和网上信息交流的健康发展，农业部根据《中华人民共和国保守国家秘密法》和中央保密委员会有关精神，制定了《计算机信息网络系统安全保密管理暂行规定》，分四章二十七条，规定了相关用语的定义；涉密信息的保密要求；网络安全的要求和罚则。

为了加强计算机信息系统安全专用产品的管理，保证安全专用产品的安全功能，维护计算机信息系统的安全，公安部根据《中华人民共和国计算机信息系统安全保护条例》第十六条的规定，制定了《计算机信息系统安全专用产品检测和销售许可证管理办法》（公安部令〔1997〕32 号），分六章二十六条，规定了相关用语的定义；中华人民共和国境内的安全专用产品实行销售许可证制度；主管机关及其职责；检测和行政审批的程序；违反规定的罚则。

为了保证和提高在我国销售的计算机病毒防治产品的质量水平，有效地遏制计算机病毒对我国计算机信息系统的传染和破坏，公安部编制了《计算机病毒防治产品评级准则》，分七个部分：范围、引用标准、定义、参检要求、测试、检验报告、产品评级。

为了加强对计算机病毒的预防和治理，保护计算机信息系统安全，保障计算机的应用与发展，公安部根据《中华人民共和国计算机信息系统安全保护条例》的规定，制定了《计算机病毒防治管理办法》（公安部令〔2000〕51 号），分二十二条，规定了相关用语的定义；主管机关及其职责；违反规定的罚则。

为加强对中国公用计算机互联网国际联网的管理，促进国际信息交流的健康发展，邮电部根据《中华人民共和国计算机信息网络国际联网管理暂行规定》，制定了《中国公用计算机互联网国际联网管理办法》（邮电部〔1996〕493 号），分十七条，规定了相关用语的定义；接入单位应具备的条件；相关要求和禁止的行为；违反规定的罚则。

为了促进互联网上教育信息服务和现代远程教育健康、有序地发展，规范从事现代远程教育和通过互联网进行教育信息服务的行为，教育部制定了《教育网站和网校暂行管理办法》（教技〔2000〕5 号），分二十六条，规定了相关用语的定义；主管部门和审批的条件和程序；禁止的行为和违反规定的罚则。

为了促进我国互联网新闻传播事业的发展，规范互联网站登载新闻的业务，维护互联网新闻的真实性、准确性、合法性，国务院新闻办公室和信息产业部制定了《互联网站从事登载新闻业务管理暂行规定》，分十九条，规定了相关用语的定义；适用的范围；主管机关及其职责；从事登载新闻业务实行审核批准、备案制度；禁止的行为和违反规定的罚则。

为规范非经营性互联网信息服务备案及备案管理，促进互联网信息服务业的健康发展，信息产业部根据《互联网信息服务管理办法》、《中华人民共和国电信条例》及其他相关法律、行政法规的规定，制定了《非经营性互联网信息服务备案管理办法》（信息产业部令〔2005〕33号），分二十九条，规定了相关用语的定义；适用的范围；主管机关的管理原则和服务要求；履行备案手续的程序和违反规定的罚则。

为了规范电子认证服务行为，对电子认证服务提供者实施监督管理，工业和信息化部依照《中华人民共和国电子签名法》和其他法律、行政法规的规定，制定了《电子认证服务管理办法》（中华人民共和国工业和信息化部令〔2015〕29号），分八章四十三条，规定了相关用语的定义；适用的范围；主管机关及其职责；电子认证服务机构应具备的条件；行政许可的程序规定；电子认证服务机构的服务要求和应履行的义务；电子签名认证证书的要求；违反规定的罚则。

为加强对互联网IP地址资源使用的管理，保障互联网络的安全，维护广大互联网用户的根本利益，促进互联网业的健康发展，信息产业部制定了《互联网IP地址备案管理办法》（信息产业部令〔2005〕34号），分二十条，规定了相关用语的定义；适用的范围；主管机关及其职责；IP地址管理方式及要求；违反规定的罚则。

为加强和规范互联网安全技术防范工作，保障互联网网络安全和信息安全，促进互联网健康、有序发展，维护国家安全、社会秩序和公共利益，公安部根据《计算机信息网络国际联网安全保护管理办法》，制定了《互联网安全保护技术措施规定》（公安部令〔2005〕82号），分十九条，规定了：相关用语的定义；主管机关及其职责；保密要求；具体的互联网安全保护技术措施；违反规定的罚则。

为加强信息安全等级保护，规范信息安全等级保护管理，提高信息安全保障能力和水平，维护国家安全、社会稳定和公共利益，保障和促进信息化建设，公安部等部门根据《中华人民共和国计算机信息系统安全保护条例》等国家有关法律法规，联合制定了《信息安全等级保护管理办法》（公通字〔2007〕43号），分七章四十四条，规定了：相关用语的定义；主管机关及其职责；安全保护等级分为五级及其监督管理；信息安全等级保护的安全管理职责、保密管理要求、密码管理规定；违反规定的罚则。

我国在信息网络立法方面制定了一些法规和规章，但总体上讲，还不能满足依法促进和管理信息网络的需要。要进一步加强这方面的工作，要制定管理性的法律规范，也要制定促进信息技术和信息产业健康发展的法律法规，还要有促进信息网络从业单位行业自律的规定。要建立和完善信息网络安全保障体系的法规及有效防止有害信息通过网络传播的管理机制，制定通过信息网络实现政务公开和拓宽公民参政议政渠道的法律规范，制定通过信息网络引导和鼓励全社会弘扬中华优秀文化的激励机制等。

8.1.3 互联网金融监管的特点

8.5 互联网金融监管的特点

8.6 互联网金融监管的特点

8.1.3.1 互联网金融监管功能化

实践证明，互联网金融创新经常领先于监管的应对举措和行动，任何详尽和科学的监管规则也会滞后于金融创新的发展。

面对互联网金融创新的发展和演变趋势，对其监管应是基于风险功能监管，而重视原则导向的功能监管更强调监管导向和效果，将鼓励金融创新与重视金融监管两者相互兼顾，监管者允许被监管者作出判断和决策，使被监管者的经营目标与监管要求有效结合。

8.1.3.2 互联网金融监管宏观审慎化

宏观审慎监管是指金融监管当局为降低金融危机发生的可能性及其可能造成的严重影响，对金融体系的整体风险进行监管。金融市场从宏观层面上看存在着普遍的信息不对称，而互联网金融创新可能将这一市场缺陷放大，由此带来道德风险、逆向选择和金融欺诈，甚至引发金融危机，影响金融稳定造成影响。

因此，对互联网金融应坚持宏观审慎监管，针对市场风险领域动态调整监管要求，同时，监管当局与市场力量一道合作，共同规范新问题和消除新风险。

8.1.3.3 互联网金融监管体系化

有效的互联网金融监管架构是市场力量动态平衡的持续性结果，构建互联网金融监管体系要求符合激励相容原则，通过一定的制度体系安排使市场的各方参与主体防范和控制金融风险的目标与努力方向一致。

因此，互联网金融监管体系化表现为在自律机制基础上的他律监管，完善的内控制度是互联网金融机构自律的基础，同时，根据监管机构要求，互联网金融机构进行充分的信息披露，监管机构加大配合协调力度和违规执行力度。

8.1.3.4 互联网金融监管技术化

（1）互联网金融监管技术化有助于应对金融创新带来的挑战。运用监管科技，实现远程智能化、实时对市场分析监控，及时监测创新业务风险点和违规点。

（2）互联网金融监管技术化有助于覆盖市场多层次主体的风险识别。可以有效降低监控众多长尾机构的工作量，提高风险识别的效率。

（3）互联网金融监管技术化有助于把控安全性与便利性的平衡。

应提高互联网金融监管人员的监管技术水平和能力，运用大数据、人工智能、云计算、区块链等技术改进监管方式。金融监管部门要加快金融监管科技建设的步伐，在大数据金融安全监管平台的基础上，构建数字金融、数字社会顶层设计，借鉴浙江省“天罗地网”互联网社会管理的有益经验，以更加积极主动的姿态，应对新金融技术、新业态给金融监管带来的严峻挑战。

8.1.4 我国互联网金融监管原则

8.7 我国互联网金融监管原则

8.8 我国互联网金融监管原则

金融监管原则体现了金融监管的本质和根本价值，是金融监管的灵魂和基本精神所在，对金融监管活动具有根本性的指导意义和统率作用。我国对互联网金融按照“鼓励创新、防范风险、趋利避害、健康发展”的总体要求进一步探索和完善监管，促进互联网金融健康发展。

总体而言，我国对互联网金融的监管原则是要予以适度监管，不宜管得过多过死，要为创新和发展留有余地和空间，推动我国互联网金融发展继续保持全球领先地位。

主要包括以下五项具体原则：

（1）互联网金融创新必须坚持金融服务实体经济的本质要求，合理把握创新的界限和力度。包括互联网金融在内的金融创新必须以市场为导向，以更好地服务实体经济、提高金融服务能力和效率为根本目的，不能脱离金融监管、脱离服务实体经济抽象地谈金融创新。

互联网金融中的网络支付应始终坚持为电子商务发展服务和为社会提供小额、快捷、便民的小微支付服务的宗旨；P2P 和众筹融资要坚持平台功能，不得变相搞资金池，不得以互联网金融名义进行非法集资、非法吸收存款、非法从事证券业务等非法金融活动。

（2）互联网金融创新应服从宏观调控和金融稳定的总体要求。包括互联网金融在内的一切金融创新，均应有利于提高资源配置效率，有利于维护金融稳定，有利于稳步推进利率市场化改革，有利于人民银行对流动性的调控，避免因某种金融业务创新导致金融市场价格剧烈波动，增加实体经济融资成本，也不能因此影响银行体系流动性转化，进而降低银行体系对实体经济的信贷支持能力。

（3）要切实维护消费者的合法权益。互联网金融企业开办各项业务，应有充分的披露信息和揭示风险，任何机构不得以直接或间接的方式承诺收益，误导消费者。开办任何业务，均应对消费者权益保护做出详细的制度安排。

（4）要维护公平竞争的市场秩序。在市场经济条件下，公平竞争是保证市场对资源配置起决定性作用的必然要求。把线下金融业务搬到线上的，必须遵守线下现有的法律法规，必须遵守资本约束。不允许存在提前终止服务或提前支取存款但仍按原约定期限利率计息或收费标准收费等不合理的合同条款。任何竞争者均应遵守《反不正当竞争法》的要求，不得利用任何方式诋毁其他竞争方。

（5）要处理好政府监管和自律管理的关系，充分发挥行业自律的作用。抓紧推进“中国互联网金融协会”的成立，充分发挥协会的自律管理作用，推动形成统一的行业服务标准和规则，引导互联网金融企业履行社会责任。

例如，在 2014 年 7 月，上海市信息安全行业协会联合国内传统金融企业、互联网安全厂商、互联网金融企业、安全服务机构等发起成立了上海互联网金融科技联盟，目的是为加强产业链合作，共同应对互联网金融所面临的科技风险与治理挑战。

8.2 互联网金融监管存在的问题及对策

8.2.1 我国互联网金融监管存在的问题

8.9 ▤ 我国互联网金融监管存在的问题

8.10 ▶ 我国互联网金融监管存在的问题

8.2.1.1 金融消费者权益保护的监管体系有待完善

按照我国《消费者权益保护法》确立的监管体系，我国没有设立专门的金融消费者保护机构，国家市场监督管理总局、国家质检总局、消费者协会等是监管主体。而根据我国金融监管的体系设置，“一委一行两会”在金融监管中处于主体地位。

互联网金融行业具有明显的金融特性，国家市场监督管理总局监管与金融监管机构都有一定的监管权限，而国家市场监督管理总局监管缺乏对金融机构的影响力，在事实上难以承担金融消费者权益保护的职责。

8.2.1.2 我国金融监管协调机制有待完善

我国目前金融监管实行的是分业经营、分业监管的体制，所谓“铁路警察，各管一段”，在现行法律制度下，人民银行、银保监会、证监会虽然都设立了消费者保护部门，但在开展金融消费者保护方面如何协调关系，如何在各自监管范围内开展对金融消费者的保护，在实践中也存在一定的障碍。

在《关于促进互联网金融健康发展的指导意见》中，已经初步确立了互联网金融各领域的监管部门，人民银行负责监管互联网支付，证监会负责监管股权众筹融资，银保监会负责监管互联网信托业务、互联网消费金融、监管网络借贷，以及对互联网保险进行监管。

该指导意见对现在已经发展较为成熟的互联网金融模式明确了监管分工，相关监管机构已出台部分配套法规规章，或者正在抓紧调查研究，这对于下一步互联网金融消费者保护具有重要意义。

目前存在的问题是，金融监管机构仍立足于传统金融监管思维模式，缺乏合法有效的监管手段，在具体业务监管方面协调不够到位。金融监管机构对传统金融的监管重在控制金融风险，一般通过设置准入门槛、创新产品审批等监管措施进行监管，其实正是由于监管部门对于金融产品和服务风险意识过强，反而会导致传统金融的创新发展缓慢。

例如，监管部门对互联网支付、P2P 网贷等顺应市场需求的创新产品进行了管控，甚至直接叫停部分创新业务，强硬的监管手段不利于互联网金融产品的创新，也不利于互联网金融消费者的福祉。

互联网金融监管框架方面，需要注意互联网金融的特点：业务跨区域、跨行业，风险传导既快又广。互联网金融具有混业经营特征，这与我国目前实行的分业监管的政策框架并不匹配，因此，更应该注重监管政策的协调。

8.2.1.3　互联网金融业务游走在监管灰色地带

从互联网金融业务监管分析，互联网金融本来就是游走在监管的灰色地带，在国家大力发展“互联网 +”的时代背景下，一些互联网金融经营者打着创新的旗帜，推出一些金融产品和服务，处于监管套利的边缘，这些暂时没有监管规则的金融产品或者服务有可能大大侵害金融消费者的利益。

一些在传统模式下发展受阻的地下银行、担保公司等，突破原有监管框架的限制，转变成为互联网金融经营者，产品规则、风险控制规则不够完善。对于股权众筹等模式，由于市场规模在整体金融市场中比例偏小，监管部门尚未出台实质性的业务监管规则，导致实践中还是参照旧有类似业务规则，这样不适应互联网金融消费者保护的现实需要。

8.2.2　国外互联网金融监管经验

8.11 ⊜ 国外互联网金融监管经验

8.2.2.1　监管体系

从监管体系来说，美国对互联网金融企业行使监管权限的机构众多。企业如果不属于金融机构，主要由联邦通讯委员会和联邦贸易委员会负责监管。如果属于金融机构（特别是银行），因美国联邦和州的双层金融监管体系的存在，属于联邦管辖的，则美联储、联邦存款保险公司、货币监理署、美国证监会等都可对其从不同角度施加管辖权；属于州政府管辖的，则在美国绝大多数州，其运作都需提前取得许可，并按牌照规定范围经营。

8.2.2.2 监管规则

8.12 ▶ 国外互联网金融监管经验

以美国为例，从监管法规来说，美国虽无专门针对互联网金融的新立法，但现有监管法规已较繁复。到底使用哪些规则，则需要根据不同业态、机构在从事业务中实际上所扮演角色的不同来权衡。若以第三方支付公司为主要业态来讨论，则至少需受以下八个方面的监管。

（1）注册。美国绝大部分州都有《货币服务法》，根据该法律，第三方支付归各州监管，且绝大部分州都要求先取得牌照才能开展业务。

（2）电子转账规则。此类规则主要由《电子转账法》和《监管指令 E》组成，主要适用于消费者账户（贷记卡或信用卡）支付时。此类规则要求事前明确揭示消费者的权利和义务、争议解决机制等。

（3）消费信用规则。此类规则主要由《诚实借贷法》和《监管指令 Z》组成，主要覆盖消费者信用支付类业务。此类规则要求事前明确揭示消费者的权利和义务、争议解决机制等。

（4）账单信息规则。此规则主要是指《诚实账单规则》，主要适用于无线运营商，要求其提供准确、清晰、详尽的计费账单。其监管机构一般是联邦通讯委员会，而不是传统的金融监管者。

（5）公平贸易规则。此类规则分别由《反不公平、欺诈和滥用法》（对金融机构）和《公平贸易法》（对非金融机构）组成，适用于所有的第三方支付行为。如果是金融机构，则归属消费者金融保护局监管；如果是非金融机构，则归属联邦贸易委员会监管。

（6）消费者隐私保护。该规则主要由《格莱姆－利奇－比利法》的隐私和数据安全条款所形成，覆盖对象为金融机构。该法案要求，金融机构在与消费者订立合同时每年都应揭示对消费者的隐私保护规则，并允许消费者根据不同信息类型自主选择私人信息的分享范围；同时，该法还对涉及消费者的信息安全提出了明确指引和要求。

（7）存款保险规则。该规则由《联邦存款保险法》（适用于商业银行）和《全国信贷联盟份额保险法》（适用于信贷联盟）所确立，适用对象为商业银行一定限额以内的“存款”和联邦存款保险公司（FDIC）与全国信贷联盟监理署（NCUA）共同认定的“份额账户”。

（8）反洗钱。自 1970 年通过《银行保密法》对金融机构的客户保密义务进行限制以来，美国先后颁布过八部反洗钱法案，而 2001 年的《美国爱国者法》更是成为了最新的集反洗钱之大成的百科全书。

具体来说，反洗钱的要求至少包括：对客户进行身份识别；基于“了解你的客户”，对大额交易提交可疑交易报告；保存交易记录五年；制订书面合规计划，至少包括反洗钱的内控程序、对员工就反洗钱开展持续培训的制度安排、合规官的任命和对其他工作人员进行指导、建立外部审计程序等。

8.2.3 加强互联网金融监管的做法

8.2.3.1 创新金融监管思路，提升监管质量和效能

无论是我国还是发达国家，政府对互联网金融的认识和态度，都将影响将来互联网金融和信息化技术融合的角度，重点在于处理好以下三个关系。

（1）正确处理好管理与创新的关系。与传统金融业相比，互联网金融更灵活、更便利，更具创新性、风险性。如果监管过度，会扼杀创新，阻碍金融市场的多元化发展。

因此，对新兴市场的监管，应着重解决业务创新过程中出现的新情况、新问题并采取建立行业协会等有效手段督促各参与主体合规经营，维护市场的良性发展。

（2）处理好风险防范和行业发展的关系。从我国互联网金融企业实际运作看，部分企业并未将业务风险防范放在应有的重要位置，风险意识还比较淡薄，一定程度上存在重业务拓展、轻风险防范的现象。

8.13 ㊟ 加强互联网金融监管的做法

8.14 ▶ 加强互联网金融监管的做法

少数企业把经营重心放在市场营销和拓展上，忽视了业务的合规性管理，甚至不惜冒着违规操作的风险以实现短期业绩，几年间 P2P 网贷平台倒闭现象时有发生，需要引起高度重视。

（3）处理好分业监管和混业经营的关系。我国金融业采取分业监管模式，保证了在经济体制转型期间我国金融系统的稳定，对金融业的稳定发展和金融风险的有效防范起到了积极作用。

但从互联网金融有关企业的经营模式看，现代金融业的分工和专业化大为淡化，混业经营趋势越发明显，因此需要进一步明确交叉性金融业务的监管职责和规则，增强监管的针对性和有效性。

8.2.3.2 完善行业监管，促进市场健康有序发展

在监管层面，应采取“宜疏不宜堵”的方针，通过法治化、阳光化和规范化渠道，推动互联网金融市场健康有序发展。

（1）明确法律地位和监管职责。以立法的形式明确互联网金融机构的性质和法律地位，对其组织形式、资格条件、经营模式、风险防范和监督管理等作出规范。

建立金融监管部门和地方政府有关部门各司其职、相互配合的监管机制，从互联网金融机构的许可设立、业务运作、资金存放与汇划以及网站的日常管理等各方面实施监管。

（2）着力构建互联网金融市场的准入和退出制度。通过行政许可管理来提高准入门槛，明确规定互联网金融机构的注册资本、运营规则和内控制度建设方面的标准，以限定经营主体范围，防止互联网金融平台盲目发展。同时，建立完善的市场退出机制，实现市场自然整合和优胜劣汰。

（3）推进对互联网金融的统计监测和社会信用体系建设等有关基础性工作。通过加强对互联网金融平台资金流向的动态监测，强化对贷款利率的监督检查并对平台适当加强窗口指导，合理引导社会资金的有效流动，使相关金融业务符合宏观调控的要求。大力发展个人信用信息评级服务市场，解决互联网金融中双方信息不对称问题。

（4）加强对金融消费者的教育和保护工作。一方面，要重视对金融消费者和投资者的教育，增强其风险防范意识。另一方面，应严肃查处违规机构，规范互联网金融市场。

8.2.4 互联网金融监管的对策

8.15 ▤ 互联网金融监管的对策

8.16 ▶ 互联网金融监管的对策

8.2.4.1 加快建立统一的征信系统

成熟的征信系统对整个金融行业甚至实体行业的风险控制、健康发展都有着极其重要意义。支撑金融发展的根本要素即为“信用”，因此完善征信体系的建设、利用大数据分析和云计算等技术对信用筛选机制的建立也有重要意义。

目前，我国互联网企业的数据积累是各自独立完成的，与中国人民银行征信系统的信用记录也是相互隔离、独立开发的。为了进一步提高金融市场资金配置效率，建立一个统一的、详尽的综合性征信体系很有必要。

同时，中国人民银行可以提供的征信记录范围仍然有限，未能覆盖众多小微企业以及个人。而互联网金融机构拥有众多小微企业和网络个人用户的行数据，常年的用户信用积累是其发展壮大的核心支撑力量，目前比较难以与其他机构实现信息互通共享。

需要由监管机构征信部门牵头，鼓励企业信用数据分享。

（1）将正规行政部门登记的个人纳税、房屋租赁、水电费用缴纳、电话网络登记、交通违章、司法判决等各方面的记录纳入个人信用系统中，编制成《个人信用报告》。

（2）将企业在工商部门的工商信息，在税务部门的纳税信息，在司法部门的诉讼记录等也一并纳入企业信用系统中，编制成《企业信用报告》。

（3）将传统金融机构和新兴互联网金融机构各自拥有的信息逐步地、有条件地纳入征信系统之中，与已有信息数据库形成有效的联动，帮助完善征信系统的建立。

征信体系的健全与完善能够提高互联网金融风险管理水平、提高资源配置效率、对促进互联网金融市场的健康发展具有关键作用。目前，互联网金融存在着门槛低、监管缺位等缺点，对于个人或组织的信用信息，互联网金融平台之间仍存在“信息孤岛”现象，容易发生信用诈骗等违法行为。

借鉴美国互联网金融业务是以信用为基础的经验做法，为了有效控制我国互联网金融避免系统性风险，必须建立覆盖全国、全行业的互联网金融征信系统，同时把互联网金融征信系统全面接入央行征信平台，建立金融机构、互联网金融以及央行信用信息的交换和共享机制，避免小微企业、个人的重复融资行为，保障互联网金融创新活动有序开展。

8.2.4.2 加快构建有效的监管体系

监管的目的是提高信息透明度并减少灰色地带，使用负面清单原则，增强市场良性竞争是市场趋于成熟的条件之一。

对互联网金融进行监管，可以建立并完善具有开放性、包容性和有效性的监管体系，通过构建包括市场自律、有关法律法规以及主管部门恰当、有效的监管，促进互联网金融健康良性发展。

（1）加快制定互联网金融法律制度。例如加快建立并完善针对 P2P 网络借贷行业、第三方支付机构、众筹融资等互联网金融监管的法律法规，从源头上提高互联网金融企业的准入门槛，以金融消费者权益保障作为立法与监管的基本宗旨，突破权力主导和机构监管的传统思维，明确金融监管者的主要任务是平衡互联网金融经营者和金融消费者的权利与义务。

（2）成立专门的互联网金融消费者保护机构，及时协调和处理互联网金融服务投诉、纠纷等问题，制定惩处办法，保护消费者权益。消费者由于信息不对称等因素，在金融产品交易中处于弱势地位，而在现行法律规则内，消费者一旦权利受损，往往求助无门，因此要进一步加强对金融消费者权益的保护力度。

（3）制定专项针对互联网金融犯罪的法律。将个人数据信息作为财产权而非隐私权进行保护，使受害人可以获得更多的财产性赔偿；建立互联网金融投资者投诉受理渠道，切实提高受害人通过司法保护个人信息的动力和能力，必须严惩恶意欺诈行为。

但是，必须注意的是，由于互联网自身负外部性有限和发展周期较短，没有必要借用监管传统商业银行的模式，可以倡导行业自律监管，适时推进立法进程以及政府指导等综合性监管模式。

即以“一委一行两会”为主，以科技部、商务部、工商行政管理总局等多部门为辅的联合监管体系，对互联网金融业务实行全面的监控。同时，要逐步由分业监管转向混业监管，避免出现政出多门或监管真空等问题。采取综合性监管模式将有利于促进互联网金融健康、持续发展。

8.2.4.3 提高互联网金融安全技术，确保信息的准确性和真实性

（1）应基于银行领域成熟的网络身份认证体系，进一步完善互联网金融认证体系，建立安全可信的网站认证体系，保证网站真实性。

（2）要大力发展具有自主知识产权的信息技术设备，提高计算机系统关键技术的水平和关键设备的安全防御能力，以避免客户资料被窃取、客户资金被盗用及来自网络内外部的恶意攻击等事件发生。

（3）应采用安全监测及安全控件等方式保证互联网金融交易平稳进行，并且在开展互联网金融业务时引入电子认证和签名技术，确保参与各方信息的真实性。

8.2.4.4 加强信用评级，建立信用惩戒机制

信用评级是解决金融市场信息不对称问题的重要途径之一，不但可为金融产品的市场定价提供重要的参考依据，还可为投资者和监管部门根据评级公司的报告作出投资和监管策略提供可靠的决策依据。

因此，为了降低互联网金融的信用风险指数，建立科学有效的信用评级制度是非常必要的。通过信用评级制度，客户可以全面了解互联网金融企业的经营状况和服务水平，从而对企业的服务质量作出合理的分析和恰当的判断，以促使企业不断改善经营管理，提高自己的资信级别。

在惩戒措施方面，主要有以下四个方面。

（1）行政监管性的约束和惩戒。建立互联网金融行业黑名单制度和完善市场退出机制。

（2）市场化的惩戒和约束。针对互联网金融行业的特殊性，制定信用基准的评价指标体系和评价方法，完善失信信用记录和披露制度，使失信者在市场交易中受到制约和限制。

（3）行业性的约束和惩戒。加快建立互联网金融行业协会，通过制定行业自律规则并监督会员遵守，对违规失信者，按照情节轻重，实行行业内警告、通报批评、公开谴责等惩戒措施。

（4）社会性的约束和惩戒。完善社会舆论监督机制，加强对失信行为的披露和曝光，通过社会道德谴责形成震慑力，约束企业与个人的失信行为。

总结回顾

第 8.1 节主要讲述了我国互联网金融监管的发展历程以及互联网金融监管的必要性、监管方式、监管的特点、原则以及监管内容和相应的立法概况。

第 8.2 节主要讲述了我国互联网金融监管存在的问题和对策。从监管方式来看，对互联网金融的监管正在由传统的“机构监管型”体制转向功能监管型”体制；互联网金融的监管总体上具有开放性、包容性、适应性的特点，同时应坚持鼓励和规范并重、培养和防险并举，其目的在于维护良好的竞争秩序，促进公平竞争，构建包括市场自律、司法干预和外部监管在内的“三位一体”的安全网络，维护金融体系的稳健运行。互联网金融作为经济金融领域的新生事物，对它的监管只有将国际经验与国内实际情况相结合，做到与时俱进，才能实现金融创新与监管的动态平衡。

8.17 Ⓟ 项目 8
知识拓展案例

课后实践

名词解释

宏观审慎监管

选择题

1. 关于互联网金融风险专项整治工作实施方案的通知是由（　　）发布的。

A. 国务院办公厅　　B. 国家市场监督管理总局

C. 银保监会　　D. 证监会

2. 我国互联网金融监管的原则有（　　）。

A. 金融服务实体经济

B. 服从宏观调控和金融稳定的总体要求

C. 切实维护消费者合法权益

D. 维持公平竞争的市场秩序

E. 处理好政府监督和自律管理的关系

3. 互联网金融的监管总体上具有（　　）的特点。

A. 开放性　　B. 包容性

C. 适应性　　D. 独立性

简答题

1. 与传统金融相比，互联网金融的监管具有哪些特点？

2. 试论述互联网金融监管的原则。

3. 我国互联网金融监管的主要历程。

4. 以小组形式选择某一个国内互联网金融监管案例，试分析我国互联网金融监管现状及未来发展方向。

8.18 Ⓣ 项目 8
习题答案

参考文献

［1］ 张炳辉，吕鹰飞．互联网金融安全［M］．北京：中国金融出版社，2018.

［2］ 李改成．金融信息安全工程［M］．北京：机械工业出版社，2009.

［3］ 冯登国，赵险峰．信息安全技术概论．2版［M］．北京：电子工业出版社，2014.

［4］ 黄志红，李俊宇，梁盛伦，等．现代计算机信息安全技术［M］．北京：冶金工业出版社，2004.

［5］ 史芳丽，吴士敏．金融信息化与网络金融相关性研究［J］．华南金融电脑，2005，13（10）：2-4.

［6］ 郑宏伟．浅谈计算机网络安全漏洞及防范［J］．商情，2012，（49）：308，316.

［7］ 马味．浅谈信息安全威胁与防范技术［J］．科技信息，2008，（27）：425，437.

［8］ 尹红．网络攻击与防御技术研究［J］．计算机安全，2007，（8）：47-52.

［9］ 罗凯．网络设备安全分析与解决措施［J］．电力信息化，2012，10（2）：81-83.

［10］ 洪崎，林云山，牛新庄，等．银行信息安全技术与管理体系［M］．北京：机械工业出版社，2016.

参考文献